JN123364

全きヒューマニズム

全きヒューマニズム

― 新しいキリスト教社会の現世的・霊的諸問題 ―

ジャック・マリタン 著
荒 木 慎 一 郎 訳

知泉書館

凡　　例

―――――――――

1.　本書のフランス語初版は次の通りである。Jacques Maritain, *Humanisme Intégral. Problèmes temporels et spirituels d'une nouvelle chrétienté*, Fernand Aubier, Paris, 1936.
　　日本語訳の底本として用いたのは，マリタンとその夫人ライサとの共同の著作集第 6 巻に収められたものである。
　　Jacques et Raïssa Maritain, Œuvres Complètes, Éditions Universitaire Fribourg, Suisse et Éditions Saint-Paul, Paris, t. VI, 1984.

2.　翻訳にあたっては，次の二つの英語訳を参考にした。1）は Joseph W. Evans が翻訳したものであり，マリタン自身が推薦した英語訳でもある。2）は Evans と Richard O'Sullivan が共訳者として 1）の Evans 訳を改訳したものである。

　　　1）　Jacques Maritain, *Integral Humanism: Temporal and Spiritual Problems of a New Christendom*, Charles Scribner's Sons, New York, 1968.

　　　2）　Jacques Maritain, Integral Humanism, *Freedom in the Modern World, and A Letter on Independence*, The Collected Works of Jacques Maritain Volume II, University of Notre Dame Press, Notre Dame Indiana, 1996.

3.　本文および注で用いられる〔　〕は訳者による文意の補足を示す。

4.　注で用いられる［　］は，マリタン夫妻の共同著作集の編者による補足を示す。

ま え が き

1936年初版の本書はサンタンデールの夏季大学で1934年8月に行われ，『新しいキリスト教社会の霊的・現世的諸問題』というタイトルでスペイン語で出版された6回の講義の原稿を基にしている。ローマ滞在中の1946年に再版を出すに当たり，私は本書で示した哲学的観点を弱めるより，過去の一連の出来事の前に書かれたままにしておき，その本文に細かい修正を加えることでよしとした。このことについては，今日でも私の考えは変わっていないと言ってよいだろう。

また初版の序文は今日でもその緊急性を失っていないと私は思う。このような次第で，私は本書を32年後にそのまま再版することにした。まず最初に記すべきことは，私がこの講義の中で，私の別の著作を用いたということである[1]。

その中では，ここで出てこない学説の説明や掘り下げた考察を見出すことができるであろう。テーマを論じるのに必要な場合は，そこから数ページを転載したことをご容赦頂きたい。加えて，本書は何よりも，特別な観点——新しいキリスト教社会の問題という観点——から，文化・社会哲学における私のこれまでの結論をまとめた全体像を示すことを目指し

---

1) *Religion et culture*; *Du régime temporel et de la liberté* ; *Science et Sagesse.*

ている。

　ここで扱われる問題は，アリストテレスとトマス・アクィナスが実践哲学と呼ぶ哲学の分野に属する。なぜなら，実践哲学は，ある一般的な仕方で人間的行為の哲学の全体を含んでいるからである。実践哲学は，その固有の本性が，現代においていつも誤解される哲学の分野である。あるときは，実践哲学を思弁的な知識の中に吸収することができると主張することによって，それを消滅させてしまう。またあるときは，知識全体を本質的でそれ自体的に世界と生の変容に秩序づけられている知識のうちに吸収させると主張することによって，実践哲学を肥大化させてしまう。

　実践哲学は哲学としてあり続ける。それは思弁的な様式の知識である。しかし形而上学や自然哲学と違い，最初から行為という対象に秩序づけられている。そして実践哲学において事実の検証がどれほど大きい部分を占めていても，また歴史的条件や必然をどれほど考慮に入れなければならないとしても，実践哲学は，何よりもまず自由の哲学なのである。

　私は，大部分の問題が新しい様相を呈している討論に，聖トマス自身を参加させようというのではない。私は彼の学説と精神の生ける泉から私のインスピレーションと原理を汲み取ったということを自覚してはいるが，これらの問題に関わっているのは私自身である。

　情緒的な反応を伴う人間的な受難や苦悩の問題を吟味するとき，常に公平性と正義を守ることは容易ではない。この点に私は細心の注意を払った。それゆえ，私は自らのために，フランス人文主義のおかげで広まった古い常套句を呼び戻し，この著書を「誠実の（de bonne foi）」書として上梓しよ

う。誠実の唯一の関心事は真理なのである。

　ルネサンスと宗教改革から始まった世界はそれ以降，強力で，まさに怪物じみたエネルギーによって荒廃してしまった。そこでは誤謬と真理が緊密に結びつき，うそをつく真理と「真理を語る」うそがお互いを養い合う。この異常で破壊的な産物を浄化し，それが歪めてしまった真理を救うことは，知恵を愛する者〔哲学者〕の義務である。

　このような仕事がとくに報いの少ないものであるということを隠しておいても仕方がない。この世界に今述べたようなエネルギーを持ち込もうとする者は，自らが清められる必要がないと考えている。これに対して，彼らに敵対する者は，彼らの中に純然たる不純さしか見出さない。哲学者が完全な純化の道具を身につけていたとしても，いかほどのことがあろうか。全世界が自分に敵対する危険を冒すことになるのである。もし哲学者がキリスト信者であったら，このようなことがあるのを昔から知っており，ほとんど気にかけることはないだろう。彼はファリサイ派からもサドカイ派からも憎まれ，祭司長や世俗の権力から非難され，ローマの兵士から愚弄される神の弟子なのだから。

　　1936年4月25日─1968年1月6日

　　　　　　　　　　ジャック・マリタン

目　　次

全きヒューマニズム

──新しいキリスト教社会の現世的・霊的諸問題──

序　章
ヒロイズムとヒューマニズム

ーーーーーーーーー

ヒューマニズムの一般的観念

　共産党の新しい綱領が「社会主義的ヒューマニズム」を打ち出して世間の関心を引く前から，ヒューマニズムの問題は存在していた。しかし新綱領以来，この問題は流行の問題となった。それは喜ぶにふさわしいことであろう。非常に重要な問題が，これによって提示されたからである。誰ももはや，人間の問題が意味を持つようになるのは，資本主義の滅亡以後のことである，などと言うことはできないであろう。

　しかしヒューマニズムについてある立場を取ることが，同時に他の多くの問題を必然的に伴うことに，人はまだ気づいていない。

　本書で行う考察への序章として，このような問題の一つに焦点を当ててみよう。英雄的な生涯ほど人間が望むものはない。他方英雄的精神ほど人間にとって非日常的なものはない。このような二律背反の深い意識が，アンドレ・マルローの作品の悲劇性と精神的特質を作り上げているように思える。ヒューマニズムの問題は，社会主義的なものであったとしても，マルローにとって決して気楽なものではないよう

だ。

　アリストテレスにおいて，ヒューマニズムの問題はすでに気楽な問題ではなかったのではないだろうか。アリストテレスは次のように述べる。人間に人間的なものだけを提示することは，人間を裏切り，その不幸を願うことである。なぜなら人間は，その主要な部分である精神（esprit）によって，純粋に人間的な生よりも善いものに招かれているからだと。『ラーマーヤナ』，エピクテトス，ニーチェそして十字架の聖ヨハネは，それを適用する方法においては異なるのであるが，この原則において一致している。

　私が今引用したアリストテレスの言葉は，人間的であろうか，それとも反人間的であろうか。その答えは，人間についてどう考えるかによって異なる。ここから直ちに，ヒューマニズムが曖昧な言葉であることが分かる。明らかなのは，この言葉を発する者が，そのことによって形而上学の全体を持ち出さねばならないということである。そして，人間の中に時間を超えて生きるものが存在するか否か，すなわち宇宙の全秩序を超えるような必要性を持つ人格が存在するか否かに従って，人がヒューマニズムについて抱く観念が，全く異なった響きを持つものとなるのは明らかであろう。

　しかしこの異教徒の大いなる知恵を，ヒューマニズムの伝統から排除することはできないのであるから，われわれはいずれにせよ，超人間的なものへの秩序づけを全く排除し，超越的なものを全く放棄して，ヒューマニズムを定義することはできない，ということに留意するべきである。すべての議論を開かれたものにしておくために，ヒューマニズムの定義を多様な方向に展開できる次のようなものとしておこう。ヒューマニズムは人間を真の人間とすること，すなわち自然

と歴史において人間を豊かにするすべてのものに参加させることによって，人間に本来的な偉大さを発揮させることを本質的に目指すものである。シェーラーが「世界を人間に集中させ」そして「人間を世界に拡大させる」ことによってと言ったのは，おおよそそのような意味である。ヒューマニズムは人間が自分自身に含まれる潜在能力，創造力および理性的生を発展させ，同時に世界の物理的力を自らの自由の道具とするよう求める。

　このように理解すると，ヒューマニズムを文明あるいは文化──この二つの言葉は同義語として理解される──から切り離すことはできない。

英雄的ヒューマニズムは存在しうるか？

　今まで述べてきたことには，ほとんど異論の余地はないように思われる。しかし実際は，様々な文化のサイクルの中で，ヒューマニズムの時期はヒロイズムの時期の対極にあったのではないか。ヒューマニズムの時期は，ヒロイズムの時期の人間的なものへの堕落，あるいはヒロイズムの時期からの人間的なものの奪還，それとも程度の差はあれ，超人間的なものの全般的拒否として出現したのではなかっただろうか。それゆえ，ヒューマニズムがヒロイズム，すなわち文化の創造的，上昇的かつ真に統一的な時期と両立するのは，それが英雄的ダイナミズムに参与している場合だけではないだろうか。そのときヒューマニズムは自分自身を意識せず，自分自身に対して秘められており，苦しみすら自らに目を閉ざし，無知の中で甘受される。そしてそのとき人は知らず知らずのうちに，自分よりも偉大なものに身を捧げるのである。ヒューマニズムが自分の力で自らを解放し，自らに自ら

5

を示し，同時に自らの固有の願いを示すのは，エネルギーの
消散，分離および下降のとき，すなわち一度だけ次の対句に
基づいて言うなら，「文化」が「文明」になるとき，あるい
は苦しみが自らに対して目を開き，もはや耐え忍ばれないと
きだけではないだろうか。人は，自らより偉大な何ものかに
自らを捧げるのを止めることによってのみ，自分自身を知る
ことができるのではないか。ニーチェが語ったように，この
「原子の無秩序」の中で，人間的，あまりにも人間的である
こと，すなわちデカダンスは，その意味においてヒューマニ
ズムの現象ではないだろうか。

　その答えは，ある種の安易な貴族主義が考えているほど単
純ではないように思われる。ある種の形態のヒロイズムが，
この明白な矛盾の解決を可能にするように見えるかもしれな
い。共産主義的ヒロイズムは，革命的緊張と反逆的行為に
よって，仏教的ヒロイズムは，慈悲と非行動によってそれを
なしうると主張する。もう一つのヒロイズムは，愛によって
解決できると主張する。偉大なトマス・モアのようなヒュー
マニズムの聖人の例は，この観点からとくに重要である。し
かし彼はただ，ヒューマニズムと聖性が共存しうることだけ
を示しているのだろうか。それとも彼は，聖性の英雄的な源
泉で育てられたヒューマニズムがありうるということをも，
証ししているのだろうか。それは自らの力で解放され，自ら
を意識しているヒューマニズムでありつつ，人間を犠牲と真
に超人間的な偉大さへと導くヒューマニズムである。なぜな
らその時，人間的な苦しみは目を開き，愛の中で，すなわち
喜びを放棄することにおいてではなく，すでに歓喜であるよ
り大きな渇望の中で，耐えられるからである。英雄的ヒュー
マニズムは，存在しうるのだろうか。

　私は存在すると答える。眼前で展開する歴史の働きに直面して人がどのような立場を取るか，またどのような選択肢を義務的と感じるかは，まさにこの問いに対する答え（そして人がそれに与える理由づけ）にかかっているのではないだろうか。

西洋のヒューマニズムと宗教

　ある人にとって，真正のヒューマニズムが定義から言って，反宗教的ヒューマニズムでしかあり得ないということは，理解できる。われわれは全く逆のことを考えている。それはこれ以降の章の中で明らかになるであろう。さしあたり，このテーマに関して二つの事実を指摘しておきたい。

　まず初めに，ルネサンスの開始以来，西洋世界が徐々に聖権的なキリスト教的ヒロイズムの体制から，ヒューマニズムの体制に移っていったというのは正しい。しかし西洋のヒューマニズムの体制は，宗教的・「超越的」源泉を持っている。この源泉なしには，西洋のヒューマニズムは理解され得ない。私が「超越的」と言うのは，それがどれほど多様であっても，世界の原理に人間より優れた精神を置き，人間の中に時間を超えるように定められた精神を位置づける思考様式，また道徳的生の中心に自然的あるいは超自然的敬虔さを置く思考様式のすべてである。西洋のヒューマニズムの源泉は，古典的でキリスト教的なものである。私がいま述べた特色は，単に中世的古代の全体において存在するだけではなく，異教的古代の遺産の信頼しうる部分——それはホメロス，ソフォクレス，ソクラテス，ヴェルギリウスなど，「西洋の父」が想起させる部分である——の中にも現れている。他方，中世キリスト教の体制が，肉体と霊魂の統一的体制あ

るいは受肉した霊魂の体制であったという一つの事実から，この体制はその聖権的な形態の中に，潜在的な暗黙のヒューマニズムを蔵していた。12世紀と13世紀に，このヒューマニズムは不安定な早生まれの美の輝きとして「出現し」，自らを示すことになった。なぜなら，すぐに中世の文化的様式と古典的ヒューマニズムの様式の不一致（キリスト教が蒙ることになる変質──その主要なものは言うまでもなくピューリタニズムとジャンセニズムである）が，ある期間，本質的に見たキリスト教とヒューマニズムの深い一致を覆い隠し，破壊することになったからである。

　この中世の時期に，人間人格は同じ生きた信仰の中で，現実的・具体的な他者の人格と交わり，愛する神と交わり，そしてすべての被造物と交わることによって，多くの悲惨さに満ちた環境の中で，認識の活動と美的創作において豊かなものとなると同様に，英雄的精神に溢れたものとなった。そして最も純粋な心を持った人たちの中で，大いなる愛が人間の中の本性を，自らを超えるものに高め，事物にすら兄弟的な尊敬の感覚を広げた。それゆえフランシスコのような聖人は，大自然が，人間の利用に供されるために産業によって搾取される前に，われわれの愛によって，ある意味で飼いならされることを望んでいるということを理解していた。私が言いたいのは，事物（les choses）と事物における存在を愛することによって，人間は，人間的なものを事物の尺度として潜り込ませる代わりに，事物を人間のもとに引き寄せるということである。

　他方，私が第二に指摘したいのは，西洋のヒューマニズムを，あらゆる超越の形而上学から最高度に解放されたかに見える現代的形式において考察するとき，次のことが容易に見

て取れるということである。すなわち，もしそこに人間の尊厳，自由および私利私欲のない人間という共通の観念が残っているなら，それはかつてはキリスト教的であった観念の遺産と，かつてはキリスト教的で今日廃れてしまった感情の遺産がそこにあるということである。また私は，自由主義的・ブルジョワ的ヒューマニズムが，ほとんど，胚芽を摘み取られた小麦，あるいはデンプンで出来たパンに過ぎないということをよく理解している。そして，この物質化された精神主義に対して，無神論あるいは快楽至上主義（paganisme）の積極的な物質主義が優位に立っている。しかし，自然的な絆から切り離されて，暴力的風土の中に移し替えられてはいるが，理論はとにかく，実際に実存的な場面において，廃れてしまったキリスト教的エネルギーが今なおある面で人の心を感動させ，人を行動へと駆り立てているのである。かつてキリスト教的であったこのようなエネルギーが，正面からキリスト教に反対する文化の諸概念の宣伝に貢献しているのを目にするのは，今日この世界に観念の混乱が広がっている兆候ではないだろうか。キリスト信者にとって，事物を真理へと連れ戻す好機である。すなわち，事物の本来的な源泉の豊かさの中に，正義への希望と交わりへの憧れを再び統合するのである——この希望と憧れはこの世の苦しみの糧となりながらも，その躍動は方向性を失っている——。こうすることによって，歴史に働きかけることができ，また人間を援助することのできる，キリスト教的インスピレーションの文化的で，世俗的な力を呼び起こすのである。

　このためには，キリスト信者にとって健全な社会哲学，健全な現代史の哲学が必要である。それが得られたとき，彼らは，眼前でまさに滅びんとしている非人間的な体制を，新し

い文明の体制に置き換えるよう努めることになるであろう。この新しい体制は全きヒューマニズム（*humanisme intégral*）によって特徴づけられ，もはや聖権的ではなく，世俗的あるいは俗人的な新しいキリスト教社会を彼らの眼前で示すであろう。われわれはここにまとめた研究の中で，この新しい文明の体制を示してみよう。

　この新しいヒューマニズムは，ブルジョワ的ヒューマニズムと共通の尺度を持っていない。それは人間を崇拝せず，現実的かつ実質的に人間の尊厳を尊重し，人格の全き要求を正当に扱うだけに一層人間的である。われわれはこの新しいヒューマニズムが，人間――単に霊的な秩序の中だけで生きるのではなく，受肉しなければならない――に対する福音的関心の社会的・現世的実現と，友愛的共同体の理想に向けられていると考えている。このヒューマニズムが人間に自己犠牲を要求するのは，人種，階級あるいは民族のダイナミズム，あるいはそれらの帝国主義のためではない。それは自らの同胞のよりよき生のためであり，人間人格の共同体の具体的な善のためである。それは――絶えざる困難な努力とある種の貧しさという代償を払って[1]――社会的秩序と共同生活の構造の中で実現されるべき友愛（fraternelle amitié）という謙虚な真理のためである。このようにして，このヒューマニズムは，人間を交わりの中で成長させ，まさに英雄的ヒューマニズムとなることができるであろう。

　1）　私は，人が今日，豊かな経済と呼ぶものが，不可欠だと考えている。しかし科学・技術の進歩が，労働の必要性を減らし，失業の危険性を増大させることによってもたらす重大な問題に言及するまでもなく，この豊かさは各人に配分されることで，相対的な貧しさをもたらす。そこでは十分さは保障されるが，贅沢は困難になるであろう。

第 1 章
ヒューマニズムの悲劇

―――――――

検討すべき問題

　われわれがこの章と次の章で取り組むのは，人間の問題である。

　われわれが明確にしようとするのは，近代史の哲学的考察という観点から見て，人間という被造物が神および自らの運命の前に，実践的かつ具体的にどのように位置づけられるか――それがある時代，またはある文化の特色である限りにおいて――である。しかしこの実践的・倫理的秩序の問題は同時に，二重の思弁的問題によって支配され，解明されている。すなわち一つは，人間とは何かという人間学の問題であり，もう一つは人間とその運命の最高根源との関係という神学的問題，キリスト教的用語を用いて問題をより明確に表現すれば，恩寵と自由の関係の問題である。

　以上の三つの問題を，まず中世のキリスト教社会の観点から，次いで近代のヒューマニズムの観点から検討する。そしてこのヒューマニズムの弁証法が，現在の時代をどのような立場へと導いたかを見て，それに続いてこの同じ三つの問題を「新しいキリスト教社会」および新しいヒューマニズムの

観点から考察する。

Ｉ　中世のキリスト教社会

人間の問題

　さて，中世のキリスト教社会の観点から，人間学の問題，恩寵と自由の問題，そして神を前にした被造物の具体的な位置の問題を考察しよう。

　中世の思想（それ自身，キリスト教的であることだけを示したのだが）にとって，人間は単に理性を与えられた動物——それは真に「自然的にカトリック的」と考えられるアリストテレスの定義によるものである——には留まらなかった。人間の自然本性に関するこの平凡な理解の射程は，すでに非常に遠くまで及ぶ。すなわち，人間をその主要な部分からして精神（霊）であるとすることで，この定義は人間が明らかに超人間的な熱望を持っているに違いないことを示すからである。しかしまた，それは動物の霊魂であるので，精神（霊）の中で最も無力なものであらねばならず，また事実上，人間はほとんどの場合，精神（霊）においてではなく，感覚において生きていることをこの定義は示すのである。

　中世思想にとって人間は一つの人格（ペルソナ）でもあった。この人格の観念は，もしそう言ってよければキリスト教のキーワードと言うべき観念である。神学のおかげで独自の観念として確立され，明確化されてきたと認めなければならないからである。人格，それは選択の自由を与えられた精神的本性の宇宙であり，その限りにおいて，この世界に対して独立した一つの全体を構成し，自然も国家も人格が許容することなしには，この宇宙に侵入することはできない。人格の

うちに存在し働く神ですら，そこにおいて特別な仕方，絶妙
な繊細さ——それは神がいかに人格を尊重するかを示してい
る——で働きかける。このようにして神は人格の自由を尊重
するが，それにもかかわらず，神はその自由の中心に住ま
う。神は人格に要請するが，決して強制はしない。

　さらに人間はその具体的・歴史的な実存においても，中世
思想の場合，単に自然的な存在ではなかった。人間は引き裂
かれ，傷つけられた存在である。欲情によって人間を傷つけ
る悪魔と，愛によって人間を傷つける神によって。一方で人
間は，原罪の遺産を背負い，恩寵の賜物を奪われた状態で誕
生し，実体的に堕落していないのは疑いないが，その自然本
性において傷ついている。他方で人間は，超自然的目的——
神が自らを見るように神を見る——のために造られている。
人間は神の生命そのものに到達するように創造されている。
人間は助力の恩寵によって貫かれており，もしその拒否する
能力を神に敵対させなければ，この世において自らの中に，
聖化する恩寵とその賜物による本質的に神的な生命を宿すの
である。

　それゆえ実存的に考えれば，人間存在は自然的であると同
時に超自然的な存在であると言うことができる。

　一般的に言って，これが人間のキリスト教的観念である。
しかし注目しなければならないのは，この観念が歴史的要素
として捉えられた中世思想そのものの中で，身にまとってい
た特質である。中世については，第一に神学的なこれらの知
識で十分であったと言っておこう。それらは強固な心理学を
うちに蔵していたが，この言葉の現代的な意味においてでは
なかった。なぜなら，そこではすべてが神の視点から眺めら
れていたからである。人間の自然的神秘は，科学的実験的知

識によって，それ自身において探求されることはなかった。要するに中世は内省的な時代の対極にあった。ある種の畏れ，あるいは形而上学的節度が，また事物に目を向け存在を観想し，世界を評価しようとする支配的な関心事が，中世の人間の視線を自分自身からそらせるように働いたのである。これは至る所で見出すことのできる特色である。

恩寵と自由の問題

さて問われているのはもはや人間学の問題ではなく，恩寵と自由の神学的問題についてであるので，ここで再び，一般的なキリスト教的思想それ自身に属することと，特殊な仕方で中世思想を特色づけるものを区別することが必要である。

中世の神学的思想の全体は，アウグスティヌスによって，とりわけアウグスティヌスのペラギウスに反対する立場によって支配されている。そしてこの点において，中世は純粋かつ単純にカトリック的であり，キリスト教的であった。

中世は神の恩寵の完全な無償性，その至高なる自由とその実効性と同時に，人間の自由意志の実在性を認めた。また中世は次のように主張した。神はすべての善の第一の発端を有している。神は人間に意志を与え意志の遂行を可能にする。神はわれわれの功徳に報いることによって，神自らの贈物を完成する。人間は自分を自分のみによって救うことはできないし，自分自身のみによって自らの救いの業を始めることも，救いの業に備えることもできない。人間が自分のみでできるのは，悪と誤りだけであるが，それにもかかわらず人間は神の恩寵の下で行動しているとき，自由である。人間は恩寵によって内的に生命（いのち）を与えられるとき，善にして賞賛すべき行為を自由に行う。人間が行う悪に対しては，人間だけが

14

責任を有する。人間の自由はこの世において人間に，想像を絶するほど重要な役割と主導権を与える。人間なしに人間を創造された神は，人間なしに人間をお救いにならない。中世が，恩寵と自由の神秘について，このような概念を主張したとき，それが主張したのは純粋かつ単純にキリスト教的で正統的，カトリック的な概念であった。中世思想の極みにおいてトマス・アクィナスは，アウグスティヌスがその偉大な観想的直観において識別した解答を，神学的に精緻なものに仕上げることになった。

　しかしながら，ここで再びキリスト教文明のこの時代に固有の特徴，私が人間学の問題に関して，たった今述べた特徴，すなわち，被造物が自分自身を熟慮的に省みる視線の欠如を，見出すことは難しくない。

　中世はその視線を輝かしい点に向け続けていた。それはアウグスティヌスが恩寵と自由の神秘の中で，明示したものであり，それはこの神秘の神的な深みに関わるものであった。この神秘の被造的・人間的深みに関わる，とり残された広大な影の領域——とくに神が悪行を認容していることと被造物が悪を生み出すこと，また人間存在の現世的・「世俗的」活動が，哲学的・神学的秩序自体において有する意義と固有の価値——について，中世はこれらの領域の入口の前に力強く解決の原理を置いたのだが，中世はこれらの闇とその問題には，ほとんど立ち入らなかった。中世はその領域のほとんどを未開拓のままにし，問題の全体を探索されないまま残した。

　その結果として，ある種の寄生生物的な表現が，本来あるべき一層精密な解決の代わりとなり，この領域において，われわれがたった今語った永遠にキリスト教的な概念に，ひと

15

つの一時的で特殊な刻印を付け加えることになった。私がこ
こで考えているのは，堕落した人間本性に関するあまりにも
安易で，悲観的かつ劇的なイメージであり，神の選びと働き
に関するあまりにも単純で浅薄なイメージ，そういう表現を
用いてよいなら，被造物の運命に向き合う神のパーソナリ
ティーについてのあまりにも単純で浅薄なイメージである。
私が考えているのは，ある種の神学的な非人間性である。中
世のカトリシズムは，アウグスティヌス的統合のより健全で
ない部分に，自然的かつ恒常的にその正当化の根拠を探すよ
うに誘惑されていた。他方で中世のカトリシズムは，正統の
範囲内に，この欠陥のある要素を維持していたが，後の展開
から分かるように，それは結局自ら逸脱したものになっただ
けであった。この点に関して，トマスはすべてを正しい秩序
に戻した。しかし中世の思想が彼の諸原理を活用して，そこ
から実りを得るにはあまりにも遅すぎたのである。

　中世においては被造物としての深い自覚（pris de
conscience）がそれ自身として，存在および神に関する形而
上学的・神学的思索の動き，あるいは創造されるべき作品に
対する詩的・芸術的思考の動きそのものの中で，暗黙のうち
にも達成されていなかったかのように考えるのは不条理なこ
とであろう。しかし，熟考に基づく明示的な反省的吟味にお
いては，この自覚が欠けていたのである。これについては，
神秘家たち自身の中に驚くべき事例が見出される。中世は比
類なき神秘家たちで満ちている。しかしもしわれわれが，彼
らが残した記録しか持っておらず，聖テレジアや十字架の聖
ヨハネや御託身のマリアといった人の著作を知らなかったと
したら，この道に入った霊魂の内的状態や試練や暗夜につい
て，ほとんど知ることはなかったであろう。そして中世の神

秘家たちは，霊魂の内的状態・試練・暗夜について知らな
かった，と信じることであろう。彼らはそれについて無知で
あったのではなく，それを生きていたのである。彼らはそれ
に関心を持たず，中世の衰退の時期，ルースブルックやタウ
ラーの時期を除いて，それについて語ることが有用なことと
は考えていなかった。

　同様に中世は，神の統治における罪人の役割とその固有の
発端と反抗，罪人に対する神の憐れみの役割について，深遠
で卓越したカトリック的感覚を持っていた。また中世は自然
本性，その尊厳と無力さについての深い感覚を持っていた。
中世は他のどの時代にもまして，人間的な憐れみと涙の価値
を知っている時代であった。しかし，これらすべては中世に
よって意識されている，すなわち反省的意識の対象になって
いるというより，生きられていた。しかし，もし中世の神学
的伝統の文献（私はトマス・アクィナスのことを言わんとし
ているのではない。彼は一つの時代を特徴づけるには，あまり
にも偉大すぎる）だけを考慮に入れるとしたら，中世思想は
被造物である人間を，救済論的問題と人間に対する神の必要
性との関わり，また人間に要求される道徳の客観法則との関
わりでのみ知っていて，人間の偉大さの主観的源泉やその悲
惨さの主観的決定論と関連づけては知らなかったと考えられ
たのだが，それは誤りであろう。

自らの運命に直面した被造物の実践的態度

　われわれが吟味しなければならない第三の問題，すなわち
自らの運命に対する被造物の実践的態度という問題に立ち向
かうことにしよう。これまでの考察によれば，中世の人間は
神の促しに応えるとき，直接的で単純な動きで前進する。い

わば反省的な深い自覚には関わりのない，素朴な——この言葉には何ら軽蔑的意味は含まれていない——動きで前進し，何かのついでに自分自身をちらりと見るに過ぎない。

このように，中世キリスト教社会に固有のスタイルには，神が愛を注がれる動きに対する人間の応答の動きの，意識されない非反省的な単純さに特色がある[1]。

それは苦しみと罪による強い影響の中で，知性が対象に，愛が完成に向かう単純な上昇の動きであり，世界がキリストの支配の中で統一された社会的・法的構造に向かう，単純な上昇の動きであった。揺籃期の絶対的な熱望と人知れぬ勇気によって，キリスト教社会は，その頂上に神の住まう強固な城を打ち立てた。キリスト教社会は神を愛するがゆえに，神に地上の王冠を準備した。すべての人間はかくして，少なくとも愛が人間を生かす限りにおいて，聖なるものの印の下に置かれ，聖なるものに秩序づけられ，聖なるものによって守られていた。喪失や災いなどものともせず，神の業は聖別された霊魂によって成し遂げられた。被造物は無情に引き裂かれると同時に，偉大なものとされ，神のために自らを忘れた。

中世の解体

被造物である人間をこのように突き動かしていたヒロイズムの躍動が停止し，人間が自らの重みで倒れ，自らが造った世界の重い構造によって押しつぶされたと感じるとき，人間は自らが何者でもないことに恐怖を覚えた。被造物である人間は，聖人たちによって「軽蔑される」こと——いわば神の

---

1)　Cf. *Science et Sagesse*, ch. III.

前に何者でもないと見なされること——を望んでいる。人間
は聖人たちがそうすることは正しいと知っている。人間は，
肉の人間によって軽蔑されることを我慢しない。たとえそれ
が神学者であろうが，哲学者であろうが，教会の人間であろ
うが，政治家であろうが関係なしにである。人は，中世末期
すなわち長い悲惨な 15 世紀において，自らがこのように軽
蔑されているのを感じた。それは，死の舞踏が人間の想像力
を貫き，聖ヴィンセンチオ・フェレルがこの世の終わりを告
げ知らせ，同時に全く異なった，純粋に人間的な種類の文化
に応える，新しく強力な構造が日の目を見ようとしていたと
きであった。このようにして，中世の破局は近代のヒューマ
ニズムの時代を開くことになる。中世とその聖権的形態の爆
発的な解体は世俗の文明を生み出すことになった。この文明
は世俗的であるだけでなく，徐々に「託身〔人となった神〕」
から離れるようになる。それは依然として，もしそう言いた
いなら，人の子の時代である。しかしそこでは，人間は人で
ある神，人となった言への崇拝から人間性の崇拝，単なる人
間の礼拝へと移っていったのである。

　この時代の精神，すなわちヒューマニズム的ルネサンスと
宗教改革によって支配された時代の精神をできるだけ簡単に
特徴づけるなら，それは被造物の人間中心的復権に向けて進
んでいこうとしていたと言うことができるであろう。この復
権の明白なシンボルは，もし宗教的建築物と霊魂との対応を
認めてよいのであれば，ロマネスク・ゴチック様式からバ
ロック様式（それ自身としては非常に美しい）への交代の中
に見出すことができるであろう。

II　古典的ヒューマニズムと人間
　　および自由の二重の問題

プロテスタントの「発見」

　これ〔被造物の人間中心的復権〕が，人間の問題および恩寵と自由の問題という，二つの思弁的問題に関して，われわれが直ちに確認できることである。

　まずプロテスタント的「発見」の側面から吟味を始めよう。この人間中心的復権はこの場合，われわれには反対のものに変装しているように見える。すなわち，それがわれわれに姿を見せるのは，絶望という解決においてである。

　ここにあるのは，類い稀な動的激しさの二律背反であり，それを明らかにすることは重要である。

　もしアウグスティヌスを，真正の神学的な理性ではなく幾何学的な理性の単純な光によって，質料的な側面で理解するなら，彼の教えの中では被造物は無だということになる。人間は原罪によって本質的に堕落している。これがルター，カルヴァン，ジャンセニウスの教説である。

　そこにあるのは，純粋なペシミズムではないだろうか。自然本性そのものは，原罪によって本質的に損なわれている。それは恩寵の下で損なわれたままに留まっている。恩寵はもはや生命ではなく，マントに過ぎない。

　確かにこれは純然たるペシミズムである。しかし考えてみよう。この本性そのものは原罪以前には，当然与えられるべきものとしてアダムの特権を有していた。そして今やこの堕落した人間は何ら天国に行くための功徳をつむことはできず，信仰がマントのように，キリストによってその人を覆っ

ているが，その自然本性の堕落の中においてすら，この人間
はまさに自身がそうであるところのものによって地にとって
は価値がある。汚名をあびせられた被造物にとって，この低
いところに場所がある。なぜなら，被造物はこの世という地
獄の中で生きることがまさしく必要だからである。

　これがプロテスタント的良心の弁証法と悲劇である。そこ
には，人間の悲惨さと罪に関する賞賛すべく高貴で，悲痛な
感覚がある。しかしそれは全く人間的な，漆黒の闇のように
人間的な感覚である。被造物は自らが虚無であることを語
る。しかしこのように語るのは，ただひとり被造物自身であ
る。人間は動いている堕落である。しかしこの癒しようもな
く堕落した自然本性は，それにもかかわらず神に向かって叫
ぶ。かくして人間は，何をなそうとも，叫ぶ主導権を有して
いる。

　恩寵と自由の問題は同様に，単純な，過度に単純とも言え
る解決を受け取る。もはや自由意志は存在しない。それは原
罪によって死滅させられた。要するにこれは，プロテスタン
ト諸学派の考える予定説と永罰の教説であり，自由なき恩寵
の神学である。

　カルヴァン主義はそれを最もよく例示している。われわれ
はいまだに同じ二律背反に直面している。人間は独裁的な神
意の下で拘束され，無とされている。しかし救霊予定者は自
らの救いを確信している。かくして，人間はこの世であらゆ
ることに立ち向かい，神に選ばれた者としてこの地上で行動
する準備ができている。この人間──実体的に堕落している
が，救われた人間，アダムの罪によっていまだに汚されてい
るが，神から選ばれた人間──の帝国主義的要求は，限界の
ないものとなるであろう。人間にとって物質的繁栄は，その

21

状態〔救われた者〕の当然の義務のように思えるだろう[2]。

ヒューマニスト的「発見」と自由の問題

　さてわれわれの二つの問題をヒューマニスト的発見という観点から吟味してみよう。

　自由と恩寵の問題に関することについては，緩和されたヒューマニスト的神学と絶対的ヒューマニスト的神学とを区別しなければならない。

　われわれが緩和されたヒューマニスト的神学と呼ぶのは，モリナ主義である。私の考えでは，16 世紀に神の予知，および恩寵と被造物の自由意志との関係に関する新しい理論を発明したこの有名な神学者は，文化の歴史に対して非常に大きな意味を持っている。私はここでこの問題を吟味するつもりはないし，助力についての論争の神学的詳細に立ち入るつもりもない。私がこれらの事柄について一言述べたいのは，文化的観点，歴史の哲学と文明の哲学の観点からである。

　この観点から見ると，それが神学的な細かい事柄においてどんなものであろうと，モリナ主義は確かに被造物のために一つの分け前を主張しているだけだと言えるが，最終的には，善と救いの秩序の中において，第一の主導権を被造物のために要求していることになるのである[3]。

　2）　とくに R.H. トーニーが示したように，資本主義の始まりに関するマックス・ヴェーバーの理論は，かなり弱められねばならない。ただ，カルヴァン主義（そして利息付融資に関するカルヴァン主義の理論そのもの）が，資本主義の平面で，他の要因とともに，一定の重要な役割を果たしているのに変わりはない。

　3）　私は，アメリカの雑誌『思想（*Thought*）』（1944 年 9 月）で，同じ雑誌に掲載されたルイ・メルシエの論文に答えているが，その一節を引用しておこう。

Ⅱ　古典的ヒューマニズムと人間および自由の二重の問題

そのときまでカトリック・キリスト信者は，自らが自らの

「メルシエ氏が，モリナの『調和（*Concordia*）』における次の引用を熟考すれば，私の批判の意味を理解することができるであろう。'Sane quod bene aut male ea opera exerceamus, quae per solam arbitrii nostri facultatem, et concursum Dei generalem possumus efficere, in nos ipsos tanquam in causam particularem ac liberam, et *non in Deum est referendum... Non igitur causa est Deus virtutis nostrae* ac vitii, sed propositum nostrum et voluntas... Cum auxiliis ex parte Dei, cum quibus unus justificatur et salvatur, alius pro sua libertate nec justificatur nec salvatur.'（実際，われわれが神の一般的な関与とわれわれの自由意志の能力だけで生み出すことのできる働きを，善くまたは悪しくなすことは，いわば特定の自由な原因としてのわれわれに帰するべきであって，神に帰するべきではない。〔中略〕それゆえ神はわれわれの徳の原因でも悪徳の原因でもなく，われわれの企てと意志がその原因である。〔中略〕ある者が義とされ救われる神からの助力とともにあっても，別の者は自らの自由によって義とされず，救われない）」。

「メルシエ教授の論文の最も興味深い部分は，思想の文学史を扱ったところである。そこにおいて，彼の能力は疑問の余地がなく，彼の観察は常に刺激的である。私は彼が 17 世紀について書いたものを楽しく読ませてもらって，大きな利益を得た。しかし私の「全きヒューマニズム」に関しては，彼が的を射ていないという感想を持たざるを得ない。私がパスカルの時代について，そのすべての力と要素がモリナ主義に浸透されていると述べた，とメルシエ教授は一瞬でも思ったのだろうか。また私がこの世紀の偉大な精神の持ち主たち——私は彼らを尊重している——を，あるいは私がメルシエ教授と同様に評価する『ポリュークト（*Polyeucte*）』を〈有罪宣告した〉と彼は一瞬でも思ったのだろうか。私は誰も〈有罪宣告して〉いない。平均的な〈古典時代のキリスト教的ジェントルマン〉であるモリナをも。私は彼らを近代文化・歴史の哲学に位置づけ，その意義を明らかにしようとした。それゆえ本書では，モリナの神学的議論に踏み込まなかった。また私は（作用因の系列で）17 世紀の文学に間接的に与えた可能性のある彼の特定の影響をも概観しなかったのである。本書は哲学的著作である。また私は文化哲学の中心となる星は神学の天空に見出されねばならないと考えているので，モリナの神学を（形相因の系列で），17 世紀の文化的活動における最も特徴的な思潮——いわば歴史的，〈将来的〉可能性の最も豊かなもの——の一つに対する卓越した記号，光を放つ類型として取り上げた。私にとって明らかなのは，この思潮が〈人間中心主義的〉方向性を持っており，論理的に言って，まさに 18 世紀の分離されたヒューマニズムにつながっていく可能性を持っていたということである」。

23

善行の全体についての自由な主導権を有していると考えていたが、それは第一の主導権ではなく、第二の主導権であった。神だけが第一次的主導権を持っており、われわれの善行は全体的に第一原因である神から由来し、また全体的に自由な第二次的原因としてのわれわれ自身に由来すると考えられていた。今やキリスト信者は、彼の善行と救いへと至る業の中に二つの部分を分けなければならないと考えている。それらは分割され、切り離され、神と人間との間で分け合われねばならない。それぞれの人間の行為に二つの部分がある。一つは人間だけに属するものであり、もう一つは神にのみ属するものである。このようにしてキリスト信者は、ある部分では、彼も自ら為す善に対する第一の主導権を有していると考えている。

　かつては、人間の自由と神的自由の関係という神秘について、人間の精神を占めたのは、生命と霊の秩序の観念であった。神は人間の生命の生命であった。すなわち、神は人間に生命を与えただけでなく、常に存在の最も深い源泉から被造物の生命と活動を生かし続けてきた。

　今や、その思考を照らすのは、機械論的な秩序のイメージである。後に「力の平行四辺形」と呼ばれるものに似た何ものかである。神と人間は、彼の運命の船をそれぞれの側から引き寄せている。そして引いているのが人間である限り、神は引いていないのである。

　これが、人間中心主義の時代のキリスト教ヒューマニズムの人間である。人は神と神の恩寵を信じている。しかし人は神と領土を争っている。人は自分ひとりで自分の地上的生活と地上における幸福を作り上げようとする一方で、救いと永遠の生命を功徳として勝ち取る行いの第一の主導権におい

て，自分の取り分を主張する。心理学的調節という観点から
見たモリナ主義は，古典時代のキリスト教的ジェントルマン
の神学であり，それはジャンセニズムが同じ時代のキリスト
教的首長の神学であるのと同様だと言うことができるだろ
う。しかしモリナ主義は，表示記号としては全く異なる価値
を持つ。私はモリナが偉大な神学者であったかどうかは知ら
ない。しかし文化的観点からは，彼は近代文明と，キリスト
教社会の近代的解体とを高度に代表する人物である。

　教義的に考えると，この緩和されたヒューマニスト的神学
は不安定なものであった。論理的に言って，それは新しい純
粋な形式に道を譲らなければならなかった。かくしてわれわ
れは絶対的ヒューマニスト的神学と呼ばれるものにたどり着
くことになる。それは合理主義の神学である。

　この神学に関して定式は，はるかに単純である。モリナ主
義のように，合理主義の神学は，プロテスタンティズムがつ
まずいた，いわゆる恩寵の実効性と自由の両立不能性という
対立を受け入れる。そしてモリナ主義のように，この神学は
二律背反をプロテスタンティズムとはある意味で逆の仕方で
解決する。すなわち神の因果性を犠牲にして，人間の自由を
救おうと試みることによってである。しかしこの神学は，限
界までこの方向に進んでいく。純粋なプロテスタントの恩
寵の神学が，自由なしの恩寵の神学であるように，純粋な
ヒューマニスト的自由の神学あるいは形而上学は，恩寵なき
自由の神学あるいは形而上学である。

　偉大な古典的形而上学者たちは，絶対的合理主義あるいは
絶対的主知主義の原理によって，まさにこの人間の意志の自
由を思弁的に正当化し，救うために，さらに多くの困難を経
験することになろう。ライプニッツとスピノザはその代用品

を提供することに腐心するであろう。しかし，人が自由を思弁的にどのような代用品に還元しようとも，倫理的・実践的秩序においては，自由が人間にとってひとつの要求でありひとつの特権——これを人間は自分の力のみで実現し，それに勝利を得させる——であるということに，変わりはないのである。これ以降，自らの知識によって自らの運命を作ること，神のように介入することは人間にのみ属する。この尊大な知識は人間自身の生の管理の中で，また幾何学的決定論に委ねられた宇宙という巨大な機械の働きの中で，あらゆる必然性を自らの中に飲み込み，それを乗り越えるのである。

　最後にヘーゲル的歴史概念によって人間が向き合うのは，もはや神の自由と人間の自由という対立する二つの自由に対してではなく，人間の自由というただ一つの自由に対してである。世界と歴史における生成する神性は，人間において実現するであろう。

ヒューマニスト的「発見」と人間の問題

　第二の思弁的問題，すなわち人間の問題に移ろう。

　ここでは再び，緩和されたヒューマニスト的神学と絶対的ヒューマニスト的神学とを区別することが，必要となる。

　緩和されたヒューマニスト的神学は，恩寵を自然（自然の秩序の中で完全であるために，自らのみを必要とする自然）の頂点に置かれた単なる装飾と見なすヒューマニズム，あるいはむしろキリスト教自然主義である。したがって恩寵は紳士（オネットム honnête homme）の理性で十分にその完全な正しさを保障できるような行為に，天国に入るに値する功徳を付与し，超自然的な光沢でもって彩色をするのである。

　中世のアヴェロエス主義と17世紀のデカルトの合理主義

26

は，このような仕方で，この世界に完全な自然的知恵を提供
することができると主張した。実存的に考察された人間は，
信仰と啓示の事柄から絶縁され分離された状態に自らを置き
つつ，キリスト教的知恵から切り離された独自の環境におい
て，この知恵を現実に持つことができるというのである。

　かくして，実践的・道徳的秩序において，ダンテの政治思
想もそれを逃れていないと思われる[4]次のような概念に人は
到達するであろう。すなわち人間と人間的生は，二つの異な
る絶対的に究極的な目的に秩序づけられている。一つはこの
世界における完全な繁栄という純粋に自然的な究極目的であ
り，もう一つは天国における完全な至福という超自然的な究
極目的である。

　このように，福音書が予想もしなかった労働の巧みな区分
を行うことによって，キリスト信者は同時に，天国のための
神とこの世のための富（マモン）という二つの主人に仕え，自らの霊魂
をいずれも絶対的で，いずれも究極的な二つの服従，すなわ
ち天国のための教会への服従とこの世のための国家への服従
とに分割することができるであろう。

　われわれはここで再び，有機的な従属関係に代わる機械的
な二分法に直面している。中世のキリスト教社会が考えたよ

---

　4)　「市民的生」あるいは文明の善は，所与の秩序における，すなわち
現世的秩序あるいは獲得された徳の秩序における究極目的である。（Saint
Thomas Aquinas, *Sum. theol.*, Iᵃ-IIᵃᵉ, q. 65, a. 2, *de Virtutibus cardinalibus*, a.4,
ad 3ᵐ 参照）しかしそれは絶対的なものではない。この相対的な究極目的と
現世的秩序それ自身は，絶対的な究極目的，すなわち永遠の生命（いのち）への従属
によって，内的に高められる。ダンテは『帝政論』の最後の部分で（非常
に軽い筆致で）慎重にではあるが，現世的あるいは政治的秩序の目的を絶
対的究極目的として扱っている（同書Ⅲ，c.16 参照）。それゆえ，ジルソン
氏がこの点に関して，彼をアヴェロエス主義者と非難するのは，正しいよ
うに思える。

うな人間は，二つに分割されてしまった。一方では純粋に自
然的な人間がいる。この人が完全で，賢明で，善良になり，
この世を獲得するために必要とするのは理性だけである。他
方，天上的な包み袋〔の中の人間〕，つまり二重人格的信者
(*double croyant*) がいる。その人はキリスト信者の神──恩
寵の綿毛によって，この純粋に自然的な人間を取り囲み，柔
らかく覆い，天国を勝ちうることのできるものにしてくださ
る──への礼拝と祈りに熱心である。

　この二重人格的信者を〔正気にするために〕なぐり倒すな
ら，と言うより，事態はそれほど単純ではないので，この二
重人格的信者をその人自身が包みかくしている主体へと吸収
するなら，絶対的ヒューマニスト的神学が考えるような純粋
な自然的人間が残るであろう。

　私がここで絶対的ヒューマニスト的神学と呼ぶものは，何
よりもジャン・ジャック・ルソーのそれであり，自然的な善
性の神学である。

　周知のように，ルソーの人間は単に原罪と自然本性の傷
を免れているだけでなく，本質的に純粋な善性を持ってい
る。この善性は人間を神的な生命の分有者たらしめるもので
あり，人間が無垢の状態のときに自らの中で顕示されていた
ものである。このように恩寵は自然の中に吸収されてしまっ
た。ルソーの理論の真の意味は，人間が自然本性的に聖なる
ものであるということである。徳があるということよりはる
かに聖なのである！（ジャン・ジャックはその人生の終わり
においてはもはや，有徳であることにではなく，善くあること
に固執した。彼はそれまでにも増して善い者であった……）人
間は自然の精神との神的な合一を達成するとき，聖なる者で
ある。自然は人間のすべての最初の動きを善く正しいものと

28

するのである。

　悪は教育と文明の束縛，熟慮と人工的なものの束縛に由来する。自然を全開にしさえすれば，純粋な善さは現れてくるだろう。それは人間の公現となるであろう。

　もう一人の偉大な思想家の名前をここに引用しなければならない。それはオーギュスト・コントである。彼の「偉大なる存在」に関する理論は，純粋に自然主義的だと自負する人間の観念が，論理的に行き着くところを示しているという意味で，われわれにとって大変興味深い。コントの「神―人類」は，同時にその自然的・地上的現実における人類であり，キリストの神秘体である教会であり，キリスト自身であり，神である。

　そして何よりもヘーゲルは，哲学が宗教を救うことを求め，かつこのことのためにすべての宗教の内容を純粋理性の最高の形而上学的表明に吸収しながら，実際には歴史の弁証法の中に救済の運動そのものを導き入れる。そして現実には国家を，それを通して人間が神の子の自由に到達する神秘体たらしめるのである。

　ルソー，コントあるいはヘーゲルであれ，この偉大な現代精神の代表者たちにおいてわれわれが確認できるのは，一方では，人間がその実存的状態において純粋に自然的な存在と見なされているということである。人はそれを，原罪と恩寵を含む超自然的秩序との結合から全く切り離されたものとして思い描いている。しかし人は現実には，人間を純粋に自然的なものと考えることには成功しない。われわれが語っているこれらの結合は，人間においてそれほど強力なのである。人は自分が純粋に自然的な条件または状態における存在であると考えている。そして，この純粋に自然的な人間の中に，

29

本来的に神的な生命（いのち）へのすべての熱望と呼びかけを吸収する。「私は言った。あなたたちは神々である」。このような熱望と呼びかけは，キリスト信者にとっては神の恩寵に属している。

　その結果，神から離れた人間は，すべてが自分自身に帰するものであるかのように，また自分が神の跡取りであるかのように（自分自身を自分の中心に置かないということであれば，まさしくそうなのであるが）すべてを自分自身のために要求し，わがものと主張する。

Ⅲ　古典的ヒューマニズムと自らの運命に対する被造物の実践的態度

古典的ヒューマニズムの災いは人間中心の立場であり，ヒューマニズムではない

　ここでわれわれは第三の問題，自らの運命に対する被造物の実践的態度の問題に目を向けよう。

　ルネサンスと宗教改革に続く時代において，この態度はどのようなものであったか。この時代においてわれわれが確認できるのは，先ほど見た悲観的態度と楽観的態度の注目すべき合流と，後者の論理的優越である。

　思いがけない弁証法的遠回りによって，カルヴァンとジャンセニズムが人間の自然本性について抱いた超悲観的観念もまた，一つの人間中心的立場になってしまった。

　というのも，悲観主義は人間を，より高次の秩序とのすべての結合から切り離す。しかし，それでも生きねばならないので，人間は羽を伸ばして，彼自身のより下位の秩序自体の中で自らを中心たらしめる。

　この現象は，宗教的領域においてさえ，19世紀のリベラ
ルなプロテスタンティズムにおいてはっきりと認めることが
できた。

　ルネサンスにおける人間の実践的な態度に関して言えば，
ルネサンスは，キリスト教との断絶から始まったわけではな
かった。むしろその逆であった。宗教改革者の悲観主義が原
罪というキリスト教的な所与を過度に強調したように，ルネ
サンスの楽観主義も，その逆ではあるが，キリスト教的な所
与——神の生ける似姿である人間存在の価値についての確信
——を過度に強調した。存在の充溢の感覚，世界を知ること
の喜び，科学的な発見へと向かう躍動，そして可感的な形態
の美に対する創造的な熱狂と愛は，ルネサンスの時代におけ
る，切り離すことのできない自然的かつキリスト教的な根源
を示している。これはその当時の人間を支配していたある種
の幸福感であった。ルネサンス時代の人間は異教的古代の文
献に対して，異教徒が知らなかった情熱を持って向き合っ
た。人間は，内的な純化の道を通らずに，自分自身とその生
の全体性を手に入れることができると信じた。彼らは禁欲な
しに喜びを望んだ。それは刈り込むこともなく，また，その
恩寵と賜物のみが人間を神化することができる御方の樹液の
中で，生命（いのち）を与えられることなしに，実りをもたらすことを
望むようなものである。ここで再び，すべては人間中心主義
的分裂に帰着するのである。

　このようにして，一般的に言って，私が語っている文化の
時代の努力は，少し前に問題にした被造物である人間の復権
へと向かっていった。しかしそれはいわば自分自身の殻に閉
じこもった人間の復権，超越的な生命（いのち）の源から切り離された
人間の復権であった。

第 1 章　ヒューマニズムの悲劇

「ルネサンスの場合，被造物である人間が天に向けて上げたのは，自らの偉大さと美の叫びであった。宗教改革の場合，被造物である人間が天に向けて上げたのは，自らの苦悩と悲惨の叫びであった。総じて，被造物である人間は，涙ながらにせよ，あるいは反抗しながらにせよ復権を求めたのである」。

「さて，この要求は，それ自身において考えた場合，またそれが取った常軌を逸した様態と切り離して考えた場合，何を意味するのだろうか。被造物である人間は愛される権利を要求するということである」。

「ところでそもそも，神が人間を愛されるに値するものたらしめることなしに，創造するということがありうるだろうか。トマス・アクィナスの言葉に従えば，神の愛が事物の中に善を吹き込み，創造するのである。私は，人間が優先されると言っているのではない。〔中略〕ここでの純粋な形式的な線に沿って考えれば，このような要求は，歴史の発展法則と合致するものであった」。

「ある種の神的な急迫した事態が，近代を悩ませていたのである。人間存在の神秘の中に隠されていたものの固有の尊厳を自覚し，実際に発見することが，問題だったと言えるのである」[5]。

　このようにして，何よりも内省と自己の深い自覚の世界に

---

5) *Science et Sagesse* [*plus haut*], p. 85.

関して，多くの進歩が実現された。この進歩は，時折はうす
汚い戸口を通って，科学，芸術，詩，人間の情念そのもの，
そして人間の悪徳に対して，その固有の霊性を開示した。科
学は被造物である自然の征服を企て，人間の魂は自らの主観
性の宇宙を作ったし，世俗の世界は，その固有の法則に従っ
て自らを区別し，被造物である人間は自らを知る。このよう
な進展そのものは，それ自身として見れば正常なものであっ
た。

　近代の歴史の不運は，すべてのプロセスが人間中心的精神
性によって，すなわち人間の自然主義的な観念によって，あ
るいは恩寵と自由に関するカルヴァン主義またはモリナ主義
の観念によって，支配されていたところにあった。最終的
に，このプロセスは統一のしるしのもとにではなく，分裂の
しるしのもとに達成された。それに伴い，苦痛と破局の経験
が，われわれに教訓を与えたのである。自分自身に囚われた
人間の内的な地獄の上に，文明の明らかな充実への道が開か
れた。

　人間は，存在と善の秩序において神が第一の主導権を持
ち，われわれの自由に生命（いのち）を与えるということを忘れて，被
造物に固有の被造物としての運動を絶対的な第一の運動とな
し，自らの被造的自由に自らの善の第一の主導権を与えるこ
とを望んだ。それゆえ，人間の上昇の運動が，その時から恩
寵の動きと切り離されることが必然となった。このようにし
て，問題の時代は二元論，分離そして二重性の時代，受肉か
ら切り離されたヒューマニズムの時代となった。そしてこの
時代において，進歩の努力は不可避的な性格を帯び，それ自
身が人間的なものを破壊することに力をかすことになったの
である。

　要するに，人間中心的ヒューマニズムの根本的な害悪は，それが人間中心的であったことであり，ヒューマニズムであることではなかったと言っておこう。

神中心的ヒューマニズムと人間中心的ヒューマニズム

　かくしてわれわれは二つの種類のヒューマニズムを区別するように導かれる。すなわち神中心的あるいは真正のキリスト教ヒューマニズムと，今述べたばかりの人間中心的ヒューマニズム——ルネサンスの精神と宗教改革の精神がこれに対して第一に責任がある——である。

　第一の種類のヒューマニズムは，神が人間の中心であることを認める。それは罪人にして，贖われた人間というキリスト教的人間概念と，恩寵と自由についてのキリスト教的概念——その諸原理についてわれわれは想起したところである——を含意している。

　第二の種類のヒューマニズムは，まさに人間が人間の中心，それゆえすべての事物の中心であると信じている。それは人間と自由の自然主義的概念を包含している。

　もしこの概念が誤っているとしたら，人間中心的ヒューマニズムは非人間的ヒューマニズムと呼ばれるに値いし，その弁証法はヒューマニズムの悲劇と見なされなければならないことをわれわれは理解する。われわれがこの章を終えるにあたって一言したいのは，この弁証法についてである。三つの異なる観点から，この弁証法について考察しよう。すなわち，それが人間自身に関わる限りにおいて，文化に関わる限りにおいて，最後に人間が自らのために形成する神の観念に関わる限りにおいてである。

Ⅳ　人間中心的ヒューマニズムの弁証法

人間の悲劇

　人間に関して言えば，近代の初期に合理主義が，まずデカルト，次いでルソーとカントの手で，人間の人格性のイメージ——誇り高く華麗な，不可侵で，自らの内在性〔自己充足性〕と自律を熱愛し，最終的には本質によって善い——を打ち立てていたということに気づく。まさにこの人格性の権利と自律の名において，合理主義的論者は，この完全で聖なる宇宙〔自我〕に対する外部からのあらゆる干渉を非難した。このような干渉が，啓示と恩寵から来るのか，人間的知恵の伝統から来るのか，人間が作ったものでない法の権威から来るのか，人間の意志に働きかける至上の善から来るものであるか，あるいは最終的に，人間の知性を測り，規制する客観的実在に由来するのかに関わらず，合理主義者の非難は行われた。

　ところが，ほんの一世紀少々のうちに，この誇り高い人間中心的人格性は崩壊し，急速に崩れてちりとなり，質料的要素の分散の中に引きずり込まれた。

　この人格性崩壊の過程における最初の重要な時点を記したのが，猿を人間の起源とする，生物学におけるダーウィン主義の観念の勝利である。この見解によると，人間は単に動物の種の長い進化から出現したのみではなく（それは結局二次的で，純粋に歴史的な問題である），形而上学的断絶なしに生物学的進化から出て来たと見なされている。人間がある一時点で存在し始めることによって，進化の連続の中に何かある絶対的な新しいものが出現するということはなかったという

35

のである。新しいものとは霊的実体であり，人間存在のそれ
ぞれの誕生において，一つの個別的な霊魂が万物の創造者に
よって創造され，永遠の運命のために存在の中に投げ入れら
れるということを含意している。

　啓示された教義に支えられていたので，キリスト教的人間
観と人格観は，ダーウィニズムによって揺るがされることは
なかった。しかし合理主義者の人格観は致命的な打撃を受け
た。

　第二の打撃，もしそう言っていいなら止めの一撃を合理主
義者の人格観に加えることになったのは，心理学の領域にお
けるフロイトであった（私が言わんとしているのは，天才的
な発見が見られるフロイトの心理学的な研究方法ではなく，そ
の形而上学である）。キリスト信者は，パスカルが言ったよ
うに，人間の心が空疎で汚れに満ちていることを知ってい
る。しかしそのことは，人間の霊的偉大さと尊厳を承認する
ことを妨げない。しかし合理主義的・自然主義的思想にとっ
て，今や人間はどうなってしまったのだろうか。人間存在の
重心はあまりにも低く沈み，厳密に言えば，われわれにとっ
てもはや人格性は存在せず，本能と欲望でできた地下世界に
おける千変万化の幼虫の宿命的な運動が存在するだけなので
ある（「冥界を動かさん Acheronta movebo」とフロイト自身は
言っている）。そしてわれわれの個人的良心の正しく規整さ
れた品位のすべては，嘘つきの仮面のように思われるのであ
る。とどのつまり人間は，根源的に性的なリビドーと死の本
能が交差し，相争う場所に過ぎないのである。創造主の御顔
を自らに刻んだ，嘆きの生の神秘と神的な生の神秘は，死の
複雑さに絶望する者の謎となっている。人間──人はそれを
まず最初に，英雄的でほとんど神的な存在であると同時に，

純粋に自然的な存在と見なした――は，このようにして，完全に異教的な法則に従って，人間の固有の本性に反する不自然な笑い物になってしまった。そして，人はこのつまらない物に対して満足心と感傷的な哀れみを抱けば抱くほど，一層残酷にそれを鞭打つのである。人間は破壊され略奪されて，怪物，自らにとって愛おしい怪物になってしまった。

　人間中心的ヒューマニズムの時代における，あらゆる分離と二元論――自然と恩寵，信仰と理性，および愛と認識の分離と対立，同様に感情生活における愛と感覚の分離と対立――の後に，われわれが目にしているのは，分散と最終的な崩壊である。それは，人間存在がかつてないほどの至高の権力を要求することを妨げることはできない。しかしその要求は，もはや個々の人格のためになされたものではない。人格はもはや自らがどこで見出されるかを知らず，自らを社会から切り離され，分解されたものとしてしか見ないからである。個々の人格が自らの〔人格性という〕王位を捨てる機は熟している（しかし，もし人格が自らの王位を捨てることを拒むなら，拒んだその場で，〔輝かしい〕再生が，行われることであろう）。個々の人格が集団的人間のために，また人類という偉大な歴史的イメージのために――それはヘーゲル（彼はそれの神学をわれわれに提供した）にとっては，国家とその完全な法的構造にほかならず，マルクスにとっては，内在的ダイナミズムを伴った共産主義社会にほかならない――，王位を捨てる機が熟しているのである。

文化の悲劇

　さてここで文化の観点から物事を考察してみよう。この観点から見て，何が人間中心的ヒューマニズムの弁証法であっ

たか。

　互いに不可分に結びついた三つの側面または要因（moment）を，近・現代文化の弁証法と呼びうるものにおいて区別することができる。

　この三つの要因には，大きな二次的な対立にもかかわらず，連続性がある。この三つは年代的にも継起しているが，同時に様々な程度にお互い混じり合い，共存している。私は別のところで，それらを特色づけようとしたことがある[6]。

　文明が最も見事な果実を惜しみなく与えた第一の要因（16-17 世紀）においては，樹液の源である根を忘れて，人は，文明が理性の力のみによって，一つの人間的秩序を創始するべきだと考えた。人はまだ，先行する時代から受け継いだキリスト教的様式に従って，その秩序を構想していたが，この様式は不自然なものとなり，崩壊し始めた。われわれはこの要因をわれわれの文化の古典的要因，キリスト教自然主義の要因と呼ぶことができる。

　第二の要因（18-19 世紀）においては，自らを最高の超越的規準から分離する文化が，必然的にそれらの規準に対立するようになることに，人は気づく。こうして文化は，啓示宗教の迷信から人間を解放することを求められ，自然本性において善いものである人間に対して，地上の財を蓄積した金持ちの精神によって達成される完全な安定の見通しを開こうとする。これが合理主義的オプティミズムの要因，われわれの文化のブルジョワ的要因である。現在でも，われわれはほとんどそこから抜け出していない。

　第三の要因（20 世紀）は価値の唯物論的破壊の要因，革

---

6)　Cf. *Religion et culture*; *Du régime temporel et de la liberté*.

命的要因である。この時に人間は，究極目的を決定的に人間自身に置き，この世界の仕組をもはや我慢することができず，根元的な無神論から全く新しい人間性を出現させようとする絶望的な戦いに従事する。

　この三つの要因の特色を詳細に検討しよう。

　第一の要因は目的の秩序の逆転として現れる。文化が自らに固有の善——地上的善——を永遠の生命（いのち）に向けることなく，最高の目的を自分自身の中に求める。その目的とは，人間が物質を支配するということである。神はこの支配を保証する者となる。

　第二の要因は物質の諸力に対するデミウルゴス的絶対支配のようなものである。ここで文化は，人間の自然本性を，その深い欲求に一致する一つのプロセスを通して——すなわち認識と生における知恵の内的完成を通して——完成させる努力が，常に文化の主要な努力でなければならないということを理解できず，何よりも外的自然を統御し，技術的過程を通して自然に君臨する目標を優先させる。この目標はそれ自身よいものであるが，それは第一の目標に高められ，人はそれが物理・数学的科学を用いて，デカルトの約束に従って，人間がそこにおいて完全な幸福を見出す物質的世界を創造することを期待する。神は観念になってしまう。

　第三の要因は物質による人間的なものの撃退の進行である。人間は自らの自然本性の根本的法則を考慮に入れずに自然を支配しようとするため，自らの認識と生において，もはや人間的ではなく技術的な要求と，質料的秩序のエネルギー——人間はこのエネルギーを利用し，それは人間世界の中に侵入する——に次第に従属することを現実に強いられるのである。神は死ぬ。物質化された人間は，神が神でない場合に

のみ，人間は人間にも超人にもなりうると考える。

　他の観点から見てどのような利点があるとしても，このようにして人間存在にとって生の条件は，次第に非人間的なものになる。もし事態が同じように続いていくなら，尊者アリストテレスの言葉を借りて言えば，地はもはや獣か神々の外は，住み得ない場所となるであろう。

神の悲劇

　最後に，神あるいは人間が神について抱く観念との関係で，人間中心的ヒューマニズムの弁証法について考察しよう。この観念は，それが啓示によって支持され，純化されるのをやめる限りにおいて，文化の運命と同じ道を進むことになるということができる。ヒューマニズムの弁証法の第一の要因において，神は人間の物質支配を保証する者となったと私は述べた。これがデカルトの神である。そのとき，神の超越性は維持されたが，神は類比的な思考に上昇することのできない幾何学的思考によって，人間的意味に，すなわち一義的に理解された。このようなわけで，この超越性に危機が訪れた。

　合理主義の対極として，ジャンセニウスは神の偉大さの計り知れない超越性をすでに主張していたが，それは神の偉大さが理性を打ちのめし，粉々に破壊するという意味においてであった。理性は自らを犠牲にすることによってのみ，神の偉大さを知るのである。何故そうなのか。その理由は，古典時代の神学者の理性が類比の感覚を失って幾何学的理性となり，同じ時代の哲学者の理性と同様に神秘の敵となっていたからである。理性は神秘を認めて自らを無に帰するか，無に帰することを拒み神秘を否定するかのどちらかになる。

IV　人間中心的ヒューマニズムの弁証法

　デカルトにとって神は，科学と幾何学的理性の保証人であり，神の観念は最も明晰な観念である。しかしながら，神の無限性は絶対的に探索不可能と明言され，われわれはそれに対して盲目である。したがって不可知論の芽はすでにデカルトの合理主義の中に存在していた。神は事物を一つの目的に秩序づけることなく，ただ満ち溢れる実効性によって働く。そしてその絶対君主的自由は，四角い円や谷のない山を作ることができるように，善と悪を好みにまかせて統制することができる。

　マルブランシュは，擬人神論を自ら攻撃したにもかかわらず，神の栄光（すべての概念の中で最も神秘的なもので，造られざる愛の深みに関わる）を君主の栄光，あるいはその作品を讃えられ，その作品を通して彼自身の完全性を賛美される芸術家の栄光のように表現している。ライプニッツも，職人たる神の完全性が神の作品（その場合，作品も神的なものでなければならない）の完全性に従って判断されることを望み，神の摂理の道が哲学者の理性と一致することを示すことによって，神を正当化しようと試みる。

　ヒューマニズムの弁証法の第二の要因において，私は神が観念になると述べた。これは偉大なる観念論的形而上学者の神である。神の超越性はいまや拒否され，内在の哲学が取って代わる。ヘーゲルにおいて，神は世界と人間性の発展の観念的限界として姿を現すことになる。

　最後にヒューマニズムの弁証法の第三の要因において，ニーチェは神の死を告げ知らせることを，自らの恐るべき使命だと感じている。如何にして神が，神の似姿，すなわち人間の自由で精神的な人格性が抹殺されようとしている現状において，なお生きることなどできようか。人間中心的ヒュー

41

マニズムのこの要因を最も誇り高く表示する形が，現代の無神論である。

　歴史的な世俗主義的進化の終局に到達して，われわれは二つの純粋な立場に直面している。純粋に無神論的な立場と純粋にキリスト教的な立場である。

第2章
新しいヒューマニズム

本章の区分

今述べたように，人間中心的ヒューマニズムの弁証法の終局において，われわれの眼前には二つの純粋なヒューマニズムの立場がある。それは無神論的ヒューマニズムとキリスト教ヒューマニズムである。

本章の前半でわれわれはこの二つの立場について述べ，前者と密接に関連するいくつかの重要な問題をとくに吟味したいと思う。

後半では，われわれは遂にもはや中世でも近代でもない，キリスト教社会の新しい時代に関する諸問題を論じることにする。20世紀に突然生じた特徴的な変化が，新しいキリスト教社会の特質と様相を考察するようにとわれわれを招いているからである。

I　ソビエト無神論の根源

共産主義の「宗教的」意義

私は歴史的な力としての無神論に関する諸問題にしばし留

まって，無神論を明白に無神論的な形態（近年の歴史におい
ては，ロシアの共産主義においてその典型的な事例が示されて
いる）において考察しよう（人種主義研究が容易に示すよう
に，無神論の疑似宗教的形態，あるいは疑似キリスト教的な形
態でさえもが，危険が少ないという訳ではないが）。われわれ
はまず，現代のロシアの無神論の深い根源が何であるかを問
うてみよう。次いで，この無神論によって提示された哲学的
問題を精査し，最後にその文化的意義が何であるかを考察し
よう。

　なぜ労働と現世的共同体の組織化に関わる共産主義の社会
的解決策が，宗教的・形而上学的立場である無神論から切り
離せないのかと，時として問われることがある。

　思うにわれわれの答えは次のようなものである。その精神
とその原理において考えたとき，現存する共産主義——とく
にソビエト連邦の共産主義——は，人間に対してその実存の
意味を明らかにすると主張する教義と人生の完全な体系で
あって，人生が提起するすべての根本的な問いに答え，その
全体主義的包括性において比類ない力を示す。それは宗教，
それも最も尊大な宗教であって，他のすべての宗教に代わる
使命を有すると確信している。それは弁証法的唯物論をその
教義とし，人生の体制としての共産主義をその倫理的・社会
的表現とする無神論的宗教である。このように無神論は社会
制度の必然的結果として要求されるものではない——そのよ
うなことは，理解不能であろう。その反対に，無神論はこの
体制の根源として前提されている。それは出発点なのであ
る[1]。そしてこのことこそ，共産主義思想が，その実践的帰

---

1) 歴史的に言って，無神論はマルクス自身の思想の出発点でもある。

結を持続させる原理を奉じるかのように，無神論を熱心に奉じる理由である。無神論がなければ，この実践的帰結はその必然性と価値を失うであろう[2]。

マルクスは共産主義者である以前に無神論者であった。その上，フォイエルバッハの無神論の根本思想そのものが，宗教的批判の次元から社会的批判の次元に移し替えられて，マルクスの共産主義への信奉を決定づけた。オーギュスト・コルヌ（Auguste Cornu）は，マルクスにおける共産主義の誕生が，エンゲルスにおけるように経済的秩序に属するものではなく，哲学的・形而上学的秩序に属していたことを非常に上手に示した（Karl Marx, *de l'hégélianisme au matérialisme historique*, Paris, Alcan, 1934）。すなわち人間は，自分が自分自身の本質を投影する神と宗教によって自分自身から疎外されるように，私的所有によって自分自身と自分の労働から疎外される。マルクスは最初の時期に，フォイエルバッハに依拠しながら，私的所有による疎外を宗教による疎外の型に従って考えた。そしてそれに続く第二の時期に，彼はフォイエルバッハとは異なり，私的所有による疎外が実際には第一のものであり，宗教による疎外を条件づけると考えるに至った（史的唯物論）。神における人間の疎外は，根源的条件としての私的所有による疎外に由来する。労働の疎外を廃することが必要になってくる（共産主義）。この後に，必然の帰結として，もう一つの疎外が廃止されるであろう（無神論）。「私的所有を廃棄し，すべての疎外を廃止することにより，共産主義は，人間の，人間の生への帰還を示すであろう。疎外は良心の領域と具体的生活の領域の双方で生じるので，経済的・社会的解放，すなわち共産主義は，その必然的帰結として，宗教的解放，無神論を伴うことになるであろう」（Cornu, *op. cit.*, p. 339. 1844年のマルクスの『経済学・哲学草稿』による）。実際のところ，史的唯物論とマルクスが考えたような共産主義は，彼がそこに思考と心情を注いだまさにその時，フォイエルバッハの無神論をその根源に持つことになったのである。

　　2）　共産主義の側から，われわれに次のような批判がなされた（Georges Sadoul, *Commune*, décembre, 1935）。マルクス主義は紛れもなく「完全に無神論」であるが，それは結果であって原因ではない。それが何の結果かと言うと，「階級闘争という事実の認識」の結果だと言うのである。しかし階級闘争という事実の認識から，どのようにして，神は存在しないという結論に至ることができるのか，容易には理解し得ない。階級の敵に対する憎しみが，この敵の存在の印と思えるものすべてに対する嫌悪と連想的に結びつきうるように，その宗教に対する嫌悪と結びつきうるというのは間違いない。しかしわれわれはここで，哲学的な筋道を探求しているのであって，神経的・本能的な関連を求めているのではない。

第2章　新しいヒューマニズム

　原理的無神論はどのように構成され，特定の社会的構想とどのような論理的関係にあるのか。これが，われわれが吟味したいことである。しかしその本質からして，最初からわれわれの探求を妨げるように見える一つの困難がある。すなわち，もし人が単に心理学的観点に立ち，とくにフランスにおける共産主義者の現実の精神状況（1935-36 年）を考慮するなら，次のような印象を受けるだろう。もし彼らの多くが，信者との協力に関する党の新しい指針を満足をもって受け入れたとしたら，それは，まさにわれわれが今述べたことと反対に，共産主義は彼らの目には，全く形而上学的・宗教的意義を持っておらず，単なる社会・経済的倫理学の意義，あるいはさらに経済体制を変える技術としての意義を持つに過ぎないからである。そしてこれらの意義への信頼が，彼らの有する唯一の信仰だと思えるのである。もし共産主義者が，こ

　宗教はプロレタリアートの戦闘の効率を低下させるのだろうか。たとえそれが正しいとしても（真の宗教が実際に，憎しみ──戦闘の効率と混同される──に対する障害になるという意味で），この主張と神の非存在の主張との間には，依然として相当の隔たりがある。この二つの主張がマルクスのような思想家の精神の中で結びついているとしたら，そもそも人が認めるように，彼が「世界の唯物論的概念」から出発したからである。そして確かにこの概念が，マルクスが宗教に対する闘争を彼の社会プログラムの最初の項目とすることを妨げた（なぜならマルクスから見れば，反対に，私的所有体制を消滅されることが，おのずと宗教の消滅を伴うだろうからである）。しかしこれは，われわれにとっての問題では，全くない。われわれが問題としているのは，無神論が世界の唯物論的概念そのものの根源にあるのではないかということである。マルクスの場合のようにこの概念を理解しさえすれば（この概念はある種の純化を蒙るかもしれないが，それは別問題である），また形而上学そのものにとって決定的に不利な体系の発生における形而上学の役割を理解すれば，結論はわれわれには明らかだと思われる。さらに，この同じ問題が，共産主義者の側から吟味されるならば，われわれにとって喜びである。そうされれば，おそらく彼らの無神論の価値そのものを疑問に思う者も現れるかもしれない。

れからは「分かれた兄弟たち」——彼らの党の規律が以前
は，キリスト信者であるというアプリオリな理由で避けるよ
う・
に命じていた——をこの信仰に招くことができるとした
ら，共産主義者たちがこのことにある種の喜びと高揚感を感
じているのは，当然のことである。なぜなら彼らはそこで，
自らの教えを広げる可能性を持つとともに，人間的コミュニ
ケーションと兄弟的連帯への自然的願望を解き放つことがで
きるからである。

　われわれの考えでは，これが服従を強いられながらも，今
日一定数の若い共産主義者たちが抱いている，偽りのない感
情の実相である。しかし彼らが自らを訊問したとき，この
熱狂に対する障害とならないように，ある種の根本的所与
（データ）が闇の中に置かれている——この所与に気づくこ
とを遅らせたり，阻止したりするある種の不本意な検閲を通
して——ことに同時に気づかないのだろうか。とくに彼らは
革命的な信仰の基礎となっていて，この信仰が解決済みとし
ている哲学的諸問題を切り離し，明るみに出そうとしていな
いようだ。彼らの無神論的立場は，極めて全体的かつ無条件
的なものとなって，それが本来生まれたところから全く切り
離されたものとなったので，それ以来，彼らの目には自らの
無神論的立場がそれ自体によって知られる真理あるいは経験
・・・・・・・・・
的所与のように自明のこととなっている。彼らは無神論の基
・・・・
盤の上に，それがまるで人の立つことのできる唯一の足場で
あるかのように，またその基盤に到達するために哲学の旅路
が不要であるかのように確立されている。要するに，彼らは
無神論の中にも，世界の唯物論的概念の中にも，問題となる
ようなものを見出していない。そのことが，彼らがこの立場
に論理的に内含されている形而上学的過程を意識していない

理由である。

　まさにこのことによって，共産主義革命への信仰が，現実には信仰と宗教の全宇宙——そのただ中で革命が成就する——を前提とするという主張の正しさが裏づけられる。しかしこの宇宙は，彼らにとってあまりにも自然なので，敢えて自分自身でそれについて語ろうとはしないのである。加えて，この宗教とこの信仰は，彼らには宗教のようには思えない。なぜならそれらは無神論的だからである。またそれは信仰のようにも思えない。なぜならそれらは科学の表現として提示されているからである。このように彼らは，共産主義が彼らにとって宗教であることを自覚していない。しかしながら，実際にはそれは宗教なのである。完全な修道者は非常によく祈るので，自分が祈っていることに気づかない。共産主義は根本的かつ本質的に宗教である——地上的ではあるが——ので，共産主義者はそれが宗教であることに気づかないのである。

　この宗教がすべての強度に教条主義的な宗教と同様に，本性的に非寛容でありながら（強度に教条主義的な宗教を寛容なものにするには，超自然的な愛^{カリタス}が必要である），今や究極目的を天国に置く他の宗教の信者に共同の現世的活動を呼びかけ，実際に地上的国家における彼らの自由を承認するという仮説を視野に入れているのは，留意すべき逆説的な心理的事実である。この事実は，それ自身において考えれば，どのような戦術的理由によるのであれ，どのような政治的マキャベリズムがそれを引き起こすのであれ，確かな人間的意味を持っている。しかしそれは不安定な事実だと思った方がよい。この好意的な態度の危うさが一層大きくなるのは，それが全体的かつ排他的に現世的目的にのみ秩序づけられた宗

教〔共産主義〕の問題であり，これらの目的との関係で決定された「一般方針」からのわずかな逸脱や反対が，それゆえ「宗教」を直ちに傷つけ，信者の中に聖なるものの感覚を目覚めさせるからである。いつの日か，別の宗教の信者が一般方針に従うことを少しでも拒めば，あらゆる政治的な非服従派に対して一般的にそうであるように，宗教的報復と憎しみが呼び覚まされるのは，物の道理（la logique des choses）である。

　しかしながら，われわれがここで検討すべきは，具体的な心理に関する諸問題ではない。われわれの考察の対象となるのは，教義の内容と構造である。共産主義が第一原理としての無神論的・反宗教的思想に基づいているとわれわれが言うのは，教義の内容それ自身とその内的構造の観点からである。そしてわれわれが把握しなければならないのは，この無神論と反宗教的立場の根源とその発展である。

　しかし，より精密に論じることが必要である。共産主義の原初的な要素の中に，キリスト教的要素も存在する。トマス・モアは何らかの共産主義的考えを表明した。共産主義は，その初期の段階において，必ずしも無神論ではなかった。共有（交わり）の理念そのもの——共産主義の精神的な力を生み出し，共産主義が社会的・地上的生の中で実現しようとする——は，キリスト教的起源を持つ理念なのである（この理念は現世において実現されねばならないが，現世には限られず，またこの理念が人格の最高の熱望に従って，最も完全な仕方で実現される生命（いのち）を失わせることによってでもない）。そして共産主義がその固有の活動のために吸い取ろうとしているもの，その存続のために必要としているのは，転用されたキリスト教的徳，チェスタトンの言葉を借りれば「気の

49

狂った徳」, 信仰と犠牲の精神であり, 霊魂の宗教的エネルギーなのである。

キリスト教世界に対する恨み

しかし極めて特徴的なことは, 19 世紀後半に構築され, 今日も存続している共産主義思想が, これらキリスト教起源のエネルギーを, その知的構造がキリスト教信仰に対立せしめられている無神論的イデオロギーの中で用いたことである。どうして, そうなったのか。われわれの考えでは, その理由は, 共産主義の起源において, そして何よりもキリスト教世界が自らの原理に不忠実であったという過失が主要な原因となって, キリスト教世界に対する深い恨み (ressentiment) が存在するということである。この恨みはキリスト教世界に対してだけでなく, (これが悲劇であるが) キリスト教世界を超越し, それと混同すべきできないキリスト教そのものにも向けられた。またこの恨みは, かけ離れたものであるにもかかわらず, 私が知性の自然的プラトニズムと呼ぶものに関係するすべての観念に向けられた。(私はこれ以外の点では, 決してプラトン主義者ではないので) 問題となっているプラトニズムは, プラトンが普遍的な人間的基礎から導き出すことができたものに限られるということを, 付言しておこう。私がここでわれわれの知性にとって自然なプラトニズムについて語るとしたら, それは知性が永遠の真理と超越的価値を受け入れる自然的傾向性を有する限りにおいてである。

　私は, キリスト教世界とキリスト教が別物であると言った。この違いを明確に意識することが本質的に重要である。キリスト教という言葉は, 教会という言葉と同じように, 宗教的・霊的意味を持っており, 超自然的信仰と超自然的生命（いのち）

を示す3)。これに対してキリスト教世界という言葉によって，われわれが理解するのは，宗教そのものの秩序ではなく，文明と文化の秩序に関わる現世的・地上的な何ものかである。それは歴史のある時期に特徴的な文化的・政治的・経済的な組織の，ある総体であり，その典型的な精神は，主としてこの総体の中で指導的・支配的役割を担う社会の成員に由来する。中世において，それは聖職者と貴族，アンシャン・レジームにおいては貴族階級と王であり，近代においてはブルジョワジーであった。文化哲学者がキリスト教世界の問題に取り組むとき，彼が提起するのはキリスト教の真理の問題ではなく，キリスト信者の現世的責任の問題である。つまり，キリスト教世界においては実現されるべき現世的任務，地上的任務があったのである。地上的任務というのは，文明は文明である限り，とくに現世的目的に直接秩序づけられているからである。それはキリスト教的な地上的任務である。なぜなら，この文明はその前提から言ってキリスト教的文明であり，問題となっている世界は，福音の光を受け取っているからである。キリスト教世界の現世的任務は，この世界で福音の真理の社会的・現世的実現のために働くことである。なぜなら，たとえ福音書が何よりも永遠の生命（いのち）に関するものに関

3)　教会という言葉はキリストの神秘体を意味し，その社会的形態において可視的であると同時に，その霊魂においては神的であり，その固有の生命（いのち）は超自然的秩序に属する。「キリスト教的・現世的世界」が，この世の精神に由来する不純さ，すなわちルネサンス期における壮麗さと徳への陶酔，および19世紀のブルジョワ精神を，確かに教会の核心にまでではないが，教会の人間的構造の多かれ少なかれ拡張した領域の中に至らせるということが起こる。そして，地獄の門は教会に勝つことができないのであるから，純化〔教会の刷新〕が起こることになる。ルターの嵐が到来する前，3世紀の間，聖人たちは教会の改革をむなしく叫び求めていたのである。

わり，すべての哲学と同様すべての社会学を無限に超越する
としても，それにもかかわらず，福音書はわれわれの生の最
高の行動規則を与え，われわれの現世での行動について，極
めて明確な道徳の規則を書き記す。すべてのキリスト教文明
は，その名に値する限り，歴史の様々な状況に従って，社会
的・現世的現実をこの規則に一致させることを目指さなけれ
ばならない。福音の真理の社会的・現世的実現，この表現
は，われわれが近代の世紀，とくに19世紀の現世的構造に
目を向けるとき，あまりにも馬鹿げていると思えるのではな
いだろうか。

　以上のことを考えると，近代のキリスト教世界が，われわ
れが今しがた述べた義務を果たしてこなかったと言うことに
は，十分な理由がある。一般的に言って，近代のキリスト教
世界は，真理と神的な生命（いのち）をその実存の限定された部分であ
る礼拝と宗教的実践，そして少なくとも最善の男女におけ
る，内的生活に関する事柄に閉じ込めて来た。キリスト教世
界は社会的生活，経済的・政治的生活に関することを，キリ
ストの光を逃れた，自らの肉の法則に委ねた。たとえば「マ
ルクスが資本主義社会は無政府主義社会であり，そこでは，
生活はもっぱら，特殊な利益の競技として規定されると言っ
ているのは正しい。キリスト教精神にこれ以上反しているも
のはないであろう」[4]。

　ここからして私が述べた恨みが出てくる。自らが担う真理
を実現ができなかった者たちに対する恨み，そして真理その
ものに対して向けられる恨みである。

　4）　N. Berdiaeff.

交代の過程の第一の時期 —— 質料的因果性の復権

その結果として生じたものは，交代（substitution）の過程であった。

どのようにして，それは生じたか。それは何よりもマルクス主義が成し遂げたことであり，何段階かに分かれている。

第一に，恨みの教義としてのマルクス主義の固有の任務は，よく言われるように「高貴な観念の虚言」を暴くことであった。マルクス主義は観念論の死刑執行を行えと主張する。それは，形而上学的な教説としての観念論（それはあまり残念なことではない），および非物質的なもの一般の価値の単純な肯定としての観念論（これは全く別物である）の双方についてである。要するにマルクス主義は，絶対的な実在論的内在論（immanentisme réaliste absolu）である。そして，この広大な恨みと憤りのイデオロギー的拡散は，ヘーゲルなしには不可能だったであろう。

ある意味でマルクスは，最も忠実で一貫したヘーゲリアンであるように思われる。なぜなら「理性的なものがすべて現実的である」なら，またもし歴史的実在，言い換えれば現世的存在が，すべての「観念的」秩序——かつては超時間的と思われ，それ以後は論理的理性の存在とその固有の運動と混同される——を，自らと同一であるという理由で完全かつ絶対的に吸収するなら，フォイエルバッハに続いて，マルクスがヘーゲルの弁証法に蒙らせた「逆立ち」は，正当化されるからである。また哲学が実践的にならねばならないように——それはアリストテレス的な意味ではなく，思弁哲学が完全に実践に取り込まれた思想，すなわちまさにその本質から世界を変える活動である理想に道を譲らなければならないという意味である[5]——，弁証法的運動も，その時から「物質」

53

の中に完全に吸収されねばならない。すなわちすべての超越
的要素から切り離され，何よりもその根源的な具体的下部構
造の中で考察された歴史的現実の中に吸収されねばならない
のである。

　マルクスの唯物論が通俗的な唯物論と異なるのは，極めて
明白である。それは 18 世紀フランス唯物論者の唯物論でも
ないし，機械論者のそれでもない。しかし形而上学者の目か
ら見れば，完全にヘーゲル主義的特質を持ち，完全な内在論
と一つになっていることだけが，マルクス主義の唯物論をよ
り一層現実的で，より一層深遠なものにする。この唯物論の
射程を理解しようとする試みには，われわれがかつてジョル
ジュ・ソレルについて述べたように，アリストテレスの形相
因と質料因の区別をよりどころにできるであろう。質料因に
ついてのまことに愚かな観念論的あるいは天使主義的否認
は，その反動として質料因による反撃——その起源において
正当化できるが，他方で結果においては支持できない——を
もたらした。なぜなら，この二つの因果性は，説明原理とし
てともに必要とされるからである。アリストテレス哲学の言
葉を用いれば，マルクス主義は，ある種の報復的な形で質料
的因果性の重要性を知覚するところから，言い換えれば，極

---

　　5)　「人間的思考が客観的真理に到達できるかどうかを知るという問題
は，理論的問題ではなく，実践的問題である。人間がその思考の真理，す
なわち現実性と力および正確さを示さなければならないのは，実践におい
てである。実践から分離された思考の現実性と非現実性に関する議論は，
全くスコラ的な問い方に過ぎない。——哲学者はこれまで世界を様々に解
釈することしかしなかった。重要なことは世界を変えることである」（Karl
Marx, *Thèse II et XI sur Feuerbach.*）。「現実性（実践的活動）が露わになる
や否や，自立した哲学はその存在手段を失う」（Karl Marx, « Die deutsche
Ideologie » *Morceaux choisis*, Paris, Gallimard, 1934, p. 75[Histoire réelle].）。
われわれは，参照することが容易な，この選集から引用する。

めて一般的な形で自然と歴史の過程における質料的要因の役割を知覚するところから，出発するということができる。この質料的因果性が最前列に進み出て，弁証法と同化しながらすべての活動の母胎となるのである。

　歴史的・社会的秩序の中で，何を質料的因果性は表しているのか。それは経済的秩序における人間の活動のプロセスである。経済的秩序は現実に非常に重要な役割を果たしており，アリストテレス主義者は誰もそれに異議を唱えないであろう。しかしマルクスは経済的秩序に，最重要かつ第一義的に決定的な役割を与えているのである。

マルクスは質料的因果性に本質的重要性を見たが，それを純粋かつ単純に第一のものとした

　私は史的唯物論の現在の解釈が修正されてしかるべきだということをよく承知している。それによれば，残りのすべて，すなわちすべての「イデオロギー」，霊的生活，宗教的信仰，哲学，芸術などは経済の付帯現象に過ぎない。この解釈は通俗的なマルクス主義の解釈であり，決して無視することはできない。なぜなら，それは多数者の見解となり，歴史的な力となっているからである。しかしマルクス自身は事態をさらに深いところで見ていた。マルクスにおける最初の「精神主義者的」衝動（人間が自分自身とその労働から生まれた物の下で抑圧され，自ら「物」とされたという，人間に押しつけられた条件に対する憤り）について語ることができるように，マルクスは，ある種の決まり文句にもかかわらず，常に経済的要因と他の要因との間に相互作用があると信じていた[6]。マルクスにとっては，経済だけが独立して，歴史の唯

55

一の原動力ではなかったと言わなければならない。

　しかしもう一度批判的に省察し，より注意深く考察すると，可能態に対する現実態，質料に対する形相の形而上学的優位を排除し，その結果精神的エネルギーの固有の自律性を排除するという，この二重の排除は唯物論の形而上学的特徴であるが，それはわれわれがすでに指摘したように，不可避的にマルクスのラディカルな実在論的内在論[7]に結びついていることが分かる。

　一方で，資本主義の世界で労働力に対して押しつけられる，他律あるいは疎外の状況についてのマルクスの深い直観，そしてそのことからして資本家とプロレタリアが同時に打ちのめされる非人間化についての深い直観，これらの直観は，確かに彼の全著作を貫く大きな真理の光だとわれわれは考える[8]。彼はそれを直ちに，人間中心的・一元論的形而上学の中で概念化した。そこでは実体化された労働が人間の本

　6）　最近，エンゲルスの次のテキストがよく引用されるが，それは正当なことである。「しばしば青年が経済的側面に本来そうあるべき以上に力点を置くという事実に対して，責任を負わねばならないのは，マルクスと私である。私たちは，論敵に対して，彼らが否定する重要な原理を強調することが必要であった。また相互的な働きに関わる他の要因を正当に扱う時間や場所や機会を常に見出すことができる訳ではなかった」（Fr. Engels, lettre du 21 septembre 1890.）。

　7）　ヘーゲルの内在論は，それ自体，すでに潜在的な唯物論であるが，ただ観念論だけがその正体が明らかになるのを防いでいた。

　8）　l'étude de Paul Vignaux, « Retour à Marx », *Politique*, novembre 1935 を参照。マルクス主義に対するキリスト教的批評の固有の任務は，この直観から，哲学的誤謬——これに基づいてマルクスはこの直観を概念化している——を取り除くことにある。マルクスが個人的に，キリスト教に対してどのような嫌悪を抱いていようと，この直観そのものは実際に，ユダヤ・キリスト教的価値を内包しているがゆえに，このような任務は一層重要である。

質そのものになる。そして人間は，社会の変革によって自ら
の本質を回復し，宗教的「幻想」が神に授けていた特性を身
に帯びるように要請される[9]。それゆえプロレタリアートの
経済的隷属と非人間的状況が終わるべきだとすれば，それは
人格の名においてではない——人格の尊厳は根本的には霊
的実在にあり，最終的に超越的な善と権利に結びついてい
るというただ一つの理由で，経済的状況に対して絶対的要
請を有する——。それは集団的人間の名において終わるの
であって，人間が彼固有の集団生活において，彼固有の集
団的労働の自由な遂行の中で，絶対的な解放（正しく言えば
自存性 aseitas)[10] を発見し，最終的に自らの中で人間本性の

---

9)　類似した曖昧さが同様の理由で，経済的局面に見いだされる。マ
ルクスは資本主義体制が実際には，貨幣の多産性（fécondité）の本性に反
する原理で生きていることに気づいていた。しかし彼はこの洞察を，価値
と利益の「一元論的」で不正確な理論によって阻害することになった。

10)　「共産主義は（…）完成された自然主義であり（…）人間と自然，
人間と人間の対立の真の終局である。それは実存と本質の対立の真の終
局，客観化と自己肯定の対立，自由と必然性の対立，個体と種の対立の真
の終局である。共産主義は歴史の神秘を解決し，自らがその神秘を解決す
るのが自分であることを知っている」（『聖家族のための準備ノート』，Karl
Marx, *Morceaux choisi*, p. 229 [Fin de l'aliénation humaine]）。

「実存と本質の対立の真の終局」，それは自存性，すなわち存在する行為
を本質とするものの完成である。われわれがこの言葉を用いるとき，そし
てマルクス主義の観点から見れば歴史と革命の動きは，宗教が神に与えて
いた属性，とくに自存性を集団的人間とそのダイナムズムに与えようとし
ていると言うとき，このような語り方が，マルクスの観念がわれわれにとっ
て意味するものに関わっているのは明らかである。こう言っても誰も驚か
ないであろうが，哲学的探求を行うために，われわれは自分自身の哲学的
言語に依拠しているのであって，マルクス主義を批判するときでさえ，マ
ルクスの哲学的言語には依拠していないのである。史的唯物論に関して，
われわれがアリストテレスの質料的因果性の観念に依拠しているのは，同
じ権利に基づく。しかしさらに，われわれにここでキリスト教哲学の語彙
を用いる権利を与えるのは，マルクスの観念がフォイエルバッハの観念，

反逆精神を神格化することによってである。

　他方で，マルクスにとって，経済的要因だけが歴史の唯一の源泉でないとしても，それでもなお，進化が出てくる本質的ダイナミズムは，生産体制によって生み出された経済的矛盾と社会的敵対関係のダイナミズムであり，経済的要因が，自らと相互的に影響を与え合う様々な上部構造に対して，重要かつ，第一義的に決定的な[11]役割を果たすのである[12]。こ

───────────

すなわち否定され転覆されたキリスト教から生まれたという，その出自である。

　　11)　私が第一義的に決定的な，と言うのは，もちろん上部構造の固有の内容についてではない。マルクスは，フロイトのように芸術あるいは宗教の内容を説明することに，心を奪われていたわけではない（多かれ少なかれ正統的なマルクス主義者たちは，不可避な自然的傾きによって，より慎みに欠けることを示すことになった）。私が第一義的に決定的な，と言うのは，上部構造の実存とその歴史的エネルギー，そして人間生活に対するその現実的意義についてである。

　さらに宗教に関して，マルクスはフォイエルバッハの批判が決定的であるということを前提としていた。これは『資本論』の中で見て取ることができる（Cf. *Morceaux choisis*, p. 126-127［Superstructures religieuses］本章の注 1 も参照）。

　　12)　Cf. *Morceaux choisis*, p. 67; 89-92 ; 117; 125-128. 1842 年にはすでに，若きマルクスは，すべての哲学がその時代に影響を及ぼす以前に，その時代の諸々の必要性と傾向性──哲学は自らの方法でこれを表現する──によって生み出されると主張していた（A. Cornu, *op. cit.*, p. 175）。この考え方──それは，そのものとして正確に理解することができる──は，史的唯物論の発見に至るまでに，次第に鋭さを失っていく。史的唯物論は，まさに経済的な弁証法に第一義的に決定的な役割を与えることになる。

　作用と反作用である弁証法的の発展のまさに本性によって，上部構造が下部構造に一義的に決定されることはない，と言い切らないようにしよう。弁証法的プロセスは何よりも，生産体制そのものによって生み出された矛盾と対立に関わる。そして，もし下部構造と上部構造の間に相互的な作用があるとしたら，上部構造がそこから自律的一貫性を得ているすべての超越的実在と超越的価値が消滅した後，上部構造がその実存的決定の第一原理を自らが反作用する下部構造の中にのみ持ち，その中にのみ人間生活に対する真の意義を見出すときである。

れらの上部構造に堅固さを与える対象自体の超越性が，す
べての超越的なもの一般とともに消去されてしまっている以
上，ほかにどのようなあり方があるというのだろうか[13]。そ
れ以来これらの上部構造は，固有の自律性を失っている。歴
史の中に存在し，そこで活動するために，上部構造は経済と
社会によって条件づけられるだけでなく，それらによって第
一義的に決定される。上部構造が人間生活に対するその意味
や現実的意義を受け取るのは，経済と社会からである。

　経済的条件が，一般的にすべての物質的条件と同様に，
人々の間における精神活動の運命に対して根本的に重要であ
るというのは，全く正しい。また経済的条件が絶えず精神的
活動を自らに従属させる傾向があり，文化の歴史の中で両者
は一体となっているということも，その通りである。マルク

　「このようにして，道徳，宗教，形而上学，その他すべてのイデオロギー
と，それらに対応する意識形態は，もはやみせかけの独立を維持すること
ができない。それらは歴史も発展も持たない。しかし人間は，物の生産と
物の取引を発展させ，この現実と同時に，その思考と思考の産物を変えて
いく。意識が生活を決定するのではなく，生活が意識を決定するのである」
(*Die deutsche Ideologie*)。「多様な所有の形態の上に，また実存の社会的
諸条件の上に，独特な仕方で作られた多様な印象，幻想，思考方法および
人生観から成る一つの上部構造の全体が築かれる。階級全体がその物質的
基礎と，それに対応する社会的関係から，これらを創造し，形づくる。伝
統と教育を通してこれらを伝えられる個人は，それらが自らの行為の決定
要因，出発点であるかのような幻想を抱くかもしれない」«Der Achtzehnte
Brümaire des Louis Bonaparte», *Morceaux choisis*, p. 90-91.『共産党宣言』
は，同じ学説を簡潔に繰り返している（p. 92-94 de l'edition Molitor, Paris,
Costes, 1934)。

　　13）宗教，形而上学および芸術の場合，この超越性は明らかである。
そして現代的な意味での科学の場合においてさえ，可知的なものへの精神
の秩序づけが，依然として見いだされる限り，この超越性は存在する。可
知的なものの必然性は，アリストテレスが救ったプラトン主義の一部分に
よれば，そのものとして時間を超越するのである。

スの冷笑主義（cynisme）はフロイトのそれのように，この観点から見て多くの真理を明るみに出した[14]。しかし，たとえそれが現実的であっても，物質的条件を，精神的活動の第一義的な決定理由と見なすことは，単に歴史の中に存在するものに関してであっても，ナンセンスである。また物質的条件を人間的生に対する精神的活動の意味を第一に明らかにするもの考えることも，ナンセンスである[15]。

　挑発的な誇張を自ずと伴っているマルクスの論争的立場を考慮に入れることは，もちろん必要である。マルクスが観念論に対する熱のこもった論争の中で，往々にして実在論と言った方がよいものを唯物論と呼んだのも，確かである。しかし，それはわれわれが指摘した学説の特徴に関する限り，あまり重要ではない。むしろ実在論と唯物論の区別の可能性という問題自体が，マルクスの精神に一瞬も思い浮かばなかったということの方が，一層重要である。彼の全哲学は本

---

　14)　かくしてわれわれは，アンリ・ド・マンとともに，次のように言うことができる。「マルクスによって定式化された「イデオロギー」の学説は，ブルジョワ資本家階級の社会的態度に適用すると，間違いなく正しいのである」。しかしマンとともに，次のように付け加えることが必要である。「もしわれわれがある時代の「精神的上部構造」を思い描くために，ある階級の社会的態度を考察することを止めるなら，あるいはまた，資本主義時代に固有の偽装と逃走のイデオロギーから，前の時代に類似した現象が存在していたことを結論づけようとするとき」，事態は異なってくると。Henri De Man, *L'idee socialiste*, Paris, Grasset, 1935, p. 125.（本書が書かれたとき，アンリ・ド・マンは優れた著作家として通っており，彼の名前を引用することは不当なことではなかった。補注，1946）

　15)　「この生産様式（資本主義）は，キリスト教同様，本質的に全世界的である。キリスト教は，したがって資本主義特有の宗教である」（Karl Marx, *Morceaux choisis*, p. 128 [La religion capitaliste].）。このような言葉は，史的唯物論に含まれるナンセンスの可能性をはっきりと示すものである。*ibid.*, p. 126-127 参照。

質的に論争的なものであるので，論争的誇張は彼の哲学において偶然のものではないのである。

　いずれにせよ，経済——私が言わんとするのは，マルクスが正当にも，経済過程の知られざる現実を構成する人間関係と人間的エネルギーの組織と考えたもの——は，独立して扱われずに，経済に働きかけながらも，それによって第一に決定されるあらゆる上部構造とともに扱われてきたが，マルクスによって歴史の最終的根拠に高められたのである。「歴史の唯物論的概念——それによれば生産の条件と形態が，人間社会の形成と進化を決定する——が，マルクスの学説の主要な要素である」[16]。マルクス主義が他と異なる特徴は，単に経済の支配的地位を教える——同様の誤りは，他の学派も犯したし，今も犯している——という点にあるのではない。その差異は，人生のすべての形式をその価値もその実効性も含めて，それを否定することなく，弁証法的運動の中にある人間的・物質的絶対に従属させるという点にある。アリストテレスの概念に戻って言えば，質料的因果性は，このようにして純粋かつ単純に第一の因果性になったのである。

交代の過程の第二・第三の時期 —— 物質のダイナミズムとプロレタリアートの救済的使命

　第二の時期に，マルクス主義者が救いと，いわば神の国の実現を待ち望むのは，この質料的因果性からである。ヘーゲル的弁証法のダイナミズムを物質の中におし込めることによって，経済的過程は——自動的にではなく，自らが生み出し，自らに働きかけるすべてのエネルギー，とくに革命的意

識のエネルギーによって——理性の王国，非合理的諸力への人間の隷属の消滅，必然性に対する人間の勝利，そして人間の歴史の掌握に至るはずだと彼らは考える。社会的人間は，この発展の最後に，歴史と宇宙の絶対的支配者になるであろう。カール・マルクスのユダヤ的であると同時にヘーゲル的であるメシアニズムと，ロシアのメシアニズムの出会いは，この観点から見て，極めて重要なものとして現れるはずであった。

　最後に第三の時期であるが，どのような仲介者によって，この救いは起こるのであろうか。それはプロレタリアートを通してである。階級闘争の理論がマルクスにとって啓示のように思えたのは，彼の考えでは，この理論が本質的にメシアニズムを含んでいるからである。プロレタリアートは単に人間による人間の搾取という原罪によって，その手を汚されていないだけではなく，すべてを奪い取られており，歴史の最下層にいるからこそ，人間の解放の担い手であり，救済者的いけにえであり，彼らの勝利は人間を抑圧するすべてのものに対する決定的勝利となり，いわば死者の中からの復活となるのである。ベルジャーエフは，革命的共産主義の思想の中にこの終末論的要素が存在することを好んで強調するが，後ほどその点についてもう一度言及しよう。まさに歴史の胎内で，時間を二つに分かつ完全で最終的な解放が行われる。必然の王国から自由の王国への歩みが行われることになる。

　われわれが話してきた交代のプロセスは，この三つの時期で完成する。キリスト教的価値に関係するすべて（それどころか，私が言ったような意味で，われわれの知性の自然的プラトニズムの特徴を示すものに関わるすべて）は，それ以降はその座を奪われる。

　神は原理的に，絶対的な形而上学的独断に従って，絶対的に拒否される。合理主義もしくは理神論のヒューマニズムがなしたように，人間人格の名においてではなく，神の似姿として創造された霊的存在としての人格とともに拒否される。そしてこのことは，社会集団の歴史的ダイナミズムの名の下に，すなわち集団的あるいは集団化された人間——その中で，あるいはそれを通して人間人格は完成される——の名の下に行われるのである。同時に，必然的帰結として，集団的人間性の一元論にほかならない社会構想（そこにおいて，個人の集団への統合がどれほど多様で，変化に富むものであったとしても）が押しつけられる。それによって共産主義は相対的・経済的解決としての価値ではなく，形而上学的必然性をもって必然的な絶対的な歴史的急務としての価値を持つことになる。この価値によって，完全に社会的・政治的生へと高められた人間，集団的人間——それは真理に連れ戻された人間であり，その中で最終的に自由が開化する——は，その時までは弁証法の過渡的契機であり，他律的な諸力に服従さえしていた個的人格を絶対的な仕方で，統合することになるだろう。

　このように，共産主義の諸々の社会的主題は，原理に基づく本来的な無神論の帰結か，あるいは本質的に無神論的に構想されたヒューマニズムの帰結であるように思われる。このマルクス主義的ヒューマニズムは，逆さまにされたヘーゲル的弁証法が「観念」から「実在」，つまり社会的・歴史的人間へとひとたび移行したからには，ヘーゲル的内在論の完全な実りと見なされなければならない。マルクス主義的ヒューマニズムが最終的に要求するのは，私的所有の廃止によって解放された暁に，人間が自然の支配と歴史の統治——この二

つはかつて「疎外された」意識の時代に，宗教が神に帰した
ものである——において至高なる独立を保つことである。

史的唯物論の矛盾？

ここにおいてわれわれは，す・べ・て・の形而上学的・宗教的観
念を経済的なものの（それ自身能動的な）表現と見るマルク
スの唯物論の明白な矛盾に直面する。というのも，マルクス
主義経済学およびマルクス主義社会学それ自身は，ある種の
形而上学の優越とその確定に従属するのである。それは無神
論的，実在論・弁証法的で絶対的に内在論的な形而上学であ
る。

それは「明白な」矛盾だと私は言いたい。なぜなら，実際
にこ・の・イデオロギー，こ・の・形而上学は，もしわれわれがマ
ルクス主義の学説の一層深いところにあるものから眺めるな
ら，経済によって「相対化される」ことがないからである。
このイデオロギーは，すべての形而上学的イデオロギーを，
経済的契機の表現または過渡的反映として無視し，傲慢に拒
否していると言った方がよいであろう。この無視・拒否は，
大衆的なマルキシズムが執拗にこの命題を利用しているにも
かかわらず，ある意味で空虚な理論的様相を示している。あ
るいは昔のギリシアの懐疑主義者の議論のように，敵対する
思想を排除するための過激な命題のようなものだと言えるか
もしれない。私は，優れたマルクス主義の学説において，こ
の命題はある種の形而上学，ある種のイデオロギー，すなわ
ちブルジョワ的イデオロギーに対してあてはまると思う。ブ
ルジョワが形而上学的価値を持ち出すとき，そこにあるのは
空虚な上部構造に過ぎない。しかしマルクス主義の形而上
学それ自身は，一時的な上部構造ではない。なぜならそれ

は，内在的で生きた状態で，プロレタリアとその運動の中に具現化されるからである。かくして普遍的革命の偉大な日の後に（そしてこれを始めていたであろう国においてはもうすでに），人は正義あるいは自由という言葉が表現する形而上学的・「神秘的」価値を見ることになるであろう。これは，それまで小市民のイデオロギーと見なされてきた価値である。人はこれらの価値が，ある意味で無限に豊かな現実と正当性をもって，再び現れるのを見ることになるであろう。なぜならその時，これらの価値は哲学的体系や見解の中では表示され・ず，完全で統合的な内在の中で，人間によって，人間の中で，プロレタリアートによって解放された人間の実践の中で生・き・ら・れ・るからである。

　ここでもう一度述べておくと，鍵となるのは，絶対的内在論の形而上学を前提としているということである。

歴史における神の国

　また以上の分析によって，われわれは，マルクス主義においてしばしば指摘されるもう一つの矛盾に直面する。一方で，マルクス主義が認識する根本的なプロセス，弁証法的プロセスは終わりのない運動でなければならない。しかし他方で，革命的ダイナミズムは「人間と自然の対立および人間と人間の対立」[17]の終焉を意味する共産主義社会と，自らの運命に対する人間の決定的勝利を対象および終局として持つ。マルクス主義の固有の意味と理念の歴史的起源という観点から，より適切に表現すれば，革命的ダイナミズムは，歴史に・お・け・る・神の国を終局として持つのである。

---

17)　本章の注 10 を参照。

　われわれの考えでは，この第二の側面は，マルクス主義それ自身より前の，かつヘーゲルの生成の論理（ヘーゲル自身は常にそれに忠実であったわけではない）よりも強力な衝動，社会主義一般に内在する深い精神的傾向に由来する衝動に対応している。

　一人の社会主義者に，未来の社会体制に関して望むものをすべて与えるとしよう。しかし同時に，最も人間的で最も正しいやり方で組織された社会主義社会においても，人はなおも悪や不幸と闘わなければならないということを付け加えよう。なぜならそれらは人間の中にあるからである。乗り越えるべき葛藤の法則，しめつける苦しみの法則，勝利を得るための犠牲の法則は，なお人間を刺激し，人間を引き裂くであろう。なぜならそれは，人間の中にある創造的生の法則だからである。幸福への飽くなき欲求，この地上的実存における苦しみは，依然として人間の中にある。なぜなら人間は神の喜びの中に入るために創造されているからである。あなたにはそのつもりがなくても，あなたは対話相手の社会主義者を傷つける可能性が十分にある。その人はいらいらしながら，あなたの話に耐えることになるだろう。その人がある種のペシミズムと，人間的不幸を諦めて静かに受け入れることを嫌うのには十分な理由がある。それらは満ち足りている人間を大いに慰め，この者たちがこの世を変革するためのあらゆる努力を免除するからである。

　ある意味でその人は正しい。その人は常にキリスト信者に敵対する正当な理由を持っている。なぜならキリスト信者は，決してキリスト教の高みに達しないであろうし，あまりにも早く惰眠をむさぼる傾向を常に持つだろうからである。不幸にもキリスト信者は神が十字架に架けられたところ以外

なら，どこでも休んでいられると思っているかのようだ。人間的な弱さは常に眠りにつこうとする。人間的弱さが枕にしようとするのが，古いヒューマニストのストア派の懐疑でないとしたら，それが枕にしようとするのは，永遠の真理である。もしキリスト信者が地上の生におけるすべての苦しむ者，排斥された者すべてとのつらい交わりによって，目覚めた状態に保たれていないなら，キリスト信者は自分自身が受けたまさにその愛を枕にしてまどろむ危険があるのである。

　しかし実を言うと，キリスト教はこのような眠りとは正反対のものである。本物のキリスト教は，惰性というペシミズムを嫌う。キリスト教は被造物が無から生まれたことを知っており，また無から生じたものが，それ自体無への傾向性を持つことを知っているという意味でペシミスティック，それも根本的にペシミスティックなのである。しかしキリスト教のオプティミズムはペシミズムに比較にならないほど根本的である。なぜならそれは，被造物が神から発出すること，そしてすべて神から発出するものが神を目指していることを知っているからである。真にキリスト教的なヒューマニズムは，人間の進歩の各瞬間において，善に対しても悪に対しても人間を停止させることはない。人間はその社会的存在においてだけでなく，その内的・霊的存在において，なお自分自身の暗い素描に過ぎないこと，そして時の終わりにその最終的な姿に達する前に，人間は多くの変化と革新を経なければならないということを知っている。なぜなら，それ自体としては変化しない人間本性が存在するが，それは厳密に言うと動的な本性であり，神の似姿として造られた肉体的な存在の本性，いわば善においても悪においても，驚くほど進歩的な本性だからである。またそれ自体としては，永遠に不可変な真

理が存在するが，これらの真理は，自らの潜在的力を多様な形態のもと，時間と時間における事物の中で実現するために，歴史が新しい風土を絶えず生み出すように強いるのである。

　悪と不幸が常に人間と格闘するというのが正しいとすれば，それは新しい形態のもとで，新たな深淵を露わにしながらである。なぜなら死そのものが時間とともに，その様相を変えるからである。同様に善と喜びも新たな深淵を最後まで露わにし続けるであろう。創造的な争いの法則が常に人間に課せられているというのが正しいなら，それは人間が，より高い形態の能動的平和と輝かしい統合に至るためである。人間の心が常に至福についての不安に苦しめられているとしたら，それは人間がこの世において，窮屈で悲惨な生の中に常に留まるように運命づけられているからではなく，最も広く，最も豊かな生ですら，心の大きさに比べれば小さいものだからである。

　以上の説明はおそらく，われわれの話し相手である社会主義者にとって，もっともなものと思われるであろう。しかしそれはその不安を鎮めることにはならない。社会主義者は，これらの説明がヒューマニズムもしくは革命に対する裏切りを隠蔽しているのではないかと，恐れ続けるであろう。というのは（その哲学的起源の歴史がそもそも明らかにしているように），そのヒューマニズムの観念は，時として単なる感情的な意味合いに還元されているが，依然としてメシアニズム的な主張を内包し，社会主義者の革命の観念は，最後の審判と神の国の観念の世俗的な転用を含んでいるからである。史的唯物論の発見のはるか以前から，社会主義はそのようであった。キリスト教的な感性によって養われていたときにさ

え，社会主義はその現世的で社会的な主張に，キリスト教を
実際的に排除した精神（プシュケー）の本能を混ぜ合わせた
のである。なぜならこの精神は，キリスト教的な信仰にとっ
ては本来，歴史と時間を超えたものである実在を歪めて，時
間と歴史の事柄にしようとしたからである。

　この点において，社会主義的ヒューマニズムはブルジョワ
的ヒューマニズムの後継者であった。どのような仕方でか。
前章で述べたように，ブルジョワ的ヒューマニズムにとって
神は，自らの繁栄のために働く人間のデミウルゴス的な力の
保証人に過ぎない。最終的に神は観念となり，かつて人が神
に認めていたすべての実在は人間へと移行する。この実在
が，単に観念においてではなく現実に，哲学的思索において
だけではなく生において，人間へと移ったということ，ここ
にヘーゲル的弁証法のマルクス主義的逆転が行われるはるか
以前に，社会主義が実際に成し遂げた逆転がある。それゆ
え，社会主義はわれわれが現世的共同体に遍歴的という観念
をあてることに対して，あるいは人間の地上における歴史が
固有の最終性を持つにもかかわらず，歴史を超えるかなたに
起こる完成への旅路であるという考えに対して，常に疑いを
抱いていたのである。

　社会主義的ヒューマニズムは同時に，キリスト教的禁欲主
義に反対する。疑いもなくそれは，誤解の結果である。なぜ
なら社会主義的ヒューマニズムは，この禁欲主義の本質を見
誤っており，それが自然に対するマニ教的憎悪から由来する
ものと想像している。しかしこの誤解も，二重の矛盾に由来
する。一方では，社会主義的ヒューマニズムは，受難と犠牲
によらないで，何も偉大なことは達成されないということを
実践的に非常によく知っている。しかしそれは，この法則を

大規模な集団的労働との関わりでのみ認識しているに過ぎない。なぜなら，社会主義的ヒューマニズムは人格性の宇宙を知らないので，愛と本質的な寛容を，利己的な完成を求めることと見なしている。他方で，社会主義的ヒューマニズムは実践的によく知っていることを，理論においては否定する。ここで再び，社会主義的ヒューマニズムがブルジョワ的ヒューマニズムの世継ぎであることが明らかになる。今回は逆転ではなく，単なる継続である。すなわちブルジョワ的ヒューマニズムは禁欲的原理を拒み，それを技術あるいはテクノロジーの原理によって置き換えることを主張する。なぜなら，ブルジョワ的ヒューマニズムは，合理主義の非実在の人間に似て，永続的な調和と満足の中で無限に進歩し続ける戦いのない平和を要求するからである。社会主義的ヒューマニズムも（少なくとも革命に続く時代において）依然としてこのようなオプティミズムに留まっている限り，同様に無力かつ軽薄で，合理主義的かつブルジョワ的な人間観を抱いているのである。

　この牧歌的なユートピア主義に対して，歴史の運動そのものの条件として闘いと戦争の価値を回復することで，マルクス主義的弁証法は社会主義に対して，その時まで欠けていた存在するものに対する支配力と実力を与え，それと同時に歴史に内在するこの闘いと戦争について，あまりに一義的な観念を社会主義に伝えたのである。

　しかしマルクス主義は同時に，その始まりから社会主義的伝統に内在しているユートピア主義的メシアニズムに従属している。それゆえに，弁証法の理論的な要請にもかかわらず，マルクス主義は歴史の争いから最終的に，一つの共産主義的人間性が出てくるのを見る。それは歴史の真の終局とし

て現れるのであり，そこにおいては，すべてが神のみ言葉の中におけるように和解する。人は，現在自らを抑圧する運命と制約から解放されたとき，死以外の一体何と闘えばよいのだろうか。死をも克服しようというのだろうか。弁証法的プロセスが終了するのは，神の国においてである。なぜならこの弁証法は，社会主義的精神（プシュケー）の内的な法則に従うのであって，弁証法的法則に従うのではないからである。しかしそれは世俗化された神の国である。それは歴史をすべて終結させるにもかかわらず，歴史の中に，そしてこの世の時間の中に留まっているのである。

　この神の国の問題は，次の章の主たるテーマになる。歴史が神の国に向かう動きの中にあることを理解せず，神の国の到来を待ち望まないことは，われわれから見れば，人間と神を同時に裏切ることである。しかし神の国が，善と悪が否応なく混在する歴史の中に訪れると考えるのは，ナンセンスである。神の国は歴史の成長によって，またそこで達成される人間存在の混交（brassage）と漸進的な究明（exhaustion）によって準備され，歴史の終局において，すなわち歴史が行き着く復活した者たちの時において到来するのである。

Ⅱ　無神論の哲学的問題

無神論を生きることはできない

　ここでは無神論の問題を哲学的・教説的観点から考えてみよう。これは最大に重要な問題である。

　人間の意志についての真正の哲学的概念から，われわれは何を学ぶのか。それは，形而上学的根源において，その絶対的ラディカリズムにおいて——少なくともわれわれがそこに

到達できると仮定すれば——，人は無神論を生きることはできないということである。

　意志は本来その自然本性により，善そのもの，純粋な善性に向かう。意志は一旦活動を始めると，それのみが意志を絶対的に満たすことのできる善である究極目的に向かって動いていく。ところで，もしこの善が，それ自らによって善性の無限の満ち溢れである存在の中にないとしたら，実在の領域のどこに存在していると言うのか。要するにこれが，意志の真正の哲学が教えるものである。したがってすべての意志は，それがどんなに歪んだ意志であっても，知らず知らずに神を欲求しているのである。意志は他の究極目的を選ぶことも，別の愛を選択することもできる。しかし意志が歪んだ形の下で，その固有の選択に反して欲求しているのは，常に神なのである。

　無神論は，もし人がそれを意志の根源に至るまで生きることができるとしたら，それは形而上学的に意志を破壊し，殺してしまうだろう。無神論のあらゆる絶対的経験は，もしそれが意識的かつ厳格に行われた場合には，最終的に精神の破壊を引き起こすということは，偶然によってではなく事物の本性に刻まれた厳密に必然的な結果によってである。

　その証言として，ここでニーチェの英雄的・悲劇的経験を引用することができる。またキリーロフという人物に示されたドストエフスキーの深遠なる直観を引き合いにだすこともできる。ドストエフスキーから見れば，キリーロフは無神論をその形而上学的根源，最も深い存在論的根源において生きようとする人間の努力を具現化している。『悪霊』の中でキリーロフが自殺の数分前に，ピョートル・ステパノヴィチと行う会話を想起してみよう。「もし神が存在するな

ら」とキリーロフは言う。「すべては神に依存しており，私は神の意志の外で何もすることができない。もし神が存在していないなら，すべては私にかかっており，私は自分の自立（indépendance）を示す義務がある。〔中略〕私は3年間，自分の神性の特質を探求し，それを見出した。私の神性の特質，それは自立である。これによってのみ，最高度に私は自分の不服従，私の新しく恐るべき自由を示すことができる。そう，それは恐るべきものだ。私は自分の不服従，新しく恐るべき自由を示すために，命を断とう」。ドストエフスキーは，トマス・アクィナスを読んではいなかったが，神性の最も深い形而上学的特性が自存性（aseitas）であることをよく知っていた。キリーロフはその実存において無神論者であったので，この特性を自らにおいて，すなわち自分の固有の実存をその絶対的な自立に服従させることによって，示さなければならなかったのである。

マルクス主義的無神論を生きうるか

それにもかかわらず，ソビエト共産主義の宗教的無神論はわれわれの前に事実として存在する。この無神論は，私が今述べた〔人は無神論を生きることはできないという〕法則に対する反証を示しているのであろうか。ある日ロシアの共産主義がこの法則に打ち砕かれ，朝に悪夢から醒めるように，自ら変容し覚醒するということでもない限り。

ソビエト共産主義はこの問題の重大さを理解していた。まさにそれゆえ，それは新しい人間性を創造しようとしたのである。すでに述べたように，ソビエト共産主義にとっては人間を，自らがその似姿である神を最終的に追放するまでに，変化させることが重要なのである（私はこの体制の理想的な

73

要請について述べているのであって，具体的な生活がこの要請
をどのように縮小・調整して導入しえたか，あるいは導入する
であろうかは度外視している）。つまり人間存在を，超時間的
特性を備えていない，歴史とその巨大なダイナミズムの神に
創造することが重要なのである。この人間存在はまず最初に
非個別化される必要があり，その喜びは，集団的人間が自然
に勝利したとき，そこに変容した人格性を見出す日を待ちわ
びながら全体のために身をささげ，革命的共同体の器官とな
ることである。【この人間を変容するという要請——これが
レーニンの革命の偉大さの一つであった——は，今日（1936
年）かなり弱まっているように思われる。われわれの考えで
は，この要請は多少背景に退いているが，それにもかかわら
ず具体的なものの中で，人間本性の予見できない自発的・突
発的な出現——それは公的なプロパガンダの文書によってす
ぐに利用される——と妥協して存続している】[18]。

　しかしながら，気をつけなければならないのは，ソビエト
共産主義では無神論をその形而上学的ラディカリズムの中で
生きること，すなわち，ドストエフスキーがキリーロフにお
いて感知していた深みにおいて無神論を生きることが，問題
となっていないし，問題となったことがなかったという点で
ある（もちろん，詩人たちのように予知を通してこの深みに達
することのできる者もいた。偉大なるアレクサンドル・ブロー
クのような詩人たちは，この精神的な雰囲気の下で衰弱死した
のである。それ以来，ある時期に，どれほど多くの若者が自ら
命を断ったことか）。

---

18)　Cf. Hélène Iswolsky; *L'Homme 1936 en Russie soviétique*, Paris,
1936, « Courrier des Iles ».

Ⅱ　無神論の哲学的問題

　さらにソビエトのマルクス主義理論家は，形而上学を練り上げる際に，ある種の物活論に戻っていく。すなわち彼らの一般的な哲学的路線は，霊魂や自由のような特性を物質に与えることを要求する。しかしながら彼らは，古代イオニアの自然学者のように，すべては霊魂と拡散した神性に満ちている *panta plêrê théôn* とまでは言わない。しかし彼らが向かっているのは，確かにこの方向のように思える。人が一旦弁証法を質料に持ち込んだ以上，どうしてこれ以外のありようがあっただろう。ヘーゲル左派から出てきた形而上学的無神論は，このようにして次第にその起源であるヘーゲルの古い汎神論に戻りつつあるのである。

　実際のところ，マルクス主義無神論に関する問題は，疑似科学的な外見を帯びているにもかかわらず，形而上学的よりむしろ倫理的，道徳的秩序に属するものである。それは無神論をその倫理的翻訳の中で生きるということであり，言い換えれば，人間的生の目的および規則としての神を拒絶するということである。ロシアの共産主義者にとっては，この拒絶が真に自由で，創造的で，人間にふさわしい道徳的生の第一原理なのである。なぜなら彼らは神について無知であり，神が人間的なものと人間における創造的な自由の源であることを知らないからである。そして一段と深いところで，すなわちその最も典型的にロシア的（そして人間的）な無意識の連関の中で，この拒絶は神に対する恨みと復讐を意味し，人は自らの道徳的な生の頂点に神を置くことを拒否する。なぜなら人は，世界とその悪に関して，神を許そうとしないからである。私が言いたいのは，世界における悪の存在ということであって，手短かに言えば，そしてわれわれが自分の言っていることをよく理解しているとするなら，それは要するに世

界の創造ということである。しかし倫理的秩序において神を
拒否すること，また動機が何であれ，神以外の究極目的を選
ぶことは，キリスト信者にとっては，あらゆる罪人に見られ
る単純な事実ではないだろうか。正直に言って，これは自由
の不完全さという神秘を実行に移すという点を除けば，キリ
スト信者にとって大きな形而上学的問題ではないのである。

恩寵の手立て

とはいえ，倫理的秩序自体における思弁的なものと実践的
なものの衝突が，われわれを混乱へと導いてはならない。人
間的生の目的および最高の規則としての神を思弁的に拒絶す
ることは，必ずしもこのような盲目の精神にとって，もはや
その名を知らぬこの同じ神に，自分の固有の生を秩序づける
ことを実践的に拒絶することではない。キリスト信者は，神
が手立て（ressource）を持っており，よき信仰の可能性は，
人が想像するよりはるか遠くに及ぶことを知っている。神
の名ではない如何なる名の下であっても，（神自身だけがそ
れを知っておられることだが）ある霊魂によってなされた自
発的な忠誠の内的行為が，真実には神である実在に向けられ
ているということがあるかもしれない。なぜなら，われわれ
の精神的な弱さのゆえに，われわれが実際に信じているもの
と，信じているものを自分自身に対して表現し，自分の信仰
を意識する観念との不一致はありうるからである。恩寵は道
徳的善を仲介として，すべての霊魂に対して，すなわち神の
名前を知らない者や無神論の中で育てられた者に対してさ
え，この霊魂が自分自身について熟考し究極目的を選ぶと
き，すべてを超えて愛されるべき最高の実在として，自存す
る善そのもの——すべての愛に値し，それを通して，またそ

の中でわれわれの生命が救われる——を提示する。たとえこの霊魂が，この実在をその真の名前でないもので思い描き，しかしその時この名の下に，それが指し示すものとは別なものを考え，この偶像の名前を超えていくような場合にも（これが問題の全体であり，神のみがそれを知り給う），恩寵は自存する善そのものを提示するのである。

　もしこの恩寵が拒否されないならば，問題の霊魂はこの実在を選ぶことによって，真の神を漠然とながら信じ，現実に真の神を選択しているのである。たとえ，この霊魂が誠実さをもって（bonne foi）誤謬の中にあり，自らの過ちによってではなく，その受けた教育によって無神論的哲学体系を信奉しているにもかかわらず，この霊魂は自分自身の真の神への信仰をそれと自覚しないまま，それと矛盾する定式で包み隠しているのである。かくして，誠実な無神論者——実際はにせの無神論者——は，その外見的な自己の選択に反して，現実には神を自らの人生の目的として選んだことになるであろう[19]。

　他方，教育と宣伝の力がどれほどのものであれ，根本的な問題が新たに提示される日がやってくるであろう。あるいは，その日がすでに近づいていると考える必要があるのだろうか。黒い修道服，軍隊の階級，古い教育一覧表，クリスマスツリー，家庭の炉辺，「生の喜び」に続いて，神はソビエト・ロシアに戻って来られるのだろうか。神はこのような道を受け入れられるほど謙虚ではあるが，このように神を意のままにすることは容易ではない。いずれにせよ，これらの根

19)　私の研究を参照。« La dialectique immanente du premier acte de liberté », *Nova et Vetera*, 1945, n° 3.

本的な問題が新たに提示されるとき，ロシア共産主義は——その体制とすでに達成した社会的成果を維持するために——原初の霊的誤り〔無神論〕を放棄することによってのみ，これらの問題のために場所を用意することができるであろう。それが歴史の教えるところである。レーニンは，何人かの党員が性の道徳について宣言したいわゆる「自然崇拝」を批判して，クララ・ツェトキンに次のように述べている。「性生活における乱れはブルジョワに属する何ものかであり，デカダンスの現象である」[20]。おそらくレーニンの後継者が，より大いなる正当性をもって，無神論はブルジョワのデカダンスの産物であると宣言する日が来るであろう。しかしその時には，ソビエト・ロシアはひとつの新しい革命を達成し，最初の革命を救うために，自らの価値観を変化させてしまっているであろう。

　というのも，出発点において社会的・政治的生の共産主義的概念の条件となっている原初の無神論は，実践的領域において，価値の何らかの規準において表現されるからである。現在のところ，ソビエト共産主義にとって最重要な文明価値は，工業生産である。より一般的に言えば，人間の中にその幸福そのものにとって必要であって，現世の秩序よりも優れ

20）　クララ・ツェトキン（Clara Zetkine）の『レーニンの思い出』（1929）による。無神論に関して，われわれはレーニンの無神論がマルクスのものより，そう言っていいなら，さらに敵意に満ちたものであったことを知っている。「すべての宗教的観念は憎むべきである」とレーニンは言った。極めて明白な反宗教的ドグマ主義，すべての宗教が迷信に過ぎないという命題，そして何であれ科学的経験の領域を超えるものについての認識は不可能だという命題は，レーニンにとって絶対的に根本的な命題であった。以下のレーニンの著作を参照。*Matérialisme et Empirio-criticisme*, 1909.

た秩序に由来する実在があることを認めない限り，ソビエト共産主義は現世における生産のための共同作業のうちに，人間の幸福のための最高の手段を見出さざるを得ないであろう。そしてこの共同作業に限度を課するものはすべて，人間を裏切るものに思えるであろう。それゆえ神は人間の中に自らの取り分を何も有しないことになるであろう。それに伴い人間のエネルギーの全体主義的な専有は，最初に前提された無神論の実りであることが最終的に明らかになるであろう。しかし人間の現実についての経験，自然の抵抗，そして根本的問題に関する深い自覚が次第に無神論を排除するなら，無神論に基づくこの価値の規準は同時に排除され，最高に人格的な価値が承認されるだろう。それは古い世界への後退を伴うのではなく，道徳と文明構造の漸進的な革新を伴うであろう。

Ⅲ　ロシア的無神論の文化的意義

神に対する恨み

　現代のロシア的無神論に関する第三の問題に移ろう。それは教説的にではなく，歴史的・文化的に考えられた問題である。この観点から見て，何がロシア的無神論の意義であろうか。

　ロシアでは（私が言わんとしているのはロシアの理論家ではなく，ロシアの民衆である），無神論は西欧によくあるように，合理主義的伝統や，啓蒙主義の長い戦いとは結びついていない。ロシアにおける無神論の大衆的な歴史的基礎は，民衆の宗教そのものである。それは動的で，非合理的な巨大な力のように，全く突然にある方向また別の方向に向きを変え

る。それは神秘的な幻惑，神に対する恨みによって，無神論の深みに身を投じたかと思えば，新たに向きを変え，神に対する信仰，それも多かれ少なかれ純粋な信仰に身を投じる。この大衆的な歴史的基礎の上に「科学的」無神論を打ち立てることは可能なのであろうか。これは疑いもなく神なき民衆の理論家たちにとって，少しばかり煩わしい問題である。しかしながら，現在のところ若者の大多数が完全に宗教的無関心の状態に達しているように思われる。その理由の一つは，宗教的感情が他の目標へと移ってしまったことにあるというのが，おそらく正しいであろう。

火による純化
しかし指摘しておきたいのは，われわれが話してきたこの粗野な無神論（反ヒューマニズム）が，ある意味でロシアの民衆の歴史のヒューマニズム的側面を示しているということである。これらの言葉に完全な文化的意味を与えるために，ロシアが中世もルネサンスも経験しなかったということを忘れないようにしよう。

正教会そのものに対していかなる侮辱も加えることなしに（この教会には聖人たちがいたし，そして今日，多くの霊魂がこの教会で信仰のために英雄的に苦しんでいる），文化的，心理学的に常軌を逸した宗教的な発展が，ロシア思想とロシアの民衆の広汎な領域で起こったことを確認しなければならない。

一方で，そこでは自然と理性は自らにふさわしい場所を占めることがなかった。自然の秩序そのものは決して認識されず，理性的なものは常に疑念にさらされていた。

他方，起源において現世的で異教的な宗教的感情，雑多な

要素を含んだメシアニズム，ロシアの聖なる大地に対する崇
拝，とくに夥しい数のセクトで発展し，あらゆる種類の不純
さを寄せ集めた神秘主義，これらすべてが，キリスト教的伝
統の観念的で可視的な構造に侵入し，それを内側から異教化
した。それゆえ，キリスト教的諸概念は内的で隠れたプロセ
スによって，いわばその場で崩壊した。要するに，極端な超
自然主義——その傾向は理性を軽蔑し，ソロヴィヨフその人
が言ったように，自然を「堕落のプロセス」と見なすことに
あった——およびそこに内側から巣食う異教主義が，破滅を
招く分かち難い複合体を形作った。

　革命は，その根底で強い非合理的な潮流が働き，非合理的
なヒロイズムと逆立ちした神秘主義から生を得ているが，に
もかかわらず，神秘主義の最小の要素を消し去るまで生活を
合理化することを目的としている。この革命の結果として，
おそらく理性と自然は，人間中心的ヒューマニズムの最も異
常な限界において，最も欺瞞的な種類の唯物論と科学主義の
下で，ロシア世界の文化的構造の中にその場所を回復するの
であろう[21]。しかし最後には，いわばある種の洗浄，火によ

　21）　共産主義組織〔共産党〕の今日の最も新しい合言葉がヒューマニ
ズム，すなわち「社会主義的ヒューマニズム」であるのは，注目に値する。
西洋のヒューマニズムの伝統の中で，人はこの言葉にある種の役割，すな
わち神から「解放された」人間の賛美に向けた役割を選ぶことを求める。
まさにこの事実によって，共産主義はその無神論的原理に忠実に留まる。
しかしこの新しい合言葉は，当の選択を〔共産主義の〕組織に課すことに
より，この組織が実際のところ「ヒューマニズム的」というよりは「セク
ト主義的」な態度をとることを余儀なくさせ，またヒューマニズムとその
豊かさの本質的部分のより深い歴史的起源を，独断的に誤って理解するこ
とを強いるのである。
　さらにマルクス自身がそうであったように，世界のプロレタリア的観念
を結局ブルジョワ的伝統と明白に結びつけることにより（合理主義的で無
神論的なヒューマニズムほどブルジョワ的なものはない），この新しい合言

る純化が起こるだろう。それは，ロシアの民衆にとって自然と理性の固有の価値の深い自覚の可能性の始まりであろう。それに続いて，歴史的発展が，ひどい誤謬と完全に素朴な幻想の風土の下で開始され，そして（非常にロシア的であるが）最悪の破局を経験した後，大衆全体においてでないとしても少なくともその一部において，その発展は真正の文化的価値を取り戻す復興へと，間違いなく到達するであろう。

革命後の観点

　かくしてわれわれは，現在一定数のロシアのキリスト信者の観点となっている「革命後の」観点を理解することができる。彼らは 10 月革命という歴史的事実にその出発点を取り，この革命そのものとの関係で全く新しいものがそこから芽生えると考える。彼らの中には，ロシアは先を急いだので，他の国に先んじて新しいキリスト教社会の輪郭が形をとるだろ

葉は，根源的に新しい人間を生み出すという共産主義革命の本来の主張を否定するか，あるいは著しく弱めることになるのである。ブルジョワ文明に対して，人間中心的ヒューマニズムが何をもたらしたかを見るとき，われわれはプロレタリアートが同じ哲学によって養われることに，どのような利益があるのかと自問した方がよいであろう。また，プロレタリアートをブルジョワ自由思想という，この世で最も愚かなものの後継者にすることが，プロレタリアートを賛美することになるかどうかを自問した方がよいであろう。
　しかし別の観点から見れば，社会主義的ヒューマニズムに向かうこの躍動の中に，おそらく予想とは全く異なる結論に至る歴史的連鎖の，知られざる前提を見出すことができる。なぜなら，現代の人間中心的ヒューマニズムは，より深くより古いヒューマニズムの伝統，そして宗教的源泉——これ抜きに，現代の人間中心的ヒューマニズムは全く理解することができない——と生き生きと結びついているからである。そしていつかロシアにおいて，これらの源泉を新たに人が学ぶ日が来れば，人はその価値を認識するかもしれない。[Juillet 1935.]

うと希望する者すらある（見込みがないのに希望を持つのは
よいことなのだが）。しかしながら，一層あり得そうなのは，
神的なものと人間的なものの統合を意識したキリスト教的再
生にとって，予想しなかった発展と英雄的な霊的戦いの可能
性が開かれるということである。ただし十分に啓蒙され，神
以外のすべてから自由な代表者たちが，そこにいればという
条件の下ではあるが。

Ⅳ　二つのキリスト教的立場

バルトの立場

　われわれは，近代のヒューマニズムの弁証法が行き着くも
う一つの純粋な立場が，純粋キリスト教的立場であると言っ
た。そこでは哲学者の神ではなく，アブラハムの神，イサク
の神，ヤコブの神が認識される。またそこでは，人間は原罪
と受肉の観点から人間として認識されるが，それはその中心
を自分自身ではなく神に置き，恩寵によって再生された限り
での人間である。

　二つの立場がここでは区別されよう。第一はとりわけ反動
的な立場であり，過去に戻ることによって純化しようとする
意志である。もう一つは，十全的，進歩的な立場である。

　第一の「復古主義」の立場は，現代のプロテスタントのあ
る学派にそれを見ることができるが，原初的カルヴァン主義
への回帰が，その特色である。これは原初の反ヒューマニズ
ムの立場であり，要するに，あらゆる神学的反省を動員した
非常に知的で，豊かな経験に培われた弁証法で，神の前での
人間の無化という学説を飾り立てるのである。これが要する
に，プロテスタントの偉大な神学者，カール・バルトの学説

の特色である。カール・バルトは部分的にキルケゴールの思想の影響の下に，カルヴァンの鋭い論理で武装した本来のルターの精神を過激な形で回復し，ドイツにおけるプロテスタンティズムの立場を完全に逆転させた。それ以来，シュライアーマッハー，ハルナック，19世紀の古典的な宗教的リベラリズムと合理主義，これらすべては時代遅れのものになった。現在のカトリシズムに対する彼らの批判は，それがあまりにも人間的なものに道を譲っているということである。要するに，彼らは原初的プロテスタンティズムのペシミズムに戻っているのである。そこからバルト自身の悲劇と呼んでもよいものが出てくる。彼が聞きたいと望むのは神の声だけであり，彼がしたいと望むのは，神の声を聞くことだけである。彼は教会における人間的なものの道具的性質を拒否し，正当に評価しない。しかしバルトが語るとき，とくに人間が神の声だけを聞くべきだと主張するために語るとき，語っているのはバルト自身であり，人が聞いているのはバルトの言葉であり，人の心を動かし揺さぶっているのは，バルトの人格性である。

　要するに彼の誤りは，ルターとカルヴァンのそれである。それは恩寵が生命（いのち）を与えないと考えることである。それゆえ，バルトが過去の正しさを認めるとき，彼は過去そのもの，停止した過去に戻るのである。それは死んだ過去である。カルヴァン主義者にとって，人間的自由が恩寵のもとに死んでいるように。バルトは永遠的かつ進歩的な実体，能動的な内的原理——過去がそれによって生き，われわれもそれによって生きている——に戻らないのである。

トマス主義の立場

　もう一つの純粋なキリスト教の立場は，「十全的」「進歩主義的」な立場である。それはカトリシズムの立場であって，その概念的装置をトマス・アクィナスに見出す。もしも過去の状態に戻ろうと望むことが，歴史における神の支配に対するある種の冒瀆であるというのが真実であるなら，また教会と世界が同時に有機的に成長するというのが真実であるなら，キリスト信者に課せられる仕事は，4世紀にわたる人間中心的ヒューマニズムによって歪められた「ヒューマニズム的」真理を救うことである。この仕事が行われるべきは，ヒューマニズム的文化が汚され，ヒューマニズム的真理が，それを汚し抑圧する誤謬とともに，危機に陥るまさにそのときにあたってなのである。

　しかしわれわれに見えてくるように，そこで問題になるのは，人間中心主義的な二元論と人間中心主義的な合理主義の風土の下で形成された，われわれの文化的・現世的構造を全体的に改造するということであり，この構造の実体的変化である。それは新しい文明の時代への移行という問題である。

Ⅴ　キリスト教文化の新時代

神のもとで復権した被造物

　われわれは第1章で文化の哲学にとってとくに重要な三つの問題を区別し，まずそれを中世キリスト教社会の観点から考察し，次いでルネサンスと宗教改革に従って古典的ヒューマニズムの観点から考察した。

　それゆえ今は，この三つの問題を文明とキリスト教社会の新しい時代の観点から考察し，まず第一に，自らの運命に直

面している被造物の実践的態度について語ろう。

　キリスト教文化の歴史のこの新しい時期において，被造物は神の前で軽視されているのでも，無化されているのでもない。また被造物はもはや神なしに，あるいは神に反して復権することもないだろう。被造物は神のもとで復権するであろう。世界の歴史には，もはや活路は一つしかない——私が言いたいのは，それ以外の場合はどうであろうと，キリスト教的体制においては，ということである。それは，被造物は神との関係において，またすべてを神から得ているがゆえに，真に尊重されるべきであるということである。それはヒューマニズムであるが，人間の真実の根源に根ざした神中心的ヒューマニズムであり，全きヒューマニズム，受肉のヒューマニズムである[22]。

　ここで聖人たちが示した，聖人伝の中でよく言及される被造物の軽蔑について何らかの見方を提示しておこう。われわれは，何よりも人間の言語の弱さを示しているこのような表現を誤解してはならない。

　　「聖人は実生活で，被造物が自分の愛する神，自分の選んだ目的に比べれば，無に過ぎないことを理解している。これは愛している者が，愛の対象ではない存在に対してもつ軽蔑である。聖人は，神のライバルとしての被造物，あるいは神に対立して選択しうる対象としての被造物を軽蔑すればするほど，被造物が神によって愛され，真に善いもの，愛するに値するものとされる限りにおいて，被造物を大切にするのである。なぜなら神のも

---

22)　Cf. *Science et Sagesse*, ch. III.

とで，神のためにある存在を愛することは，神を愛する
ための単なる手段または単なるきっかけとしてその存在
を扱うことではないからである。それはこの存在を目的
として愛し，かつ扱うことである。なぜならこの存在は
愛されるに値するからである。私が言いたいのは，まさ
にこの目的としての価値と尊厳が，神の至高の愛と神の
至高の愛されるべき特性（Amabilité）から由来してい
る限りにおいて，この存在は愛されるに値するというこ
とである。このようにして，最終的には聖人が，時間の
中で過ぎ去るもの，事物のはかなさと美しさ，自ら断念
したすべてを――享楽的な人間や貪欲な人間の欲望の愛
よりも，はるかに自由で，しかし同時によりやさしく，
幸せに――友愛とあわれみという普遍的な愛で包み込む
というパラドックスが理解されるのである」[23]。

　われわれが言いたいのは，この聖人の態度が結局，厳密に
言って事物に対する軽蔑の態度ではなく，むしろ事物よりも
優れた愛の中で，事物を受容・変容させる態度だということ
である。この態度が一般化して考えられ，共通のものとな
り，さらにはキリスト教心理学の常套句となれば，神のもと
での被造物の復権に対応するものになるかもしれない。この
神における被造物の復権は，新しいキリスト教社会の時代，
新しいヒューマニズムの時代の特色だとわれわれには思われ
る。それは，ルネサンスの英雄たち，あるいは古典時代の
「オネットム（honnête homme）」に典型的に見られる言葉の
通常の意味でのヒューマニズム，人間中心的ヒューマニズム

---

23)　*Les Degrés du Savoir*, [2e ed], p. 664-666 [ŒC IV, p. 864-866].

とは本質的に異なる。これに対して，神中心的ヒューマニズムの典型は聖人であり，聖人たちの取り組みによってのみ実現される。それは，キリスト教的霊性が十字架の道と呼ぶ方法の助けを得てのみ，神中心的ヒューマニズムが実現されるということである。私が言っているのは，キリスト信者の王たちの王冠の上に置かれた外的なしるし，あるいはシンボルとしての十字架のことではないし，名誉ある人の胸を飾っている十字架のことでもない。私は心の中の十字架，存在のまさに内奥で引き受けられた贖いのための受難のことを言っているのである。

　われわれが今述べたこの態度が一般化するのは，被造物の自分自身についての意識の進歩と，自分自身の中で達成される十字架の神秘についての意識の進歩が，この態度に結びついたときだけである。われわれの時代の固有の条件の中で，またわれわれが被った経験——それは辛い経験であったが，いずれにしても起こってしまった——の後で，人間存在が神と自らの運命の神秘の前で取る態度の中に，ある種の経験に基づく反省が内在しているように思われる[24]。不幸で分裂した意識によってもたらされたダメージは，より完全で，十分に霊的な「深い自覚（prise de conscience）」によってのみ回復することができる。福音的自己意識（conscience de soi évangélique）だけが，自然主義的な自己意識の悲劇に打ち勝つことができる。

　このようにして，われわれは次のことを理解する。もし素朴なキリスト教文明，つまり人間の生来の素朴な統一性を頼りにしたキリスト教文明にとって，神に向かって進むこと

---

24)　Cf. *Science et Sagess*e, ch. III.

が，何よりも神の威厳ある権利に従って神のために地上に玉座を設けることであったとするなら，これに反して，もはや素朴ではありえず，恩寵のうながしのもとに自分自身を取り戻して，失われた統一を回復しなければならないキリスト教文明にとって，神に向かって進むこととは，何よりも最高の愛が降臨し，人間の中で人間とともに，この上なく人間的な働きをすることができる生の現世的条件を，人間のために準備するということである。

被造的自由

　文化の重要な時期のすべてを支配する思弁的問題は，この新しいヒューマニズムから，疑いなく，ある種の革新を受け取るであろう。文明のそれぞれの時期に，恩寵と自由の関係についての一つの典型的な概念が対応しているとわれわれは言わなかっただろうか。恩寵と自由のこの問題に関する限り，ヒューマニストの神学──緩和されたものであれ，絶対的なものであれ──の時期は，はっきりと終了したように思える。そして，アウグスティヌスの恩寵と自由の神学が中世を支配していたように，またカルヴァンやモリナの恩寵と自由の神学が近代を支配していたように，われわれはトマスの神学が新しいキリスト教社会を支配するであろうと考えている。

　この新しいキリスト教社会が，本当に人間中心的ヒューマニズムから完全に解放されるというのなら，それはトマス・アクィナスが教えたように，次のことを理解しているであろう。すなわち哲学者が神の前で，創造された人間の自由をそれが関わる存在と善の全体において肯定し，認識できるのは，神的因果性と決闘することによってではない。それは

人間の自由が，その全体において神的因果性から受け取っていることを認識することによってである。すなわち人間の自由が，最終的な現実化に至るまで，〔神の〕創造的因果性によって浸透され，貫かれ，満たされていることを認識することによってである。

　これらすべては，トマス・アクィナスの注釈を行ったドミニコ会の学者たちによって，十分に解明されてきた。しかしトマスの中にはまだ，十分に解明されていない原理があるとわれわれは考える。それは善いあるいは価値ある行為において被造的自由が扱われる場合ではなく，悪い行為あるいは悪の系列で，この同じ自由が扱われる場合のことである。

　トマスは「恩寵の欠如の第一原因はわれわれに由来する。*defectus gratiae causa prima est ex nobis*」[25]と言う。この言葉の射程は，非常に遠くまで達する。悪の系列において，第一原因となるのは被造物なのである。

　われわれの考えでは，もし将来の神学とキリスト教哲学が，この主題に関してトマスの原理に含まれているものを引き出そうとするなら，重要なことを発見し，被造的自由の欠陥に関する事柄においてより深められた総合に導かれるであろう。この総合は，人間との関係における神の知と神の意志の神秘に新たな光を当て，神が人間の自由という誤謬可能な自由をどの程度まで尊重しているかをしっかりと理解させるであろう。もし被造物が真にまた現実に悪の系列における第一の主導者であるなら，被造物は，摂理の構想の具体化そのものに──否定的に──介入する。神は，時間のすべての瞬間が現存する神の永遠の一瞬において，人間の歴史全体を創

---

25)　*Sum. theol.*, Iª-IIae, q. 112, a. 3, ad 2m.

造し一目で眺めるために，そう言ってよいなら，われわれ一人ひとりが至高の流入〔創造の働き〕の賜物を拒否するか否かを待っておられる。この賜物から，すべての存在と行為が（われわれがそこに持ち込む無を除いて）すべてを手にいれるのである。

　われわれが語っているキリスト教社会の新しい時代は，まさに人間的なものの聖なる忘却の時代ではなく，人間的なものに対する福音的な関心の時代，神中心的ヒューマニズムの時代になるであろう。それゆえ，われわれはこの新しい総合，恩寵と自由の問題のこの新しい側面，また人間の歴史および人間存在の世俗的・現世的活動の道具的に留まらない固有の価値に関わる側面，こういったものがこの新しい時代の特色を示すものとなるだろうと考えている。

福音的自己意識

最後に，人間の問題に関しては，この新しい時代にはキリスト信者の視線が，中世におけるように，人間の被造的本性の神秘と非合理的な深みからそれることはないだろうと言っておこう。この視線はこの神秘を吟味するが，しかし近代の自然主義とは異なる内観の仕方によって，すなわちわれわれがたった今「福音的自己意識」と呼んだものによってである。このような自己意識は，私の考えでは次の二つの主要な特徴を持つ。それは自らを探求することなく自らを知る。またそれが行う価値判断は，純粋に霊的なものであって社会学的な先入見から解放されており，諸々の霊魂およびわれわれの固有の霊魂に関する判断への社会的人間の介入──マックス・シェーラーが正当にも注意を喚起した──がそこに入りこむ余地はない。

　その結果，福音的自己意識は，人間人格の価値に到達し，それを吟味することができるとともに，その価値を切り離すことなく，神の似姿としての人格の精神的構造を発見することができる。この精神的構造は，悪が根本的には堕落させることのできないものであり，その自然本性において，自然本性それ自身が知らない恩寵そのものに向けてではなく，恩寵だけが与えることのできる満ち溢れに向けて切望の叫びを上げる。

　またこの意識は，人間の薄暗い領域にも到達し，それを吟味する。それは内的な冥府に下りていき，最下層の深みを探求するが，それは近代の自然主義が行ったように，善と悪の区別を斥けることによってではなく，われわれがたった今示唆した純粋に社会学的な非難を超越し，悪そのものについてキリスト教に固有の理解を持ち，キリスト教の逆説を適用することによってである。その逆説とは，私を正しい神から引き離す罪は，まさに憐れみ深い神を引き寄せるという逆説である。キリストを信じる霊魂は言う。私を憐れんで下さい，私は罪を犯しましたから，と。

　最後に，このような自己意識は自然および理性に対して福音的尊敬を有する。近代ヒューマニズムがその発見に貢献したが，それを維持することができなかった諸々の自然的構造に対して，また悪によっては決して完全には消し去ることのできない人間の本来的な偉大さに対して。

ブルジョワ自由主義の人間

　しかしまた，この全きヒューマニズムのもう一つの特質も明らかにされねばならない。それは，現世的生活および世俗的生活，つまり俗人の生活に関する福音的要請の深い自覚で

ある。この要請は現世的秩序および社会生活そのものの変
容を要求する（私が言うのは、身体が復活する最終的な変容
に至るまで、恒久的に新たにされ、深められる変容のことであ
る）。

　近代を通してあまりにも長い間、二元論によって傷つけら
れたキリスト教世界は、二つの相反するリズム、教会と礼拝
の時間のための宗教的リズムと、現世と世俗的生活の時間の
ための自然主義的リズムに従ってきた。中世は統一の感覚を
持っていた。しかしあまりにも困難な歴史的状況によって、
社会的・現世的な領域における福音的要請の浸透は、ほとん
どの場合、象徴的で比喩的なものに留まった。なぜなら、中
世は大いなる歴史的試練という純化によってまだ洗い落とさ
れていない、野蛮で異教的な地盤の上で活動せざるをえな
かったからである。

　ここで再び、ソビエト国家の事例は有用な考察の素材を提
供できる。ジャン・ジャック・ルソーのイデオロギー的遺産
に反して、いかにソビエトの哲学がある種のペシミズム[26]に
回帰するかは注目に値する。ソビエト哲学にとっては、罪あ
る人間、破壊されるべき古い人間が存在する。それゆえソビ
エト哲学は人間を変革しなければならない。ではこの罪ある
人間とは誰か。それは「プチブルジョワ」、ブルジョワ自由
主義の人間である。

　われわれの観点から、この人間の特色をどのように言えば
よいであろうか。彼はピューリタン的あるいはジャンセニズ
ム的精神と合理主義的精神から生まれた、ファリサイ的で退

　26）　われわれはある種のペシミズムと言う。これとともに、それ〔ソ
ビエトの哲学〕は、ルソーの根源と人間に関する絶対的に楽天主義の哲学
に依存し続ける。本書69-71頁、および263-264頁参照。

廃的な人間であるように思われる。この人間は，愛よりも法的作り話を好み（この人間はゾンバルトが言ったように，「官能的」ではない），存在よりも心理学的作り話を好む（このことのゆえに，この人間はもはや「存在論的」でないと言える）。

　観念論的で唯名論的な形而上学の全体が，ブルジョワ自由主義の人間の振る舞いを基礎づけている。それゆえ，この人間によって創造された世界の中に，記号の優位が見て取れる。すなわち政治的生活における意見の優位，経済的生活における貨幣の優位がそれである。

　このブルジョワ人間は，自らの内なる悪と非合理的なものをすべて否定した。それは自分の良心の証言を享受し，まさしく自分自身の力で，自分自身に満足するためであった。かくしてこの人間は，偽りの唯名論的な自己意識の幻想と欺瞞の中で自己を確立する。さらにこの人間は道徳主義と精神主義を最大限に利用する。この人間はしばしば自然的秩序の真理と徳に対して，誠実かつ熱心に身をささげることに駆り立てられるが，真理と徳から最も大切な内容を捨て去り，ある意味で，それを架空のものとしてしまう。なぜならこの人間は真理と徳を，生ける神と愛から切り離してしまったからである。というのはこの人間は理神論者または無神論者だからである。無神論を共産主義者の弟子や後継者に教えたのは，このブルジョワ人間である。

　マルクスの努力（そして後のフロイトの努力）は，この誤った良心の嘘を公に非難することであった。この良心は実を言うと，無意識の深い潮流を覆い尽くして，隠蔽している。それはマルクスが示したような経済的利益や階級的利益だけでなく，一般的に言って，情欲と利己的な自己愛の世

界，非合理的なものと悪魔的なものの世界のすべて——それ
は人が否定しようと欲してきたものであり，聖パウロがなし
とげたよりもうまくそれを特徴づけることはできないであろ
う——である。

　キリスト信者の良心にも，共産主義者の良心にも好まれな
いこのブルジョワ人間を，共産主義は機械的に，それも外側
から技術的・社会的手段を用い，また教育や宣伝という外科
手術や鋳型によって変化させようと望む。そしてこの目的の
ために，共産主義はこのブルジョワ人間だけでなく，その本
性そのものにおける人間，その本質的な尊厳における人間，
神の似姿である限りでの人間，自然本性的存在と恩寵的存在
によって人格の最高の善を要求する限りでの人間をも攻撃す
る。人格の最高の善とは，神と永遠の生命《いのち》，人間の内的であ
りながら超人間的な実在に中心を置く自由と霊的な生命《いのち》，そ
して社会的で，まさに人間的な最初の社会的環境としての家
庭とその固有の経済的・精神的な生活，および市民的な法が
その様態を定めるが，市民的な法がそれらを創ったのでは決
してない自然法に基づく家庭の根源的要請である。

　生活上の必要性によって行われた理論に対する修正が何で
あったにせよ，その理論は人間を共同生活の単なるエネル
ギーにしてしまった。なぜならマルクス主義哲学にとって，
すべての超越的価値は何にせよ，人間による人間の搾取と結
びついているからである。

マルクス主義と人間

　マルクス主義の悲劇は，ここにある。すなわちマルクス主
義は，人間中心的ヒューマニズムの弁証法が行き着く，人間
人格の絶望と崩壊——これについては先ほど述べた——から

第2章　新しいヒューマニズム

の出口を見出そうと正当に望みつつも，人格に固有の諸々の問題を意識しておらず，それ自身が，最も特異で，最も非人間的な形而上学を持つブルジョワ的ヒューマニズムに従属し，その無神論，内在論および人間中心主義を最悪の地点までもたらすのである。不可欠な形而上学的基礎理論を欠いているので，労働の喜びと生の喜びの中で人間存在を蘇らせようとするその努力——私が言うのはこの体系に固有の論理と精神において考えた場合である——は，古典的ヒューマニズムよりもさらに期待はずれの結果に終わってしまうのである。大衆を真に社会的で政治的な生へと上昇させようと望むのは，マルクス主義にとって，よい目的設定である。しかしもし人が次のことを理解しようとしないなら，この目的自体が失われることになる。それは，地上的共同体の社会的・政治的生は，確かに高く困難なものではあるが，それよりも善いものに位置づけられているということである。またこの社会的・政治的生は人間人格，すなわち人格としての第一の熱望に疑いもなく対応するものであるが，より高貴な交わりに向かうことを追求する最も高く，最も根源的な熱望に対応するものではないということである[27]。

　マルクス主義によってというよりも，一つはマルクス主義が行った暴力的な破壊と純化によって，もう一つはこのようにむきだしになった人間本性の深い潜在能力によって，人はロシア共産主義のような経験の中で，その存在論的実在のある種の基礎的な力を再発見し，それに伴い，ひどい代価を払って（キリスト信者がもしそれを理解して望むなら，彼ら

---

27) Cf. *Du régime temporel et de la liberté*, [1re éd] p. 46-64 [Œuvres V, p. 356-370].

だけが人間にその代価を逃れさせることができるだろう），人間中心主義のブルジョワ的時期の究極的な不可能性と分裂を乗り越え始めようとしているのかもしれない。そして確かなことは，マルクス主義は常に弁証法的思考という手段によって，これらの人間の変革のすべてをいつでも統合する，あるいはそう主張する準備ができている，ということである。この弁証法的思考は，至る所で，またマルクス自身においても，この曖昧さ，すなわちマルクスがヘーゲルについて非常に上手に非難した「神秘化」の特質を保っており，いついかなるときでも，いわゆるこの体系の論理の内的な展開によって，どこにあるどんな扉でも——それは実のところ外的な実在の抵抗し難い圧力だけで，開かれるものである——開くことができる。しかしそれでもなお，マルクス主義はそれ自体として，集団生活の一元論のために人間の最も内的な要請を放棄するよう，人間に求めることによってのみ，人間存在の統一性の復活へ向かうのである。また，私が先ほど述べた統合の努力それ自体において，マルクス主義は根深い非人間性を告白する。なぜならマルクス主義は，人間をその命令のままに屈服させるのだと主張することによってのみ，統合を成し遂げることができるからである。人が人間を何に屈服させるかが問題なのではない。大事なことは，人間を支配下におくということだ。われわれは，眼下で人間存在が手袋のようにしなやかになるという，受動的な服従の奇妙な光景を目にしている。いつの日かスターリンの後継者が忠実な生徒たちに電子を礼拝するようにとか，聖なる像の前でひざを折るように命令するかもしれない。どちらの場合にも同様に，不安を掻き立てる理由がある。すなわち，気まぐれにどのような対象が選ばれようとも，聖俗至高権力（césaropapisme）は

人間人格と神を侮辱するものである。

ソビエト連邦とマルクス主義

　マルクス主義を正当に批判するには，上述のように，まず
その中の一定の真実の直観と，その直観を最初から歪めた偽
りの原理と誤った概念化とを区別する努力をしなければなら
ない，とわれわれは考える。マルクスは進化する生産体制の
本質的重要性を認めた。史的唯物論の中には，まずい仕方で
表現された真理があるが，それは歴史の動きに質料形相論の
原理を進んで適用する哲学なら，救うことができる。しかし
マルクスにおいては，これまで見てきたように，ヘーゲルを
起源とする無神論的一元論によって，それがだいなしにされ
ている。マルクスはまた，資本主義的精神が近代の経済に刻
印した高利貸的特性を見抜いていたのだが，彼はこの直観を
剰余価値の誤った理論の中で概念化した。彼は階級闘争が資
本主義体制の実質的な結果であり，現代の大きな歴史的課題
がプロレタリアートの社会的解放であるということを見抜い
ていた。しかし彼はこの直観を仮借なき社会的闘争というメ
シアニズムによって，また人間存在の完全な社会化に帰結す
る誤った人間と労働に関する哲学で阻害したのである。

　抽象的に考察された，ある学説上の本質であるマルクス主
義に関する判断と，ソビエト・ロシアの発展について抱くべ
き判断を分離することは必要であるし，これからますます必
要になるのは明らかである。ソビエト・ロシアの発展は，最
もダイナミックなマルクス主義解釈の名の下でマルクス主義
解釈の名の下で行われる具体的な人間の活動に関わるが，そ
の活動は実存的な現実に固有の因果性の干渉のもとに置か
れ，常に経験による教訓，人生の抵抗と圧力，そしてロシア

という歴史上の国家に特有の必要性の影響を受ける。しかしながら学説としてのマルクス主義の中に私がいま示した曖昧さがあるとしたら，同じような曖昧さが具体的な歴史的要因が介入することによって，著しくかつ次第に増加する形で，ロシア共産主義における実存の地平に見出されることに，われわれは驚いてはならない[28]。

　われわれは誠実な調査を拒否することはできない。その調査が示すのは，ソビエトが現実に直面して多くの理論的主張を変更しつつも，遅れた経済をわずかな年月のうちに飛躍的に発展させることができた，その方法である。そしてこの飛躍的発展は，この国家における「新しい文明の形態」の萌芽をわれわれに告げている（問題は，その価値が何であるかを知ることである）。この新しい文明の形態は，数百万の人命の犠牲と修復不可能な損失の後に誕生した。距離を置いて判断を下すことが可能な限り，また書かれた資料に基づくならば，端的に言って，この文明形態のポジティブな要素は「利益を生み出す」システムを清算し，人間の労働力が貨幣の多産性（fécondité）に隷属する状態を解消することに尽きる

---

28)　Cf. Sidney and Beatrice Webb, *Soviet Communism: A New Civilisation?* Londres et New York, 1936. 次の一連の著者たちの誠実さと正確な情報に対する配慮は，彼らの極めて容易に識別できる素朴さを排除するものではない。Ernest Mercier, *Réflexions sur l'U.R.S.S.*, janvier 1936, Centre polytechnicien d'Études économiques; Waldemar Gurian, *Der Bolschevismus, Einführung in Geschichte und Lehre*, Herder, Freiburg, 1931 (trad. franç., 1934); Arthur Rosenberg, *Histoire du Bolchévisme*, trad. franç. Grasset, 1936; Boris Souvarine, *Staline*, Paris, Plon, 1935; これに加えて次の優れた小著がある。Hélène Iswolsky, *L'Homme 1936 en Russie soviéique*, Paris, Desclée De Brouwer, 1936, « Courrier des Illes ». ヴィクトール・セルジュ（Victor Serge）がマグドレーヌ・パス（Magdeleine Paz）とアンドレ・ジッドに宛てた2通の手紙も参照。*Esprit*, juin 1936.

とわれわれは考える[29]（この清算は，とくに将来の発展に照ら
して評価できる。なぜなら当面の間は，それは身代金としてひ
どい国家統制を伴うが，最終的には，ロシアの実験によって労
働世界の多くの分野で呼び覚まされた大きな希望を説明するの
は，この清算なのである）。そしてもうひとつのポジティブ
な要素は，少なくとも法制度の領域で，多数の人間を共同体
の社会的・政治的・文化的生活に統合しながら，「多様な形
態の民主主義」[30]を常に新たに樹立しようという努力が行わ
れることにある。どんなにつらい生活をしようとも，どんな
にひどい扱いを受けようとも，少なくとも人はこの国におい
て——そこでは農奴制とその帰結としての因習が続いてきた
——数世紀にわたる社会的屈辱が終わったという感情を持っ
ている[31]。

　他方われわれは，同様に誠実な別の証言も拒否することが
できない。それはむしろ，この体制を腐敗させる誤りや野蛮
なやり方を力説し，われわれに対して，この体制の実行に伴
う，人格に対する完全な軽蔑，仮借なき残酷さ，恐怖の手段
（18年間の革命の後，これまでにないほど激しいものとなった）
そして官僚専制政治を示すだろう。ここに現れているのは，

29）　かくして「人間による人間の搾取」のある種の形態が，廃止され
る。しかし人間による人間の搾取のすべての形態を終わらせるには，資本
主義体制を廃止する（なかんずく，共産主義体制に置き換えることによっ
て）だけでは十分でない。そこではとくに，集団的人間による個別の人間
の搾取が，大きな比重を占めているかもしれない。大事なのは，労働者の
隷属という資本主義的形態を廃止することは，社会主義と同様に人格主義
によっても認められた必然性だということである。

30）　「それを多様な形態の民主主義と呼ぶことを正当化するのは，何
よりも，驚くほど多様な経路を通して行われる，このほとんど普遍的な人
間的参加である」（S. et B. Webb, *op. cit.*, I, p. 427）。

31）　Cf. Hélène Iswolsky, *op. cit.*, p. 66-68; p.105-106.

非人間的で悪意のある側面である。信用するのが合理的と思われる資料に従って言えば，要するにロシアの「新しい文明」の根深い悪は，共産主義的全体主義そのものに収斂するとわれわれは考える。共産主義的全体主義は，あらゆる強力な集団的組織が持つ恐ろしい危険性を最大化し，他の形態の全体主義と同様に，思想の自由を破壊し，人格と精神を社会化しようとする。神に対する闘い，宗教を絶滅[32]する努力，

32）　神に対する戦いに関して非常に客観的ではあるが，公式の情報に限定された資料を提示しながら，ウエッブ（Webb）夫妻は反宗教的活動の規模と意味をひどく過小評価する。

「投獄されたか，あるいは依然として牢獄または強制収容所にいる司祭や修道者の数に関して，正確な数値を明らかにすることは，極めて困難である。なぜなら教会に仕える者は，決してソビエトの法によって直接的には迫害されないからである。この法は彼らの信仰に嫌疑をかけないように用心して，彼らに反革命行為，スパイ，サボタージュ，人民の「宗教的偏見の悪用」に関する刑法の規定を適用する。この意図的混同によって，すでに述べたように，宗教的迫害の犠牲者の数を正確に評価することが著しく困難になっている。それまでロシアに存在した10万の修道院のうち，一つも残らなかったと言うだけで十分であろう。それゆえ，何千人もの修道者が殺戮された。この状況が存続し，恐怖が支配し続ける限り，また強制収容所が囚人であふれている限り，人はヒューマニズムについて語ることができるだろうか。私はこの研究の最初に，この恐怖の再発に関する『社会主義新聞』の特派員の証言を引用した。信頼に値する情報源によれば，刑務所や強制収容所の囚人の数と国外追放を宣告された人の数は，実に700万に上っている。この不幸な人たちの中の何人がその宗教的信条が原因で苦しんでいるのかを，どうやって知ることができようか。正教とカトリックの司祭，修道士と修道女，牧師とラビがこの数百万の囚人の中に存在し，それゆえ殉教者名簿は尽きることがない」（Hélène Iswolsky, *op. cit.*, p. 112-114）。

一方，人は過去の大きな迫害と対比して，ロシアの宗教的迫害に含まれる進歩について，学問的に論じることができる。ロシアの宗教的迫害は正体を隠しているというのが，本当のところである。それは本来の意味の迫害というより，精神的破壊の活動であり，信者を殴ることよりも，宗教的生活を壊滅することに照準を当て，公衆の面前で殉教者を作ることを避け

ようとする。重要なことは，神の言葉を閉じ込めることである。われわれ
を法規定で拘束するために，理論的には良心の自由を宣言した後，これら
の法規定はすべての学校を世俗化し，公教要理を教えるために子供たちを
集めることを禁じ，家庭によって行われる以外の宗教教育を禁じ，聖書と
宗教的著作を（少なくともロシア語で）印刷・発行し，あるいは輸入する
ことを禁じる。またそれは，司祭が自分の教会以外で話す権利を奪い，す
べての宗教組織から教育，余暇あるいは慈善の活動を行う権利を奪う。こ
れらの法規定は，事実上すべての神学校を廃止し，司祭たちを社会的・政
治的生活の資格のない者にし，永続的な投票権が実存の条件である政体に
おいて，投票権を奪われた者とする。これらの法規定が，（ミサと教会での
説教を例外として）宗教を公的に宣伝する行為を犯罪として罰するのに対
して，反宗教的活動に対しては，自由な活動の余地を与え，すべての公教
育の権力を是認し，事実上すべての教育を委ねる。またこれらの規定は，
反神協会（l'Union des sans-Dieu）とその関連組織による無神論の直接的な
宣伝活動を許可し，優遇する。彼らはこの宣伝活動から，大いなるソビエ
トの身体，すなわち共産党を導き，活気づけるという，精神的権威の持つ
使命の一つを生み出す（それ以来，これほど多くのソビエトの自治体が，
教会の抑圧に強く賛成したということは，驚くべきことである。ソビエト
全体でおよそ三分の一の教会が閉鎖された）。ロシアにおいて，共産党への
入党が，無神論と，何であれ超越的なものすべての否定を，公に宣言する
ことを条件としていたことに，われわれは気づくであろう。「共産党が維持
するのは，自分自身に対する厳格な法である。自分が無神論であり，あら
ゆる形態，あらゆる種類の超越的なものの存在を完全に否定するというこ
とを，心からかつ公然と宣言しないなら，誰もそのメンバーとなることは
（その候補者として試されることも含めて）認められない」（S, et, B, Webb,
op.cit., II, p. 1012 ; cf. I, p. 345）。この条項は，ソビエト以外で適用されるの
だろうか。この質問がとくに興味深いのは，共産党がすべての国家的な枠
組みを超える存在であると自任し，ロシアそのものにおいてすら，ソビエ
トの憲法体制およびその多様な法的権力の部分にはなっていないからであ
る。

　私が本書を執筆している時点では，反神協会の雑誌はすでに出版されて
いない（おそらく購読者が，それに嫌気がさしたからであろう）。教会に鐘
を取り戻すことが問題となっている。教区会議を開く可能性すら，問題と
なっている。これらの不本意の譲歩は，共産主義の指導者の無神論的，反
宗教的情熱が弱くなったことを意味してはいない。とは言え，新聞に発表
された新しい憲法は，聖職者に課せられた条件の何らかの緩和を含んでい
るように思える。

技術と現象の科学に対する偶像崇拝，直接行動主義者のダイナミズム，そして今度は集団的人間の利益のための新しい隷属——これらによって，共産主義的全体主義は，生産者である大衆に脅威を与えるのである。

　客観的で公平な方法で判断しようとする者にとって，以上のような点が，現在のロシア共産主義の成果によって生み出された多義性である。人間の生存条件の進化のために否定できない重要性を持つ何ものかが，そこで進行している。同時にそこでは，深刻な精神的悪が人間を襲っている。ソビエト・ロシアで形成されつつある新しい文明の中で，ロシア的気質のある種の特質と結びついて，否定的な部分をかくも強大なものにしているのは，マルクス主義が束縛された真理とともに伝えた誤謬の重荷である。歴史の習わしである運と不運のもつれあいの一つの結果として，そこに出現する大きく異なる価値を持つ社会的改造と新しい生の形態は，無神論が混乱させ，非人間的なものとした知的・霊的形態によって，今日事実上，支配されている。それではどのような発見，苦しみ，復活が呼び求められるのか。またそれは，どのような将来の時代のためになされるのだろうか。

　補注（1946年）：この注が書かれた時以来，戦争は宗教に対するソビエトの態度の変化を促している。政治的な動機から，しかしまた，とくに民衆の感情による圧力によって，ロシア国家は公的に正教会と和解した。正教会はその頂上に総大主教を抱き，神学研究所がモスクワで活動している。国家の目的ではなく，スラブ主義の使命の理念が大きな役割を果たす目的を追求することによって，正教会は事実上，ロシアの政治の協力者となるであろう。若者の宗教的無関心を手に入れたおかげで，教会に対する譲歩を容易に取り戻せるだろうと思っている無神論者の見方が正しいのか，あるいは時とともに大きな宗教的革新がロシアの民衆の間に起こるであろうと思っているキリスト教徒が正しいのか，将来がそれを告げることになるであろう。

社会主義的ヒューマニズムと全きヒューマニズム

　マルクス主義が今日の社会主義においてどれほど優勢で
あっても，「社会主義的ヒューマニズム」という表現は「マ
ルクス主義的ヒューマニズム」という表現——青年マルクス
の思想を考慮に入れたとしても，この表現は不調和だと言っ
た方がよい——よりも顕著に広い。すべての社会主義は必ず
しもマルクス主義のような無神論ではない。しかしその非マ
ルクス主義的な形態においても，あるいはマルクス主義を超
える形態においても，社会主義は誤謬と欠陥に満ちた人間，
労働および社会の観念から出発する[33]。このような誤謬と欠
陥は，新しい総合だけが正すことができる。

　社会主義的ヒューマニズムの中には真理への躍動がある
が，これは人間の尊厳にとって非常に重要であり，これを否
定することは大きな損失である。われわれの考えでは，無神
論的哲学の根本的な誤謬，あるいは少なくとも今述べた固有
の欠陥は，この躍動を損ない，その程度に応じてこのヒュー
マニズムによって作られた様々な道徳的・社会的観念を歪
め，非人間化する。それゆえ，神または宗教的信仰の観念を
社会主義的ヒューマニズムと単に並列して置くことによっ
て，真理に基づく活力ある統合を実現できると考えるのは，

---

　33)　人間に関して，われわれがここで考えているのは，人間中心的・
自然主義的ヒューマニズムの観念，より正確に言えば，すでに，本書 27-30
頁で問題にした世俗化されたキリスト教的観念である。労働に関して考え
ているのは，労働の尊厳の倫理を当然のこととして生み出しながら，実際
はこのような倫理を，思弁的・内在的秩序の目的の排除と結びつける見方
についてである。（cf. Étienne Borne, *Travail humain et Esprit chrétien*; Paris,
1932; *Le Travail et l'Homme*, Paris, 1936, « Courrier des Iles » ）社会に関して
考えているのは，経済活動 *opus oeconomicum*（「物の管理」ととくに産業生
産）を優れて国家の仕事となし，人格と家庭のある種の権利を否定する見
方のことである。

大いなる幻想ということになるであろう。必要とされているのは全般的に改革することなのである。これに対して，われわれが全きヒューマニズムと呼ぶものは，根本的に異なる総合において，社会主義的ヒューマニズムによって肯定，あるいは予感されたすべての真理を有機的かつ，生き生きとしたやり方で数多くの他の真理と統合することによって，救い，促進することができる，とわれわれは考えている。全きヒューマニズムという名称そのものが，ここではとくに適切だと私に思えるのはこの理由によってである。

　この章における分析が，今述べたような改革がどの程度望まれるかを明らかにしたことと思う。その誤りや幻想がどれほど重大であろうと，19世紀の社会主義は，人間の良心とその最も寛大な本能が行った，天に叫び声が届く苦しみに対する抗議であった。資本主義文明の裁きを開始し，仮借ない権力に対して，正義の感覚と労働の尊厳の感覚を目覚めさせたのは，高貴な仕事であった。社会主義はこの仕事の中で主導的な役割を果たしてきた。それは厳しく，困難な闘いを行い，その闘いの中で無数の献身がなされ，中でも最も感動的な人間的特質である，貧しい者に身を捧げることが行われた。社会主義は貧しい者を愛した。人が社会主義を効果的に批判できるのは，多くの点で社会主義に負い目を感じ続ける限りにおいてである。それだけに社会主義がこれまで人々の間で行った詐欺は，一層苦々しいものである。社会主義がその根本において依拠する第一哲学と社会哲学の誤謬が，社会主義の非常に多くの資産を損ない，さらにこれらの誤謬が社会主義の発展に伴って一層悪化し，それが持続する限りにおいて，キリスト教思想と社会主義の非常に深い分裂を作ってしまったのは，極めて残念なことである。これらの誤謬は常

105

に持続していくのだろうか。それらは根本的なものであって，そのすべてが人間の中の永遠的なものを認識できない欠陥と結びついている。

　全きヒューマニズムに含まれる社会・政治哲学は，われわれの現代文化のあり方に対して，根源的な変化——つまり質料形相論の言葉を類比的に用いれば，実体的変化——を呼び起こす。この変化は，資本主義に続く新しい社会構造と新しい社会生活のあり方の開始を要求するだけではない。それはまた同一実体的に（consubstantiellement），霊魂の内面的な深みから湧き出る，信仰，知性および愛の力を高め，精神的実在の世界を発見する歩みを進めることを要求するのである。この条件を満たすことによってのみ，人は自らの自然本性の深みに，それを損ねたり，変形させることなしに，より一層入っていくことができるであろう。

　マクシム・ゴーリキーは最近，ソビエト共産主義について次のように書いている。「歴史上初めて，本当の人間愛が創造的力として組織され，数百万人の労働者の解放を自らの任務としている」[34]。われわれはゴーリキーのこの言葉とそれらが表現する情感の深い誠実さを信用する。われわれが非常に重要だと考えるのは，この人間の愛というテーマ——それが歴史の最も深いところで，キリスト教に端を発するということを拒否するものは何もないであろう——が，唯物論の影響の下で長い間，人間の愛に，より小さな感傷的価値しか認めようとしなかった思想の流れの中から，今や浮上することになるという事実である。

　しかし愛は残酷な力である。愛は愛される者の中で，愛に

---

34)　*Pravda*, 23 mai 1934. Hélène Iswolsky, *op. cit.* より引用。

対してその扉が閉ざされた領域に到達するとき，恐怖と殺人的な憎しみに変わる。問題は，これらの扉の鍵を手に入れてより遠くへと進むために，また人間の真の愛であるために，人間の中で人間に生命を与えるもの，「愛」そのものであり「贈与」である方を，人間の中で愛する必要がないかどうかを知るということである。

　さらにわれわれは，『プラウダ』に「新しい人間は自ら自分自身を形成するのではない。大衆の社会主義的再形成と，再教育のプロセス全体の指針を与えるのは党である」[35]と書かれているのを読むとき，社会主義的ヒューマニズムが，ゴーリキーの言葉を借りれば愛を組織化する，すなわち愛を社会化する野心を持っているのではないかと疑問に思う。愛は霊そのものであり，人はそれがどこから来て，どこに行くのかを知らない。歴史上のある一時点で，一人の人間が発端になって，世界が知らないうちに，真の人間の愛が人間を偽りと悪の力から救う業を成し遂げ，過ぎ去らない喜びを人間に開くことになった。それ以来，この愛の力の中で，人間を真に解放するすべての働きが，永遠の喜びのためだけでなく，現世のために行われ，またこれからも行われるであろう。

　「人間的であろうと欲しなければ，聖人になることはやさしい」とマルクスは言った。もしそうなら，事実上，われわれは人間でも聖人でもないことになろう。この言葉は，ファリサイ主義の大嘘である。反対に，マルクスはわれわれが聖人になろうと欲しなければ，人間的であることはやさしいと思っていたのだろうか。そうだとしたら，それは，無神論的

ヒューマニズムの大嘘である。なぜなら，われわれは愛の完
成に向かうように，生を受けているからである。その愛は，
ありとあらゆる人間を真に包み込んでおり，いかなる人間に
対する憎しみの余地をも残さず，われわれの存在を真に変化
させる。それは，いかなる社会的技術も，いかなる再教育の
働きも成し遂げることのできないものであり，存在するもの
の創造者にのみ可能なものであって，「聖性」と呼ばれるも
のである。無神論者がどれほど寛大であっても，無神論はそ
の人の実体の奥深い組織を石に変えてしまう。無神論者の人
間愛は，人間の幸福に対する暴力的な要求である。その愛
は，何よりも破壊的な力として出現する。なぜなら石から出
てくるものは石に，すなわち愛が透過することのできない人
間存在の宇宙に衝突するからである。聖人たちの愛は，統合
し，命を与える力であり，善の拡散である。なぜならその愛
は，砕かれ焼きつくされた聖人たちから，存在者の非浸透性
に打ち勝つ炎を作り出すからである。

真のヒューマニズムはマニ教的ではない

　マルクスのヒューマニズムについて，もう一言付け加えて
おこう。先ほど想起したように，マルクスのヒューマニズム
はその出発点から，フォイエルバッハの諸概念と人間の精神
的疎外を止める条件と手段としての無神論（共産主義は，よ
り一層根本的な人間労働の疎外を止める条件と手段である）と
結びついており，優れてマニ教的なタイプのヒューマニズム
である。これについては前著ですでに述べた[36]。マルクスの
ヒューマニズムは，それが宗教的である限りにおいて，われ

---

36) *Du régime temporel et de la liberté*, p. 100-102, [ŒC V, p.597-598]

われが人間の伝統のすべてを闇に捨て去ることを要求する。

これとは反対にキリスト教ヒューマニズムすなわち全き
ヒューマニズムは，すべてを受け入れることができる。なぜ
ならこのヒューマニズムは，神には敵対者がなく，すべてが
抗うことの不可能な仕方で，神の統治の働きによって運ばれ
ていくことを知っているからである[37]。キリスト教ヒューマ
ニズムは，人間の伝統における異端や分裂，心情や理性の逸
脱に関わるすべを闇の中に捨て去ることはしない，──「仲
間争いもさけられない *oportet haereses esse*」〔『コリントの
信徒への手紙』第 11 章第 19 節〕。キリスト教ヒューマニズ
ムは，誤謬によって浸透された様々な歴史的な力が，それで
もなお神に奉仕したこと，またこの歴史的な力によって，近
代の歴史を通して思い違いのエネルギーが生じると同時に，
現世的実存の中でキリスト教的エネルギーが，それでもなお
芽生えたことを知っている。キリスト教ヒューマニズムの枠
組みの中には，ルターとヴォルテールの誤謬のための場所は
ないが，ルターとヴォルテールの占める場所はある。このよ
うな誤謬にもかかわらず，彼らは人間の歴史において，ある
種の進歩（われわれのすべての善がそうであるように，こ
れらの進歩はキリストに属する）に貢献してきたからである。
私は市民的寛容に関することでヴォルテールに，非妥協主義
に関することではルターに負うところがあることを喜んで認
め，この点では彼らを賞賛する。彼らは私の文化的宇宙に存
在し，そこで彼らの役割と働きを持っており，私はそこで彼
らと会話する。そして私が彼らに戦いを挑み，無慈悲に彼ら
と格闘するときも，彼らは私にとって，依然として生きてい

37）　Cf. Saint Thomas, *Sum. theol.*, Iᵃ, q. 103, a. 6 et 7.

る。しかしマルクスのヒューマニズムの体系の中で，アウグスティヌスとアヴィラの聖テレジアは，死者を超えて進む弁証法における一契機であったことを除いて，その占める余地はない。

全きヒューマニズムとブルジョワ人間の清算

　しかしここでは先ほど素描した「ブルジョワ人間」に戻ろう。現在のわれわれの考察の対象である全きヒューマニズムは，この人間に対してどのような態度を取るであろうか。このヒューマニズムのブルジョワ人間への関係は，どのようなものであるか。

　全きヒューマニズムの観点から見ると，このブルジョワタイプの人間性は重大な危機に直面しており，それに対する非難は正当であると思われる。異なった種類の人間――ブルジョワ人間と比べてその多様性は非常に遠くまで及ぶ――が，人間という種の不変の制約の中で誕生するであろう。なぜならこの種は可塑性があり，変形されうるからである。この新しい人間がブルジョワ人間と違うものでありうるのは，ブルジョワ人間がルネサンスの英雄や，聖フェルナンド・カスティーリャや聖ルイ〔ルイ9世〕の時代の信者と異なるのと同じである。いやそれ以上に，そう言いたいなら，ヨーロッパや中国の文明化された人間が，未開の遊牧民と異なるのと同じである。人間の類型がどれほど違っても，もしこの人間が神と愛の風土の外で，単なる社会的・外的技術という手段だけで形成されるなら，われわれは，時代が一つのファリサイ主義から別のファリサイ主義に変わるだけだと確信することができる。それは，どの革命の時代においてもそうであるように，ヒロイズムが消費され，キリスト教神秘主義の

古い宝が消えてしまった後に起こることである。つまり集団あるいは生産の傲慢のファリサイ主義が、ブルジョワの名誉と個人の利得のファリサイ主義に取って変わるのである。

　われわれが今述べている新しいヒューマニズムの観点からは、ブルジョワ人間を変化させることが必要である。そしてそのためには、人間を変えることが一層重要であり、このことだけがわれわれにとって根本的に問題なのである。私の言いたいことは、キリスト教的意味では「古い人間」を死なせ、「新しい人間」に道を譲るということである。新しい人間は、──われわれ一人ひとりにおけると同様に、人類の歴史の中で──時が満ちるに至るまで、ゆっくりと形成されていく。そして新しい人間の中で、われわれの本質の最も深い願いが成就するのである。しかしこの変容は一方で、人間がその自然本性の本質的な要請を尊重すること、すなわち神の似姿を尊重し、まさしく人間の革新を可能にし、ひき起こすことができる超越的諸価値の優位を尊ぶよう要求する。他方でこの変容が要求するのは、このような変化が助力なしの人間だけの働きではなく、第一に神の、そして神とともにある人間の働きであるということ、またそれが外的で機械的な手段の結果ではなく、生き生きとした内的原理の結果だということを人が理解することである。これが常に変わらないキリスト教の教えなのである。

　しかしながら、もし新しいキリスト教社会が首尾よく樹立されることになるなら、われわれの考えでは、その明白な特質は、この変容──人は恩寵によって変化させられることに同意し、恩寵によって変化させられることを知りつつ、この変容を通して、神によってそうであるところの新しい人間になり、この新しい人間を実現するよう努める──が、比喩的

にではなく現実的に人類の社会生活の構造にまで到達し，それに伴いここ地上で，特定の歴史的背景において可能な限り，福音の真の社会的・現世的実現を伴わなければならないということである。キリスト教文化の新しい時代は，間違いなく，みせかけの飾りものに対して真実で実質的なものを，つまりみせかけの飾り物のキリスト信者に対して真実で実質的なキリスト信者をあらゆる場で優先することが，どれほど重要かを，これまでよりも少しだけよく理解することであろう（世界は決してこの理解を完了することはない。言い換えると，その胸から「ファリサイ人のパン種」を取り除くことはできない）。また，人間を抑圧する条件を変えるために人が働き，尊厳をもってパンを食べることができるようにするのでなければ，人間人格の尊厳と使命を肯定することは空しいということを，キリスト教文化の新しい時代は理解することであろう。

第3章
キリスト信者と世界

―――――――

本章の区分

第Ⅰ節でわれわれは，霊的なものと現世的なものを区別する本質的な観念に注意を促そう。第Ⅱ節では神の国の問題を扱う。第Ⅲ節ではキリスト信者の現世的使命について考察する。

Ⅰ　霊的なものと現世的なもの

文明に関して

はじめに，文化あるいは文明と呼ばれるものが何に存するのかを考えてみよう。ロシアやドイツの著作家はこの両概念をよく対置する。本書で，われわれはこれらを同義語として用いることにする。文化あるいは文明は，本来の意味で人間的な生の拡大であり，現世において正しい生活を送るのに必要かつ十分な物質的発展だけでなく，精神的発展，すなわち思弁的活動と実践的（芸術的および倫理的）活動の発展――それはまさに人間的発展と呼ぶにふさわしい――を含んでいると言っておこう[1]。したがって文化は，理性と徳の働きと

同じ意味で自然であり，それらの働きの実りであり，地上における成就であることが明らかになる。文化は人間の自然本性の根本的願望に応えるものであるが，自然本性の努力にその努力を加える精神（霊）と自由の働きである。この発展は物質的であるのみならず，原則的に精神的でもあるので，宗教的要素がその中で重要な役割を果たすのは言うまでもない。文明はかくして，次の二つの極の間で発展する。すなわち倫理的・生物学的秩序の最も切実な人間的必要性の側にある経済的極と，霊の生命に関する最も切実な人間的必要性の側にある宗教的極である。

　それは宗教が一つの部分（主要な部分であるとしても），すなわち一国民の文明または文化の構成要素だということを意味するのであろうか。古代全体においてはその通りであった。私が言っているのは，異教的古代の全体である。なぜなら，イスラエルの宗教の場合は異なっているからである。それはある意味で民族の宗教であったが，その宗教が権利によって普遍的であること，またイスラエルの神が全地上の神でもあることを思い出させるために，預言者たちがそこにいたのであった。

　諸々の異教的宗教の場合は，各々が一つの文化に特定化され，他の文化に対しては敵対しているように思われる。それは言語または社会集団のように多様化している。それゆえ，アリストテレスの生物学で植物的霊魂が植物の実体的形相であるような意味で，宗教は国家（cité）の霊魂である。そしてこの場合，二つの種的に異なった秩序である霊的なものと現世的なものの区別は，厳密に言って考えられない。宗教が

1）　Cf. *Religion et culture*.

114

現世的で社会・政治的になればなるほど，一層この区別は考えられなくなる。現代の戦闘的な無神論は，ある意味でキリストの宗教であるカトリック性（普遍性）を模倣している。しかしそれが向かう普遍性は，世界全体に，ある種の世俗的秩序をおしつけることを目指している。この無神論的宗教は，もはや自由主義にとっての宗教のように私事ではなく，ある社会的エネルギーの地上における発展と，現世的共同体の特定の形態に組み入れられている。

　さて，この点に関してキリスト教の立場はどのようなものであろうか。

　キリスト信者にとって，真の宗教は本質的に超自然的である。超自然的であるがゆえに，それは人間にも，世界にも，一つの人種にも，一つの民族にも，一つの文明にも，一つの文化にも属さず，文明そのものにも文化そのものにも属することはない。それは神の親密な生命(いのち)に属するのである。真の宗教はあらゆる文明，あらゆる文化を超え，厳密に言って普遍的である。

　そして極めて注目すべきことは，哲学者が自然宗教と呼ぶものの普遍性を，理性が人間の中に維持することに失敗したとしても，超自然的・超理性的な名前に祈り求める一つの宗教の普遍性は，現在に至るまで，あらゆる試練に耐えてきたということである。

宗教と文明

　しかしもしそうであるなら，宗教と文化あるいは文明の区別は，新しい特別に力強い意味を帯びることになるであろう。キリスト信者にとって，文化と文明は地上的目的に秩序づけられていながら，宗教の目的である永遠の生命(いのち)に関係づ

けられ，それに従属し，地上的善をもたらし，多様な人間の
自然的活動の発展を可能にするものでなければならない。そ
れは，人格の永遠的価値に現実的な注意を払いながら，人格
が超自然的な究極目的である永遠の生命(いのち)に近づけるように行
われるが，すべてこれらのことが文明をその本来的な秩序に
おいて高めるのである。しかし文化と文明が特定の対象——
この世の生における地上的で滅びゆく善——を持つというこ
とに変わりはない。この善に固有の秩序は，自然的秩序（今
述べたように，大いに高められた)²⁾である。文化と文明は，
それ自身において，またその固有の目的によって，時間と時
間の変転に関わっている。さらに，手を汚していないような
文化・文明はないと言うこともできる。それゆえ，文化ある
いは文明の秩序は，時間的な事物の秩序，現世的秩序である
ように思える。

　他方，信仰と恩寵の賜物の秩序は，神の内奥の生命(いのち)そのも
のへの参与である永遠の生命(いのち)に関わっており，霊的という名
称が最も適している一つの秩序を対照的に形成し，その本質
として現世的秩序を超越する。

　そしてもし，キリスト信者にとって，この霊的秩序が現世
的秩序を生かし，それを大いに高めなければならないとする
なら，それは現世的秩序を構成する一つの部分としてではな
く，その反対に現世的秩序を超越するものとしてであり，そ
れ自身の本質により現世的秩序から絶対的に自由で独立した
ものとしてである。要するに，霊的秩序は現世的秩序に対し
て，世界に関する限りまさに神の自由を享受するのである。

　このように，現世的なものと霊的なものの区別は，本質的

にキリスト教的区別であると思われる。この区別はある危機的な時点，それも非常に危機的な時点に，現世の歴史と文明そのものにとって根本的に重要な，ある種の変化として，突然出現した。しかしそれは，特別にキリスト教的な獲得物であって，次の福音の言葉に基づいて，キリスト信者にとってのみ十分な意味と効力をもっている。「カエサルのものはカエサルに，神のものは神に返しなさい」。

　しかしながら，もしこの二つの秩序の区別が，霊魂の自由にとって大きな成果を示しているなら，まさにそれゆえに，この区別は，理論的領域と歴史的・具体的領域の中で，大きく，恐るべき問題を提示せざるを得ないであろう。

Ⅱ　神の国の問題

問題の位置

　理論的領域におけるこれらの問題の主要なもの，それはわれわれが神の国の問題と呼ぶことのできるものである。「主の祈り」の第二の願いによると，実現されるべき神の国が存在する。この神の国の実現に関連して，われわれが区別した霊的なものと世俗的なものについて，どのような役割を識別するべきであろうか。

　われわれはここで問題をより正確に定義し，その主題に関して三つの典型的な誤謬を指摘し，最後にキリスト教的な解決を示さなければならない。

ドイツ語の政治神学とフランス語の政治神学

　この神の国の問題に関する理論的解明は，現在のドイツにおける神聖帝国（le Saint Empire）と政治神学（politische

Theologie）に関する神学的議論において，新たな現代的意
義を得ていると言えるかもしれない。多くの著作がこれらの
議論に捧げられている。とくにアロイス・デンプの『神聖帝
国，中世と政治的ルネサンスの歴史と国家哲学』（1929 年）[3]
を挙げておこう。

　曖昧さを避けるために，また〔ドイツ語の〕政治神学
（politische Theologie）が意味することと，〔フランス語の〕
政治神学（théologie politique）が意味することが，全く異な
るということを示すために，ここで少し寄り道をすることを
お許し願いたい。

　〔フランス語の〕政治神学という表現は，道徳的領域に関
わるすべてのものと同じく，政治が哲学者と同様に神学者の
対象でもあるということを意味する。その理由は，政治的秩
序自体において問題となる道徳的・霊的価値の優位というこ
とであり，またこの道徳的・霊的価値が，堕落し，そして贖
われた自然本性の状態において，神学者の固有対象である超
自然的秩序と啓示の秩序に関係するということである。それ
に伴い，政治哲学と同様に政治神学も存在することになる。
政治神学は世俗的で現世的なものを対象とする科学であり，
啓示された原理を光として，この対象を判断し，認識する。

　これに対して，〔ドイツ語の〕政治神学という表現は，問
題とする対象そのものが，実際に世俗的でも現世的でもない
ことを意味する。対象そのものが神聖な（heilig）ものなの
である。ナチス政権の知的指導者かつ助言者の一人であった
カール・シュミットはかつて，現代の主要な政治的・法的な

　3）　Aloys Dempf, *Sacrum Imperium, Geschichte und Staatsphilosophie des Mittelalters und der politischen Renaissance*.

観念において，本質的に神学的なテーマの転換が起きたことを示そうと試みた。そこから言えるのは，人が思索において，形相的対象の区別を考慮に入れずに，ある実際的，具体的観点に身を置くなら，政治的実在そのものが神的で聖なる秩序に属すると，いともたやすく言うようになるということである。これが現代のドイツの「神聖帝国」の理論家が，政治神学という言葉に与えている意味である。このようにして彼らは，神の国のメシアニズム的，福音的理念に言及し，その実現を時間と歴史の中に見出すことを求めるのである。このような訳で，プロテスタントの神学者シュターペルは，贖いの実現のためには，教会における人間の統合だけでなく，ドイツ人，つまりプロイセンが，自らが代表するより高度の人間性のゆえに指導する帝国において，人間が統合されることが必要だと述べるのである。エシュマン，ヘルマン・ケラー，ロベルト・グロシェそしてエリク・ペーターソンのような，シュターペルよりもずっと思慮深い著作家も，これらの問題に関わり，しばしば疑わしい仕方で教会論上の重大な問題を扱うか，あるいは非常に洞察力のある優れた方法で「神聖帝国」の神学を批判するのである。

神の国，教会そして世界

　さて，寄り道をやめて本題に戻ろう。まず問題を明確に表現してみよう。
　われわれは三つの観念に直面している。第一の観念は神の国のそれである。それは地上的かつ神聖な王国であり，そこにおいては神がその王であり，神がすべてにおいてすべてである。ユダヤ人はこの王国を時間の中で待っていた。キリスト信者にとって，それは時間の外に存在する。それは永遠の

119

王国であり，その場所は復活した者たちの世界である。それ
ゆえ，この観念が文字通りに王国，すなわち神自身が王であ
る政治的国家を意味する限り，またそれが，エリク・ペー
ターソンがカトリックに改宗する前に注目すべきエッセーに
書いたように[4]，この点で教会という観念と異なる限り，神
の国という観念は終末論的観念であり，時間の終わりに関わ
る観念である。それはこの世界の時間に関わるのではなく，
この時間の後に来るものに関わるのである。

　しかし時間の後に来るものは，時間によって準備される。
神の国は歴史の運動が準備するとともに，その運動が向かう
究極目的であり，これに向かって一方で教会と霊的世界の歴
史が，他方で世俗的世界と政治的国家の歴史が収斂していく
のである。そこには次のような違いが伴う。教会の歴史は
すでに時間の中で開始された神の国の歴史，「十字架に付け

---

4) Erik Peterson, *Was ist die Kirche*, Munich, 1929. ペーターソンがこの
エッセーの中で行った区別は，今日なら間違いなく彼がかなり表現を和ら
げるような書き方で書かれている（ペーターソンはここでこの区別を，イ
エスによる教会の直接的な設立というカトリックの主張と和解できない対
立を生み出すほどまでに，推し進めている）。教会と神の国のこの区別は，
明らかに無理強いされてはならない。教会は神の国の開始であり，「旅する，
戦う，十字架にかけられた」（Ch. Journet）状態の神の国である。しかし教
会は最終的に実現された状態の神の国ではない。教会は生の全体に関わり，
（蘇った）人間性は生の全体を「新しい土地」，すなわち「天上の，勝利の，
栄光の」教会へと導く。われわれの説明の便宜のために言えば，われわれ
がここで，最も厳密に理解された「神の国」という言葉で言わんとするの
は，この完全に終末論的な観念である。

　この章はすでに執筆され，Nova et Vetera に掲載されたが，ちょうどその
とき，シャルル・ジュルネ（Charles Journet）神父の「神の国の運命」と
「地上における神の国」に関する極めて重要な研究が，同誌に発表された
(janvier-mars et avril-juin 1935)。この研究は多くのことを明らかにし，貴
重な光を投げかけている。われわれはその注の中に，バルトの立場に関す
る重要な議論の端緒を見出すことができる。

られた王国」——それは最終的に明らかになる——の歴史
である。これに対して世俗的世界の歴史は，実体的な「変
容」によってのみ，最終目的に達する。それは世界の大火
（embrasement）として示され，この大火が世俗的世界を神
の国へと生まれ変わらせるのである。

　第二の観念は，神の国のサナギとして表現される教会の観
念である。教会はすでに実体的には存在し，生きている神の
国であるが，巡礼の途上にあって，ベールに覆われている。
その目的は永遠の生命（いのち）そのものである。それは時間の中にあ
るが，時間には属していない。まさにそれが教会である限
り，キリスト信者が教会について，自らの主人について語る
ように語るのは正しい。この世の王は，教会の中に場所を持
たないのである。

　第三の観念は世界，すなわち世俗的国家の観念である。そ
の目的は，多数の人間の現世的生活にある。世界は時間の中
にあり，時間に属している。悪魔はその中に自らの場所を持
つ。

　神の国との関連で，世界と地上の国家についてどのように
考えればよいであろうか。これがわれわれの問題である。

　第一の誤謬

　まず三つの典型的な誤謬を指摘することが適当であろう。
最初に，初期のキリスト教数世紀の，一部の過激主義者たち
において傾向性という状態で存在した誤謬について述べよ
う。それは，この世界と地上の国家を純粋かつ単純にサタン
の王国，すなわち悪魔だけの領地とすることである。その歴
史は，完全に教会の歴史とは反対の方向に向けられ，破滅の
王国へと向かっている。これは世界と政治的国家の悪魔支配

121

的構想と呼ぶことのできるものである。

　この構想は，プロテスタント改革の時代に一定の教義的力を手に入れた。現代ではカール・バルト派のプロテスタント神学者たちにおいて，その行き過ぎた部分をできるだけ軽減させた，極めて微妙なニュアンスの一つの神学的労作とともに，この構想が再登場する傾向が見られる[5]。実際，この構想は人間が内的に義とされることがないように，世界も救われることはないという考えに，最終的に帰着する。すなわちそれは，自然本性とその外的諸構造を，神から悪魔の首長に委ねられたものと見なすことに最終的に帰着するのである。悪魔の首長に敵対してわれわれにできるのは，破滅のただ中でそのことを証しすることだけである。

　一部のカトリックの自然主義または合理主義（私はたとえばマキャベリ，あるいはデカルトのことを考えている）は，異なった方法，すなわち自然と恩寵を切り分ける分離主義の方法で，同じ結論に到達する。その場合，自然は絶対的に閉ざされ，その結果自らの力のみに委ねられた世界として立ち現れる。

　どちらの場合にも，人はこの世が恩寵と神の国の到来をもって終わることを拒絶する。人は救いを目に見えない霊魂

---

5)　この神学的労作が，場合によってどれほど深いものであっても，それは世界と文化に関するその結論の中で，カール・バルトによってキリスト教信仰に固有のものと見なされた，過激なペシミズムを和らげるに至っている。われわれには弁証法的なごまかしなしに，この労作がそこに至るようには思えない。Cf. K. Barth, *Parole de Dieu et Parole humaine*; Denis de Rougemont, *Politique de la Personne*. ド・ルージュモン氏は私と同様に，「世界をそれ自身に委ねる」絶対的ペシミズムを「異端」と見なす。しかしまた，彼が合理主義的と呼び，その本当の意味を知らないカトリック的解決をも，異端（「総合の異端」）と見なす。

の帝国と道徳的秩序に限定する。この誤謬は西欧キリスト教
世界の極端な誤謬となろう（西欧キリスト教社会がカトリッ
ク的感覚を失うとき）。西欧キリスト教社会はキリスト教信
仰が自らを表す最も根本的で，最も単純な定式によって断罪
される。すなわち，キリスト教信仰はキリストにこの世の救
い主（Salvator mundi）という名を与えているのである[6]。

第二の誤謬

　もう一つの誤謬の種子は，西方と東方に非常に古くからあ
るが，それを東方では神の顕現（thèophanique），西方では
神政政治（thèocratique）と呼ぶことができるだろう。世界
は希望の中で救われるだけではなく，人の信じるところに
よれば——救済の働きが世界の中で行われるのである限り
——，世界は現世の実存そのものの中で，神の国として，す
でに現実的かつ完全に救われたものとして現れることが必要
である。そしてある場合は，実際に世界がそのようではない
ので，人は世界に完全に絶望する。また別の場合は，人は世
界をそのようなものにしようと努めるあまり，世界に期待を
置きすぎることになる。

　東方においては，これらの観念は何らか神秘的な形態を
とる（ここからして，私が今述べた「神の顕現」という表現が
適合する）。最終的には，多くの異端的神秘主義者の思想は，
生の神聖化が，われわれをすでに現在から，律法に対する隷
属，理性の規制および自然の諸条件から解放しなければなら
ないというものになる。私はこの極端な誤謬をロシア正教の
せいにはしないが，この誤謬は，東方キリスト教世界にとっ

6)　『ヨハネによる福音書』第4章第42節。

123

て誘惑であったものを描写し，明るみに出していると思う。天が今すぐに地上に下ってくるとし給え。それでも地にできることは，救いの露の一滴を受けることだけである。それは憐れみ，すなわち愛に満ち，引き裂かれた宇宙的憐れみである。かくして過度の焦りと超自然主義によって，人はカルヴァン主義に類似した態度に到達するであろう。すなわち，人は世界を現在の形の下では悪魔の手に委ねるであろうが，それはこの世を手にいれるためではない。むしろ自分を世界から切り離して，神の大いなる日を待ちながら，われわれを世界の悲惨さの中に投げ込み，われわれの中でそれらの悲惨さを変容させる憐みによって，少なくともわれわれ自身の中で世界を解放するためである。別の面でどれほど「神政政治家」であろうとも，ドストエフスキーはカトリック教会があまりにも受肉し過ぎたと言って，つまり地の汚れに感染するほどまで，キリスト教の秩序をこの世で実現しようとし過ぎたと言って，非難することであろう。

　西方においては，われわれが今語っている誤謬は，まずもって政治的な形態を取り，はるかにより複雑な展開を遂げた。それは，言葉の最も強い意味で神政政治的ユートピアと呼んでよいものである。それはこの世界そのものに，また政治的国家に神の国の最も効果的な実現を求める。少なくとも社会生活の外観と虚飾の中に。ここ地上からすでに，全宇宙は神の政治的支配下に置かれなければならない。したがって，世界と教会は同じ領域を占め（そして争う）。世界の歴史は神聖な歴史でもある。

　この誤謬は，「私の国はこの世のものではない」という福音書の言葉に反する。それはキリストが地上の王国を変えに来たのでも，現世の革命を行うために来たのでもないという

124

事実に反する。「死すべき者から王位を奪うためでなく，天の主位を与えるために来た *non eripit mortalia, qui regna dat caelestia.*」[7]。ドストエフスキーの「大審問官の伝説」が，この神政政治的誤謬に対応している。大審問官は政治的手段によって，この世の絶対的な幸福を実現しようとする。そしてこれは政治的な手段に，それが通常与えることのできる以上のことを要求することであるから，全面的強制と隷属状態によってそれを実現しようとする。

　この誤謬は，中世のキリスト教社会にその形を刻みつけることはなかった。〔神聖〕帝国の中世理念は，この見方と決して同一ではない。そしてこの理念がこのような混乱に向かっていったとき，ローマはそれをカノッサで打ち破った。二つの権力の区別は，常に中世のカトリシズムによって肯定されていた。実際に，この世界を純粋かつ単純に神の国とするという理念は，キリスト信者にとっては異端である。

　しかしこの理念は誘惑，すなわち中世キリスト教社会の誘惑の天使であった。それは理論的には，中世，とくに終焉しつつある中世における一部の過激主義の神学者によって宣言された。教会は決して彼らに従うことはなかった。これら神学者の目から見れば，世俗的なものであれ霊的なものであれ，すべての権力は，教皇に属している。すなわち教皇は，キリストの支配の下における世界の完全な統一のための世俗的権力を，皇帝に，さらに皇帝を通して王（世俗的な事項における直接的支配者 *potestas directa in temporaribus*）に委譲するのである。これが聖職者の神政政治あるいは聖職者政治

---

　7)　主の公現の賛歌のこの言葉は，教皇ピウス 11 世によって，王であるキリストの回勅の中に取り入れられた。

（hiérocratisme）[8]と呼ばれるものであった。

　文化の秩序において，この神政政治の誘惑の何らかの要素が，カール 5 世とフェリペ 2 世時代のカスティーリャ王国の理想に浸透しなかったかどうか，そのことをスペインはよく知っている。いずれにせよ，人間的・政治的手段のある種の過剰な使用が，プロテスタントの側では，カルヴァンのジュネーヴにおいて，カトリックの側では反宗教改革とアンシャン・レジームのときに実際に見られた（教会そのものは，この行き過ぎに関わっていなかったが，この行き過ぎは教会の中で起こった）。そしてこの過剰な使用は，人々にこの誤謬の影とそれに対する戦慄をもたらし，それは長く人々の記憶に留められた。

　しかし，この誤謬が次第に歴史的重みを増してくるのは，それが徐々に世俗化するようになってからである。かくして問題の聖なる使命は，まず第一に皇帝へと移っていく。これが皇帝の神政政治である。次いでこの使命は段階を下げて王たちへと移っていく（私がここで考えているのはヘンリー 8 世のことであるが，ガリア主義やヨーゼフ主義までも念頭に置いている）。次いで，より主要な段階に戻り，それは国家へと移る（私が考えているのは，ヘーゲルの哲学である）。素朴なヘーゲル主義は，聖なる使命を民族や人種に移すであろう。より深遠なヘーゲル主義は，それを階級に移し，われわれはここで，カール・マルクスのメシアニズムと再会する。

---

8)　聖職者政治という観念の歴史に関しては，とくに次の著作を示しておこう。

H.-X. Arquilliére, *Saint Grégoire VII*, Paris, 1934. Jean Riviére, *Le Problème de l' Église et de l'État au temps de Philippe le Bel*. Mgr Grabmann, *Über den Einfluss der aristot. Phil. auf die mittelalt. Theorien über das Verhältnis von Kirche und Staat*.

プロレタリアートは，この世を救う聖なる使命を持っているものと考えられるであろう。この見通しに立って，現代の共産主義の文化的な特徴を述べるためには，それを無神論的・神政政治的帝国主義と見る必要があるであろう。

第三の誤謬

　第三の誤謬は，ルネサンスとともに出発する近代において自らを表現した。それは，世界と地上の国の中に，人間と純粋な自然の領域──聖なるものにも，超自然的な運命にも，あるいは神にも悪魔にも関わりがない──を純粋かつ単純に見てとることに存する。これは分離されたヒューマニズムあるいは人間中心的ヒューマニズム，あるいはまた自由主義とさえ呼ぶことができるものである（私は「自由主義」という言葉を神学的語彙の中で持つ意味において理解しており，したがってそれは，人間の自由は自分以外の規則あるいは尺度を持たない，とする学説を指す）。したがって世界の歴史は，純粋な人間性の王国に向かって導かれる。それはオーギュスト・コントにおいて容易に見ることができるように，神の国の世俗化である。この誤謬は福音の次の言葉によって糾弾される。「人はパンのみによって生きるのではなく，神の口から出るすべての言葉によって生きるのである *non in solo pane vivit homo, sed in omni verbo quod procedit ex ore Dei.*」。さらにそれは，不安定な誤謬である。なぜなら，それは抽象的で虚構の目的を持っているからである。それは本来の意味でのユートピア，そう言ってよければ，実現され得ないユートピアの種類に属する。このように言うのは，ある意味で実現可能なユートピアも存在するからである。したがって，これはある意味で誤った──誤りではあるが，ある仕方で実現可能

127

な——歴史的理想に終わらなければならなかった（というのは，それは虚構にではなく，力に訴えかけるからである）。これについては，第二の無神論的神政主義の誤謬の所で論じた。

この世界の両義性

さてここで，キリスト教的解決を示してみよう。

キリスト教にとって，世界と現世的国家についての真の教えは，それらが同時に人間と神と悪魔の国であるというものである。このようにして，世界とその歴史の本質的曖昧さが明白になる。それはこの三者に共通の場である。世界は閉ざされた場であって，創造の権利によって神に属し，征服によって，また罪によって悪魔に属し，さらにその最初の征服者に対する勝利の権利によって，また受難によって，キリストに属する。この世におけるキリスト信者の任務は，悪魔とその領地を争い，彼から奪い取ることである。キリスト信者はこの任務のために努力しなければならないが，彼は時間が続く限り，部分的にしか成功を収めないであろう。世界は救われる。然り。世界は希望において救済される。世界は神の国に向かって行進しているが，世界は聖なるものではない。聖なるものは教会である。世界は神の国に向かって行進しており，それゆえに，全力で——地上の歴史的状況に応じて，しかし可能な限り大胆に *quantum potes, tantum aude*——神の国を実現しようと試みないこと，より正確に言えば，福音の要求することをこの世に浸透させようとしないことは，神の国に対する裏切りである。しかしこの実現は，たとえ相対的なものであっても，常に何らかの形で欠陥があり，この世の中で異議を唱えられるものである。このようにして，世界

の歴史は神の国に向かって進んでいくと同時に——それは小麦の成長である——，神によって見捨てられる王国へと進んでいく——それは小麦に分かちがたく混ざった毒麦の成長である——。

　そういうわけで，キリスト信者は，世界に関して対照的な福音の箇所を見出すことができる。それは私がすでに別の著作で示したように[9]，世界と歴史のこの根本的な両義性によって説明されるものである。たとえばキリスト信者は「神は，その独り子をお与えになったほどに，世を愛された」とか，「キリストは世を救うためにやってきた」とか，彼が「世の罪を取り除く」という箇所を読む。また他方キリスト信者は別の箇所で，イエスは世のためには祈られないとか，世は「真理の霊を受け入れることができない」とか「世のすべては悪の中にある」とか，悪魔がこの世の王であるとか，世はすでに裁かれていると書かれているのを読む。

　結局，私が今引用した箇所が言おうとしているのは，世界が単なる世界でなく，受肉の宇宙の中に受け入れられている限りにおいて聖なるものとされているということである。また世界が自らの中に閉じこもっている限り，すなわち，クローデルの言葉を借りれば，その本質的差異の中に閉じこもっており，受肉の宇宙から切り離されて，世界でのみあり続ける限りにおいて，神から見捨てられているということである。

　一方で，教会の歴史は，パスカルが言うように真理の歴史であり，自ずから，はっきり啓示された神の国に向かい，この国だけをその目的とする。これに対して，現世の国家の歴

---

　9)　*Du régime temporel et de la liberté.*

史は，対立する二つの究極目的に分かたれ，同時に滅びの国
と神の国に向かう。

　指摘しておきたいのは，世界と現世の歴史の両義性という
観念，つまり歴史が続く限り，悪魔が常に・こ・の・世・の・中・で・その
役割を果たしているというこの思想のうちに，人がとくに自
分の利益になるときに，この世の不公正を平然と受け入れる
動機を探すことは，この思想を完全に損ない，歪曲させるも
のとなる，ということである。自分が秩序の保護者だと考え
ている者の中には，「貧しい人々[10]は，いつもあなたがたと
一緒にいる」という福音書の言葉を，これと同じように倒錯
した仕方で理解する者がいるのである。

　この言葉は反対のことを意味している。キリスト自身は，
常にあなた方の間にいるわけではない。しかしあなた方は貧
しい人々の中でキリストに出会うだろう。あなた方はこの貧
しい人々をキリスト自身のように愛し，仕えなければならな
い。ここで示されているのは，一つの社会的階級ではない。
その貧困の性質，起源また原因がどのようなものであれ，生
きていくために他者を必要としている人間である。抑圧され
たカーストや階級がある限り，愛はまずそこに貧しい人々を
探しに行くであろう。将来，もはやカーストも階級もなく
なったとしても，貧しい人々が現れうるところではどこで
も，愛は常に彼らを見出すであろう。愛は貧しい人を愛する

────────────
　　10)　福音書（『マタイによる福音書』第 26 章第 11 節）は，「一部の貧
しい人々」（一部の貧しい人々は常にあなたたちの中にいるだろう）とは言
わず，すべての貧しい人々（*tous ptôkhous*）と言う。その意味は明白であ
る。「あなたたちは，私がその中にいるすべての貧しい人々を，いつもあな
たたちの中に見出すだろう。それは，その中にいる私に仕えるためである。
しかし私はここから去っていく。だからマグダレナは，私の頭に高価な香
油を注いで，よい働きをしてくれた……」

ので，愛が望むのは，いつの日か抑圧される階級もカースト
もなくなることである。

　そして同様に，われわれが現世の歴史の避けられない両義
性について述べたことは，キリスト信者が，それだけ一層こ
の世で，福音の真理を実現するよう努めなければならないと
いうことを意味する（人格としてのキリスト信者自身の生命
が関わる限りにおいては完全かつ絶対的に，世界そのものの問
題である限りでは，相対的な仕方で，歴史の様々な時代にふさ
わしい具体的な理想に従って）。このためのキリスト信者の努
力が，これで十分だということは決してない。また地上的生
の条件を進歩させ，この生を変容させることに対するキリス
ト信者の献身的な奉仕が，これで十分だということもない。
この緊張と争いの状態は，歴史の発展に必要であり，この条
件のもとにおいてのみ，現世の歴史は神の国におけるその究
極的完成を謎めいた形で準備するのである。

　しかし私が今述べたことが正しいなら，キリスト信者がそ
の現世的活動において自らに課する目的は，この世界そのも
のを神の国にすることではなく，それぞれの時代に求められ
る歴史的理想に従って，そう言ってよいなら，この理想の脱
皮によって，この世界を真にかつ完全に人間的な生の場所，
いわば欠けるところは多いが，愛のある場所にすることであ
る。その社会的構造は正義，人間人格の尊厳，友愛を尺度と
し[11]，その限りにおいて，この場所は神の国の到来を，奴隷

---

11)　われわれの〔人間という〕種の弱さによって，人間の中には悪が
善よりもより頻繁に見られる。そして歴史の発展の中で，悪はそれと混ざ
り合った善と同時に増大し，深いものになる。この統計上の法則が関わる
のは，人間の行為である。これに対して社会的構造，制度，法と習慣，経
済・政治組織は人間的な事物であって，人間ではない。これらが事物であっ
て人間でない限り，人間的な生のある種の悲惨さから純化されうる。多くの

としてではなく子として準備するのである。私が言わんとしているのは，善において実を結ぶ善によって準備するということであって，悪によって——自分の定めの場所に向かいながら，いわば暴力によって善に仕える——準備するのではないということである[12]。

Ⅲ　キリスト信者の現世的使命

かつてのキリスト教世界の現世的怠慢

このようにしてわれわれは，もはや理論的でなく実践的な手強い問題，すなわちキリスト信者の現世的使命の問題にた

人間の作品と同様に，これらは人間から出発し，その固有の秩序において，またある種の関連の中で，人間よりも善いものである。これらは正義と友愛によって測ることができる。これに対して，人間の行為がこの基準によって測定されることは，むしろまれである。またこれらは，それを用いる人間よりも善いものでありうる。しかしこれらは事物であり，それによって人格よりもある意味で本質的に劣った実在であり続ける。これらは人格の交わりと生を調整するのに役立つのである。

12)　ドゥ・ルージュモン氏（Denis De Rougement）は，その他の点では，正しく，洞察力のある指摘に溢れた著作（*Politique de la Personne*, Paris, Grasset, 1934）の中で，すべてのキリスト教社会そのものについて，また世界のキリスト教的秩序の観念そのもの（しかも彼はそれを非常に誤って用いている）について批判を行っているが，その批判は，カトリックの信仰から見て誤った次の原理に基づいているように思える。すなわち，すべての人間的・自然的活動はその根源において堕落しており，内的な恩寵によって可能になる生き生きとした統一がないので，「キリスト教的現世的秩序」を制定しようとするあらゆる努力は，必然的に神の「正義」に配慮することなく，（キリスト教の名の下に）人間の意志を行うことを目指し，それゆえ必然的に偽善を内包するということである。さらに，バルト的観念では，世俗的な世界の歴史は，決して前向きな発展によって神の国の到来を準備することはできない。それは謎めいた方法をもってしても，最終的な変化によって特徴づけられる断絶——最終的なものから「最終前のもの」を分かつ——をもってしても，不可能なのである。

どり着く。われわれはこの考察を三つの部分に分け，まず
近代，とくに 19 世紀において次第に見せかけだけのものと
なったキリスト教世界の，現世的怠慢と呼びうるものの特徴
を明らかにしてみよう。続いて，この現象の原因を（すでに
この点について論じたことを参照しながら）[13]簡単に示すよう
に努め，それからキリスト信者の現世的役割，とくに，この
世界における新しいキリスト教的生の創始についての考察に
移ろう。

　われわれはこの章の初めに，霊的なものが現世的なものに
生命（いのち）を与えなければならないと言った。キリスト教はこの世
界に形を与える，というよりむしろこの世界に染み渡らなけ
ればならない。それがキリスト教の主要な目的だというので
はない（それはキリスト教にとって，不可欠な二次的目的であ
る）。またこの世が今からすぐに神の国になるため，という
理由でもない。この世に浸透する恩寵が次第に効果を増し，
人間がそこで現世における生をよりよく生きることができる
ようになるためである。

　これは中世キリスト教社会のときに，大規模に生じたこと
である。誰もが中世のキリスト教世界の成立において，教会
が果たした主要な役割を知っている。中世のキリスト教世界
は誤りに満ちていた。しかしそれは生きがいのある場所で
あった。

　中世キリスト教社会の衰退と近代の到来とともに，人は一
方でこの世界がキリストから次第に離れていくのを目撃す
る。他方で人は，教会がこの世界の歴史の中で依然として大
きな役割を果たしていることを確認する。それは現世的秩序

13）　Cf. *Du régime temporel et de la liberté.*

における自然法原理の実現と現世的秩序を霊的秩序の目的に従属させることに関して獲得されたものを，維持しようと努めることを通してである。これはその時代に必要ではあるが，報われない防衛的立場であった。なぜなら，この立場はキリスト教と，その他の点では次第に非人間的なものとなって行ったこの世の構造とを，明示的にある程度まで結びつけるという危険を冒したからである。

　しかしながら，歴史的な諸力の働きは，まだかなり長い間そのままに留まった。すなわち，アンシャン・レジームの世界が生きるに値しないものになって終焉を迎えたとしても，その政治・社会的構造と三つの質的秩序（貴族，聖職者，第三身分）は長い間，生活の必要性に適応した組織的構造として残った。

　事態が悲劇的なものになったのは，アンシャン・レジームの終焉が否応なく起こり，フランス革命およびナポレオンの後に，産業革命と重商主義の世界が到来したときである。そのとき社会は二つの階級に分かたれた。労働のみによって生きる者たちと，資本による収入で生きる者たちである。この二つの階級は，労働賃金契約以外の経済的関係を持っておらず，その結果労働そのものが商品となる。倫理的・文化的基礎においてキリスト教社会の面影を常に保ちながら，その保守的部門において，また利害に関わる政治的目的のために，キリスト教の名前と道徳的用語を大いに利用しつつも，一つの文明が，敵対的なエネルギーの圧力を受けて，全体としてキリスト教から離れつつあった。そしてキリスト教的樹液自体が弱かったこの文明は，そのキリスト教的要素においてすら，野放しの資本主義によってもたらされたプロレタリアートの非人間的状況を受け入れるようになり，全体的に社会的

な唯物論（matérialisme social）——それは自ら，実践においても実存においても，キリスト教的精神の崩壊を宣言した——の盲目的動きの中に巻き込まれるに至った[14]。

　もはや資本主義の裁判は必要ではない。資本主義の断罪は，平凡さを危惧する精神が蒸し返すのを怖れるほど，陳腐なことになってしまった。私はごく手短に，次のことを想起するに留めたい。すなわち，それ自身において考えた場合，資本主義経済の理想的メカニズム[15]が，マルクスが考えたように本質的に悪いものでも，不正なものでもないとしても，それにもかかわらず，このメカニズムを具体的に用い，その具体的形態と特殊な現実形態を決定する精神を考えるなら，根源的な無秩序がそこに隠れていると言わねばならない。この経済を刺激し，維持するエネルギーは，次第に「重大な」罪によって傷められてきた。それはもちろん，この世界のただ中に生き，この機構を使うように強いられた個々人の霊

---

　14)　「キリストの教会と，資本主義社会の実践的宗教である富に対する偶像崇拝との間の妥協は，教会と，ローマ帝国という国家に対する偶像崇拝との間がそうであるように，不可能である。さて，群衆の拍手喝采がいまだに剣闘士の耳になり響き，月桂樹がいまだに彼らの額に萎れずに残っている。この勝利のときに，文明——それは，昔は知られていなかった資源を物的環境として獲得したが，まだ自らを支配することを学んでいない——の唇に，灰の味をときおり残しているのは，蓄財するために奪い，奪うために蓄財する生活を神格化する欲求と価値の全体系である」。R. H. Tawney, *Religion and the Rise of Capitalism*, 1926, p. 286-287.

　15)　私がここで考えているのは，何よりも組合契約（contrat de société）の，それ自身で考察されたメカニズムと，それに付随する参加する資本に対する報償である。実際，資本主義の時代に特徴的な金もうけ主義的利益と財の蓄積に対する冒険的精神によって，また自らのために作り出した特別な手段（たとえば匿名組合）によって，組合契約は現実には貸付契約（*mutuum*）として機能することになり，経済はそこから高利の法則の下に移ることになった。Cf. *Religion et culture*, Note II.

魂に死をもたらす罪によってではないが，社会集団（corps
social）に少しずつ現世的死をもたらす罪，すなわち文明の
形となってゆく現世的富の崇拝によってであった。資本主義
の客観的精神は，人間の活動的で，創意に富む能力や活力，
個人の主導性を賛美する精神であるが，それは貧困を憎み，
貧しい者を軽蔑する精神でもある。貧しい者は人格としてで
はなく，利益を生む生産の道具として存在するのである。他
方，富める者の側も人格としてではなく，消費者として（こ
の同じ生産が仕える資本の利益のために）存在する。このよ
うな世界の悲劇は，高利貸しの経済（économie usuraire）と
いう怪物を維持し，発展させるために，必然的にすべての人
間を消費者あるいは富める者にすることを目指さざるを得な
いということである。しかし，もはや貧しい者あるいは道具
が存在しないとしたら，そのとき経済全体は停止し，死んで
しまうだろう。またもし道具を働かせるに十分なだけの（現
実態における）[16]消費者が存在しないとしたら，われわれが
現代において目撃しているように，経済全体は同様に死んで
しまうだろう。

　しかし，もしこのような体制が，その最高に非人間的な特
性を自由に発展させることができたとしたら，それこそがキ
リスト教社会の解体から出発した世界，長い間自らの固有の
原理を拒絶し，自らの固有の神を捨てた世界の堕落を示す極
めて重大な兆候ではないだろうか。そして，歴史的基礎に基
づいて，社会学的にも文化的にも，まだキリスト教的と呼ば

---

　16)　失業者は潜在的な消費者である。欠乏状態にあるこの大衆を前に，
明白な過剰生産の大量生産物の存在は，一方から他方への流れを確立する
ことができないのであるから，資本主義的利益に基づく経済に対する有罪
判決である。

136

ねばならない世界——そこに広がる不信仰のエネルギーの力と多様性にもかかわらず——のこの堕落に，キリスト信者の責任が深く関わっていないのだろうか。用語のより狭い意味での「キリスト教世界」——キリスト教的という宗教的名称の下にまとめられる社会的要素と社会的形態——の怠慢が，意味されていないのだろうか。キリスト信者が，新しい経済構造の発展と新しい生の形の発展を妨げなかったと非難するのが，不当であることを，私はよく理解している。資本主義時代の誤謬と悪がこれらをゆがめ，変形させたが，その本質において抽象的に考えればそれらは悪いものではなく，正常なプロセスに対応したものであった。しかし，新しい経済秩序の個人的な利用という，純粋に倫理的な秩序自体において（言い換えれば，私的な徳の観点から捉えられた社会的なものの秩序において），非常に多くのキリスト信者が，資本主義の初期の野蛮で征服的な時代に，その社会的振る舞いの中でキリスト教的な行為規則に関心を示さなかったことを嘆く余地は十分にある。具体的に言って，この社会的体制は善いものではなく，それゆえ耐え難くなるまで悪化することになった。同様に嘆かわしいのは，社会的生活それ自体と現世の文明の活動という観点から見た社会的なものの秩序において，社会主義が空き地と見なして，大きな誤りを掲げながら占有した場所を，労働の解放運動の開始を告げるキリスト教的インスピレーションを持った諸力が真理に基礎を置く社会哲学を援用して，それまでに占有していなかったということである。ここでの問題は，この二重の怠慢を説明するということである。

これらの怠慢のいくつかの原因

　これについては多くの原因を挙げることができるであろう。まず第一に近代の二元論であり，ここでのその極端な結果は，神とマモン（富）の間の分業の形態であって，それについては別のところで指摘した。

　第二に，一般的に言って，キリスト教文明において「よいキリスト信者」より「悪いキリスト信者」が多いのは当然だということを指摘できるであろう。それゆえ漸進的な衰退によって，宗教の社会学的な自然化が起こり，完全に世俗的な目的のためのキリスト教の利用があまりにも頻繁に行われることになった。

　最後に，むしろ知的な秩序に属する第三の原因を示すことが必要である。これによって明らかになるのは，近代文明が，まだキリスト教的であると自称していたときですら，どれほどキリスト教哲学の欠如に悩んでいたかということである。中世キリスト教社会では，非反省的と言えるような方法と信仰の自発的な本能によって，数多くの障害にもかかわらず，文明は霊魂の生活におけるだけでなく，社会的・現世的秩序においてもキリスト教の実現に方向づけられていた。

　　「「反省的時代」の到来とともに，文化の内的な多様化が
　　圧倒的なプロセスになったとき，また芸術，科学そして
　　国家が，それぞれ，自己を意識し始めたとき（なんと畏
　　怖すべき意識か！），社会そのものとそれが構成する固
　　有の現実についての同様の意識は，存在しなかったと
　　言っても，不正確ではないと思われる。一体デカルト的
　　しるし（signe）のもとで成長しようとしていた世界で，
　　どうしてそのようなことが可能であっただろうか。この

期間にキリスト教世界の生ける，聖なる部分に欠けていたのは，福音的精神ではなく，この精神が適用される現実の中のある一つの領域についての十分に明示的な意識であった。

　オーギュスト・コントが社会学（社会的なるものの科学）を発明したという主張が行き過ぎたものであったとしても，この観点から見ると，社会学主義の「科学的」幻想と，同様に社会主義の「科学的」幻想が，キリスト教思想に働きかけて，現実の中のこの領域の反省的「発見」を強いたと考えることができる」[17]。

　これらの考察は，中世経済体制が，利子を取る貸付と資本主義体制に漸次的に変容していったことを明らかにするのに役立つ。B・グレトゥイゼンがわれわれに想起させるように[18]，この変容がその起源から様々な時代を経て，とくに 18 世紀に教会の敵意をかきたて，キリスト信者の知性に個人的な良心と罪の告白に関する多くの疑問を呼び起こしたとしても，この変容が，非常に長い間，社会の固有の意義と価値の観点からこのキリスト信者の知性によって考察され，判断されることはなかった。それゆえ資本主義体制は，カトリック的社会制度の消極的な抵抗や無言の敵意に出会うだけで，キリスト教的世界あるいは「キリスト教的現世」，いやカトリック的現世の中にも，是正のための努力や積極的で，思慮深い反対を呼び起こすことなく，世界に安住してきたのである。

17）　*Du régime temporel et de la liberté*, p. 143-144 [ŒC V, p. 428-429].

18）　Bernard Groethuysen, *Origines de l'esprit bourgeois en France*, I : *L'Eglise et la Bourgeoisie*, Paris, N.R.F., 1927.

　しかしながら，カトリック的良心の抗議の声が，人の耳に
届いていたのに気づくことは重要である。とくに 19 世紀，
資本主義が成熟し，世界を支配したまさにその時，オザナム
やトニオーロのような人たちが声を上げた。そしてとくにカ
トリック教会自身が教皇の教説によって，すべての経済的分
野を統括する原理で，現代の諸国民の政体が大きく見誤って
いるものを定式化することにより，キリスト教世界の欠けた
ところを補った。

社会体制の変容に対するキリスト信者の現世的役割

　われわれはここで，社会体制を変容するためにキリスト信
者が果たす現世的役割について少し考えてみたいと思う。少
なくともキリスト教思想にとっては，前の時代の二元論につ
いては決着が着いているように思えることを，まず言ってお
こう。キリスト信者にとって，分離主義も二元論も，それが
マキャベリ的なものであれ，デカルト的なものであれ，その
時代を終えている。われわれの時代には神学的であると同時
に哲学的な知恵への帰還，極めて重要な総合への帰還によっ
て，重要な統合のプロセスが起こりつつある。
　それに伴い，政治的・経済的領域の事項は，その本性に
従って，倫理的学に統合されねばならない。
　他方，この社会的なものに関する深い自覚は，多かれ少な
かれ近代のキリスト教世界あるいはキリスト教的と言われる
世界に欠けていたものであったが，ここに至って，この自覚
がキリスト信者に生じようとしている。これは極めて重要な
現象である。とくにそれが重要なのは，近代の歴史とその正
常なプロセス——最近までは資本主義的物質主義に汚染さ
れ，今日ではそれに続く共産主義的唯物論に汚染されている

——に関する公正な理解の中で，この自覚が生じており，これからもいよいよ生じていくように思えるからである。

　同時に，世界と文化に関して，キリスト教的な世俗的活動の本来的使命と呼びうるものが，登場している。この観点から言えるのは，いかなる特定の現世的形態にも縛られないことを切に願う教会自体が，上方から判断するという責任からではなく，現世的なことと世界を管理し，指揮するという責任から次第に解放されつつあるということである。他方でキリスト信者は，信者そのもの，あるいは教会の一員としてではなく，現世の国の一員，言い換えれば，世界の新しい現世的秩序の創設のために働く任務を，自らに課せられたものとして意識する現世の国の一員たるキリスト信者として，その責任に一層深く関わっている。

　しかし，もしそうだとしたら，この思想の秩序の中で，キリスト信者にとってどのような問題が生じるか，すぐに理解することができる。

　普遍的な諸原理に留まることなく，その具体的実現へと下降することができる社会・政治・経済に関する哲学を作り上げることが必要となるであろう。それは膨大な量の繊細な作業を必要とする。この作業はすでに始まっており，レオ 13世とピウス 11 世の回勅は，これについての原理を定めた。これは信仰によって照らされた理性の働きであるが，少なくとも適用へと下降するために原理を離れるときには，全員の合意を期待することは空しいと言っておこう。教義神学の中に学派の多様性があるとしたら，キリスト教社会学の中にも，キリスト教政治学の中にも不可避的に学派の多様性が存在することになろう。そして人が具体的なものに近づけば近づくほど，多様性は増すのである。しかしながら，少なくと

も最も一般的な真理に関することについて，共通の理論を定式化することができるのは間違いない。その他の点に関しては，真に厳密で実践的な総合方針が，十分な数の人間のために明確にされるということが重要である。

　しかしこれらのことを意識するキリスト信者はまた，社会的・政治的活動（action）に取り組まなければならないであろう。それは今まで常にそうであったように，自分がその領域で持っている専門的能力を自分の国への奉仕に使うためだけでなく，それに加えてすでに述べたように，現世的秩序の変容に向けて働くためである。

　しかし「キリスト教的・社会的なもの」は「キリスト教的・霊的なもの」から分離することができないのは明らかなので，他の現世的変革や革命と同じ方法，同じ手段で，現世的秩序の活力あるキリスト教的変革が起こらないのは明らかである。もしこの変革が起こるとしたら，それはキリスト教的ヒロイズムの働きとしてであろう。

　「社会的革命は倫理的なものになるであろう，さもなければいっさい革命は生じない」。この有名なシャルル・ペギーの言葉は誤って解釈されうる。

　　「それは，社会体制を変革させる前に，まずすべての人が徳に回心させられていることが必要だという意味ではない。そのように解釈されるなら，それは単なる社会変革の努力を避けるためのファリサイ的口実に過ぎないものになろう。革命はそれに全力を傾注する比較的少数の人間集団の働きである。ペギーの言葉が向けられているのは，このような人々に対してである。それが意味するのは次のようなことである。現代世界の社会体制を変容

142

させるには，同時に，そして第一に，自分自身のうちに
霊的生活と道徳的生活の革新を引き起こすことが必要で
ある。それは人間的生の霊的・道徳的基礎まで深く掘り
下げ，社会集団そのものの生を支配している道徳的理念
を刷新し，その社会集団の生の深みに新しい躍動を呼び
覚ますことによってである」。

「さて，最も真正で完全なヒロイズム〔英雄主義〕，愛の
ヒロイズムは，ここで何も発言することはないのだろう
か。キリスト教的良心によって，最終的に社会的なもの
の固有領域──その現実，技術およびその固有の「存在
論」を含めて──が認められた以上，キリスト教的聖性
がここで働く必要はないのだろうか。今や鎌と槌〔ソビ
エト〕のヒロイズム，ファスケスのヒロイズム〔イタリ
ア・ファシズム〕，かぎ十字のヒロイズム〔ドイツ・ナ
チズム〕という特殊なヒロイズムがそこで働いているの
である。バロック様式の４世紀が保ってきた聖なるもの
の天から，聖性が世俗的世界と文化の中に降り立ち，人
類の現世的体制を変えるために働き，社会的・政治的働
きを行う，まさにその時が到来しているのではないだろ
うか。
　答えはもちろん然りである。聖性が聖性に留まり，そ
の途上で堕落してしまわない限りという条件の下である
が。まさにそれが難題なのである」。

「われわれのような時代には，キリスト教的共同体に
とって，二つの相反する危険が存在する。それは聖性を
砂漠にのみに求める危険と聖性のために砂漠が必要だと

いうことを忘れる危険である。すなわち一方では聖性が
世界に与えなければならないヒロイズムを，内的生活と
私的徳の修道院にのみ閉じこめる危険であり，他方では
ヒロイズムを，それが社会生活の上に満ち溢れ，その生
活を変革しようと努めるときに，唯物論的反対勢力のや
り方で，全く外的な仕方で考える危険性であり，それは
ヒロイズムを歪め，消し去ることである。キリスト教的
ヒロイズムは他の諸々のヒロイズムと根源を同じくして
いない。それは鞭打たれ，馬鹿にされ，町の門の外で十
字架に架けられた神の心から発している」。

「かつて中世の時代にそうであったように，ヒロイズム
が新たに世俗的国家の事柄に手を伸ばすときが来てい
る。しかしそれはその力と栄光が別のところ，別の秩序
から来ているということをよく理解した上でのことであ
る」[19]。

　このようにして活力あるキリスト教的な社会的革命は，聖
性の働きとなるであろう。さもなければ，それは無意味であ
ろう。私が言う聖性とは，現世的なもの，俗人的なもの，世
俗的なものに向けられた聖性である。世界は聖者である民衆
指導者に会ったことがないのだろうか。もし新しいキリスト
教社会が歴史の中に立ち現れるなら，それはこのような聖性
の働きによるものとなるであろう。

　19）　*Du régime temporel et de la liberté*, p. 166, 167, 169-170 [ŒC V, p.
443-444, 445-446].

聖性の新しい様式

このようにしてわれわれは新しい究極的な問題にたどり着いた。これに関しては，ほんの少しだけ述べることにしよう。もしわれわれの述べることが正しいなら，われわれには新しい様式（style）の聖性の高まりを期待する権利がある。

新しい型（type）の聖性について話すのは，やめよう。この言葉は曖昧である。キリスト教が知っているのは，キリストの中に永遠に示される聖性の唯一の型である。しかし変化する歴史的状況は，聖性の新しい様態（mode），新しい様式を生ぜしめる機会になりうる。アシジの聖フランシスコの聖性は，聖シメオン・スティリテスの聖性とは異なる顔立ちを示している。イエズス会の霊性，ドミニコ会の霊性あるいはベネディクト会の霊性は，聖性の異なった様式に対応している。このようにしてわれわれは，キリスト信者の現世的使命についての意識が，新しい様式の聖性を呼び求めると考えることができる。そしてこの聖性は何よりも世俗的生活の聖性とその聖化として特色づけることができる。

実際のところ，この新しい様式は，とくにある種の間違った，物質化された世界観に対して新しいのである。かくして，このような世界観がある種の社会学的衰弱に陥るとき——これは古典的ヒューマニズムの時代によく起こった——，よく知られた生活状態に関する区別（修道者的身分と世俗的身分）は，物質的な意味で捉えられて，不正確な方法で理解されることになる。そのとき，修道者的身分，すなわち完全性を求めることに身を捧げると誓願する者たちの身分は，完全者の身分と見なされ，世俗的身分は不完全者の身分と見なされる。その結果，不完全者の形而上学的義務と役割は，不完全なままであり続けることになる。すなわち，あ

145

まり敬虔過ぎず，社会的自然主義（とくに家族の自然的野心）に堅く根ざした，よい世俗的生活を送ることである。一般信者が別の生き方をしようとすれば，人は躓きを覚えるであろう。信者は敬虔な基盤すなわち，彼らの代わりに天国を勝ち得てくれる修道者によって，ただ地上で繁栄すればよい。このようにすれば，秩序が保たれるであろう。

　信徒の謙遜をこのように考えることが，16世紀と17世紀に広く普及したように思われる。それに伴い，ドミニコ会員のカランザがトレドの大司教であったときに，信者に説明した公教要理が，高名な神学者メルキオール・カノの報告に基づいて，スペインの異端審問によって糾弾された。カノは「司祭のみにふさわしい宗教的教えを信者に与えるべしとの主張は，完全に断罪されるべきである」と宣言した。「カノはまた日常語で聖書を読むことに対して，および一日中告白を聞くことを務めとする者に対して猛烈に反対した。信者を頻繁な告白と聖体拝領に導くために霊的指導者が注ぐ情熱は，彼にとっては非常に疑わしいもので，彼は説教の中で，反キリストの到来の印の一つは，秘蹟が非常に頻繁に行われることであるという見解を述べたとされている」[20]。

　もっと掘り下げてみると，われわれはここで文化哲学における非常に重要な問題に行き当たる。それは，聖別されたものと俗なるものの区別を理解するキリスト教的ではない，異教的なやり方が存在するということである。

　異教的古代にとって，聖なるもの（saint）は聖別されたもの（sacré），すなわち物質的，可視的，社会的に神に奉仕

　20）　A. Saudreau, «Le Mouvement antimystique en Espagne au XVIᵉ siècle», *Revue du Clergé français*, 1ᵉʳ août 1917.

するものと同じ意味であった。そして人間生活が神の前で価値を持ちうるのは，ただ聖別された機能が，人間生活にどの程度浸透しているかによってであった。福音書は人間の心の中において，すなわち神的位格と人間人格の間の見えざる関係の神秘の中において，道徳的生活と聖性の生活を内面化することによって，これを根本的に変化させた。

　その結果，もはや不純なものが純粋なものに対立するようには，世俗的なものは聖なるものに対立していない。世俗的なものは，現世的な固有の目的を持つ人間的な活動の，ある種の秩序として，もう一つの人間的活動の秩序――霊的な固有の目的という観点から社会的に構築され，神の言葉を説き，秘蹟を配分することに捧げられた秩序――に対立している。そしてこの世俗的または現世的活動に従事する人間は，聖別された秩序に従事する人間と同様に，聖性に向かうことができるし，また向かわなければならない。それは自分自身が神との一致に到達するために，また自分が属する秩序の全体を神のみ旨の成就に向けて引き寄せるためにである。実際に，この世俗的秩序は，集団的なものとして，常に欠陥を持っているであろう[21]。しかしそれにもかかわらず，いやそれだからこそ一層，われわれは世俗的秩序があるべきものになることを望み，それに向けて努力しなければならないのである。なぜなら，福音の正義はまさにその本性から，すべてのものに浸透し，すべてを所有し，この世界の最も深いとこ

　21）　また聖別された活動の秩序も，集団的人間に関する限り，常にこの地上で欠陥を持っている。教会が欠陥を持たないのは，特別に聖霊によって助けられ，目に見えない教会の頭によって（また，その見える頭がまさに普遍的権威の名において働くとき，彼によって）統治されている限りにおいてである。

ろにまで降りていくことを要求するからである。

　その通り！　この福音的原理は徐々にしか行為の中に表現され，明示されないのであり，その実現の過程はまだ終了していないと言うことができる。

　以上の観察から，われわれはこの新しい様式の聖性の意義，先ほど述べた世俗的なものの聖化における新しい段階の意義をよりよく理解することができる。霊性そのものに影響を与えるこの様式は，本質的に霊的な特色を含むに違いないということを付言しておこう。たとえば，それは単純さと平凡な道の価値を強調し，ストイックな徳の厳格修練によってではなく，二つのペルソナ，すなわち創造された人格と神の位格の間の愛による完成というキリスト教の完成の特色を強調する。そして最後に，造られざる愛が人間を無にすることなしに，変革するために人間の深みに降り立ったという教え——これに関する問題は前の章で扱った——を強調する。現代の聖人たちのある者は，われわれにこれらの特色の重要性を感じさせる使命を委託されているように思われる。さらに，霊性のこの新しい様式と新しい高まりが登場し，そこから世俗的，現世的生活に広がっていくのは，世俗生活そのものの中ではなく，世界から隠された霊魂たち——ある者は世界の中に生き，ある者はキリスト教社会の最も高い塔の頂上，すなわち最高度に観想的な修道会に生きている——の中だということが，物事の秩序に適っているである。

世界の神秘

　キリスト教哲学にとって主要な問いであり，その多様な問題が徹底的な探求を要求する，世界とその意味に関する問いは，後の仕事に取っておこう。この章で私にできたのは，こ

の問いの最も外側の部分に触れて，原則的に重要と思われるいくつかの一般的立場を示すことだけであった[22]。

　この立場を次のように要約しよう。われわれの考えでは，神の国が完全な栄光の姿の中で完成される「歴史のかなた」を待ちながら，教会はいわゆる霊的秩序の中で，巡礼と磔刑の状態ですでに神の国にいる。またいわゆる現世的秩序である世界，歴史に閉じ込められた世界は，同時に神と人間と「この世の王」に分かたれた曖昧な領域である。

　教会は聖なるものであるが，世界は聖なるものでない。しかし世界は希望のうちに救われており，キリストの血，すなわち生命（いのち）を与える救いの原理が，すでにそこで働いている。神の隠れた働きが歴史の中で続いている。どの文明の時代にも，どの「歴史の空（ciel historique）」の下であっても，キリスト信者は（時のかなたにある福音の最終的な実現を待ちながら）その時代にふさわしい一つの実現のために，すなわち福音の要請を実現し，社会的・現世的秩序におけるキリスト教的実践的知恵を実現するために働かなければならない。実際その実現は妨げられ，多かれ少なかれ罪によって隠され，歪められているが，それはまた別の問題である。

　集団的に理解された人間はほとんどの場合理性に従ってではなく，「感覚の中で」生きているので，私が今述べている働きは，キリスト信者自身がそれを行うとき——さもなければ，破壊の兆しの下これに着手するのは敵対する勢力である——物事の通常の流れに従って，その働きが実現に成功すればするほど，反対にあい，裏切られることになる。したがっ

　22）　[*Pour une philosophie de l'histoire*, ch. IV; *Le Paysan de la Graonne*, ch III. を見よ]。

て，根底から働きをやり直し，新たに取り組むことが必要と
なり，歴史は目的に至るまで，繰り返し自らに打ち勝ち「倒
れてまた倒れる」ことを強いられることになる。

第4章
新しいキリスト教社会の歴史的理想（1）

─────────

本章の区分

いくつかの予備的な考察を行った後，われわれはこの章
で，まず問題の一般的な側面について吟味し，第二に中世キ
リスト教社会の歴史的な理想の特色を明らかにする。第三に
それに続く時代にこの理想がどのようになったか，とくにア
ンシャン・レジームが，この理想を次第に拒否しようとする
世界において，その中のある種の要素を生き残らせるために
行った努力が，どういう帰結を迎えたかを問うてみよう。

I　予備的考察

「具体的な歴史的理想」の観念

まず最初に，対象主題の範囲を定め，われわれの意図を明
確にしよう。ここで論じなければならないのは，新しいキリ
スト教社会の具体的な歴史的理想である。

「具体的な歴史的理想」という言葉でわれわれは何を理
解するのか。それは特定の型（type），すなわちある歴史の
時代が向かう文明の固有の型を示す見通し的イメージであ

る[1]。

トマス・モアあるいはフェヌロン，サン・シモンあるいは
フーリエといった人がユートピアを構築するとき，彼らが考
えるのは，ある特定の時代の実存や特定の歴史的背景から全
く切り離された観念的存在（être de raison）である。それは，
社会的・政治的完成の絶対的な極限を表している。またこの
構築は現実の代わりに精神に提示された虚構的モデルである
ので，想像力が可能な限り細部に至るまで浸透した建築術
の，絶対的な極限を表現している。

これに対して，われわれが具体的な歴史的理想と呼ぶもの
は，観念的存在ではなく，実現可能な理想的本質（essence）
である（多かれ少なかれ困難で，不完全であるが，それは別の
問題である。またそれは出来上がったものとしてではなく，実
現の途上にあるものである）。それは存在することが可能な本
質であって，所与の歴史的風土の中で存在することを求め，
したがって，（その歴史的風土に限定された）社会的・政治
的完成の極限に対応している。この本質は，まさに具体的な
実存に対する実際的な関係を含んでいるので，具体的な歴史
的理想は，後に将来の現実を規定する枠組みと素描だけを示
すのである。

このように具体的な歴史的理想とユートピアを対置させつ
つも，われわれはやはりユートピアが果たした歴史的役割，
とくにいわゆる社会主義のユートピア的時期が，それに引き
続く社会主義の発展に対して持っていた重要性を評価してい
る。にもかかわらず，われわれは具体的な歴史的理想という

1）　この問題に関しては，*Du régime temporel et de la liberté*, p. 117-127
を見よ。[ŒC V, p. 412-418]

観念とその観念の正当な使用によって，キリスト教文化哲学が，ユートピア的な時期を通過したり，何らかのユートピアに訴えることをせずに，将来の現世的な成果を準備することを可能にすると考えている。

歴史的理想と自由

　マルクスは理想とユートピアの観念を，一つの同じ批判の中に包みこむ。彼はこれらを区別することができない。このことは彼の逆立ちしたヘーゲル主義の結果である。

　他の人間と同じように，とくにあらゆる偉大な活動的人間と同じように，マルクスは実践的に自由意志を信じていた。すなわち，彼は意志が自らの動機を制御する力を信じていた。意志はこの力によってその行為のすべての条件づけを内的に支配するのである。思弁的には，彼の哲学は彼にこの「霊的」「キリスト教的」信仰を禁じ，人間の自由をある種の生命的エネルギーの自発性に還元した。このエネルギーは，歴史の運動を意識することを通して，歴史における最も力強く，根源的な力となった。しかしもしこの革命的な思想家がこのように預言者であり，歴史の巨人であるとしたら，それは彼が歴史に対してそのあり方を示し，歴史の運動の定められた方向づけを発見し，人間的意志の努力をこの前もって定められた方向に導く限りにおいてである。議論の全核心が存するのはここであって，マルクスが運命論や機械的決定論の支持者であったかどうか──この問いに対する答えが否定的であるのは明らかである──は，問題ではない。

　人間は，マルクスの目には環境の受動的な産物ではない。人間は能動的であって，環境を変えるために環境に働きかけるが，それは「経済的・社会的進化によって固定された方向

153

・
に向けて」[2]である。ここが重要な点である。

このマルクスの主張は正しく，それはここで，しばしば
「歴史の空」の連続と表現されるものに等しい。ただしそれ
は，マルクスの主張が，歴史はそれを前へと推し進める動的
で膨大な過去の蓄積によって，ある根本的な特徴に関して決
・
定された方向づけを持つが，特殊な進路に関してはまだ未
・　・　・　・
規定だということを意味する，という条件の下においてであ
る。この特殊な進路は，時の流れに従って歴史の中で実現さ
れる。この進路は歴史の中で，何らかの具体的な将来像に引
き寄せられ，それを実現するが，それはこの将来像が炎の中
心となって，次第に，人間の思想と欲求の物質的部分に広
がっていくのに応じてである。しかしながら，マルクス主義
の諸定式は，非常に異なる意味を示している。マルクスは，
可能的という概念も，自由の概念も明確にしなかったので，
われわれが今語った未規定の領域を評価していないように思
われる。

彼は歴史が人間によってつくられるのではなく，歴史が人
間をつくるのだ，と悲劇的と言ってもよいほど非常に強固に
見てとっていた。しかしもし，マルクスが人間の自由につい
ての正しい形而上学的観念を持ち，人間が人格として，多か
れ少なかれ困難を伴いながらも，現実に心情の必然性に打ち
克つことのできる自由を与えられているということを理解し
ていたとしたら，彼は人間が歴史を，自分の願望や幻想にし
たがって恣意的に曲げる力を持たずとも，新しい潮流を歴史
の中に登場させることができるということを理解したであろ
う。このような潮流は前に存在する潮流，力そして条件と融

---

2)　Cf. A. Cornu, *Karl Marx*, ..., p. 392.

合し，歴史の方向を最終的に決定するであろう。それは進化
によってあらかじめ決定されている訳ではない。歴史の方向
は蓄積された膨大な量の必然性と不可避性に依存している
が，その中で自由による介入が，その役割を果たすことがで
きるのである。歴史の方向は，人間が自らの自由を放棄する
度合い（実際それは非常に大きい）によってのみ，あらかじ
め決定されていると言えるのである。

　実際，もし人間の自由が，世界の歴史でほんの小さな役割
しか果たしていないとしたら，それは集団的に考察された人
間が，理性と自由によるまさしく人間的な生を，わずかしか
生きていないからである。したがって，人間が実際には極め
て大きく「星の支配下にある」ということは驚くべきことで
はない。しかし人間は星を逃れることができる。そしてわれ
われが数世紀という十分に長い展望で事態を考えれば，人間
の歴史が要求することの一つが，まさに運命から徐々に逃れ
ることにあると思えるのである。次第に意識と理性の領域
が広がっていくことで（それは，意識と理性が規制しようと
するものに混乱を与えないように，最初はあまりにかすかなも
のである），周期的に転落や災難がもたらされる環境の中で，
正常な進歩——それを通して人間本性が露わになり，実現す
る——が追求される。また，歴史は必然性のくびきを揺さぶ
るが，同時にそのくびきがより一層残酷に自分自身に重くの
しかかるのを感じ，自らがそのくびきに無情にも屈服してい
るかのように思えてくる。しかしながら，不思議なことに歴
史は解放に向けて進んでいるのである。そう，運命からの解
放へと。しかしこれが現実のものとなるのは，理性の生命が
真にかつ効果的に実存の中で成長する限りにおいて，それゆ
え恩寵と創造的な自由の流入が，理性の生命をひそかに養う

155

限りにおいてである。マルクスの恐るべき誤りは，運命から
逃れるためには，神から逃れることが必要だと考えたところ
にある。

　マルクスは，われわれがその特徴を明らかにしようとし
た，妨げられている現実の自由を犠牲にして，それより無限
に野心的な，幻想的自由を追い求める。なぜならマルクスに
とって人間の意志は，まさしく歴史，すなわち超越的神が高
みから統治することのない歴史の唯一の精神だからである。
そして人間の意志がその「疎外」の状態から抜け出したと
き，歴史の全体は人間の意志の欲するところに向かい，人間
の意志は歴史の神となり，絶対的な主権者として歴史を作る
であろう。

　マルクス主義が理想という観念を拒否できるのは，矛盾と
いう代償を払うことによってのみである（実際，そのプロパ
ガンダは共産主義的理想という観念あるいは用語なしに行われ
る）。マルクス主義は活動（action）の哲学，世界を変革する
活動の哲学であると明示的に主張する。しかしどのようにし
て人間は，単に経済的・社会的進化によってだけでなく，そ
の固有の選択や愛情によっても確定された目標を自らに提示
することなく，この世界に働きかけることができるというの
か。目標には単に現実の動きが含まれるだけでなく，その動
きを方向づける人間に固有の創造的自由も含まれるのでは
ないか。このような目標がまさに，具体的な歴史的理想であ
る。

　正しく理解された理想の観念は，理想主義的な意味合いを
持たない。それは理性の観念が合理主義的な意味合いを持た
ず，質料の観念が唯物論的意味合いを持たないのと同じであ
る。具体的な歴史的理想の観念は，実在論の哲学に対応して

いる。この哲学によれば，人間精神は事物を前提とし，それに働きかける。しかし人間精神が事物を認識することができるのは，事物を把握し，精神の固有の非物質的な生命と活動に移し変えることによってのみである。またこの哲学によれば，人間精神は事物を超越し，思弁的認識の対象である可知的本性，あるいは実践的で，行為を方向づける可知的な主題（thèmes intelligibles）――私が具体的な歴史的理想と呼ぶものは，このカテゴリーに属する――を事物から切り離すのである。

キリスト教社会の観念

さらに，本章で問題になるのは，新しいキリスト教社会の歴史的理想である。このキリスト教社会という言葉が（われわれが理解するところでは），一つの現世的な共同の政体を指しているということを思い起こそう。この政体の構造は，大いに異なる程度と，非常に多様な方法で，生命のキリスト教的概念の痕跡を留めている。ただ一つの全き（intégral）宗教的真理が存在し，ただ一つのカトリック教会が存在する。しかし複数のキリスト教的文明，多様なキリスト教社会が存在しうる。

それゆえ新しいキリスト教社会について語るとき，われわれは一つの現世的政体あるいは文明の一時期について語っている。それに生命を吹き込む形式はキリスト教的であろうし，またそれは，われわれが進入しつつある時代の歴史的風土に対応するであろう。

Ⅱ　抽象的に考察した現世的国家

共同体的で人格主義的な側面

　まず欠くことのできない前提として言っておきたいのは，学問的に十分に高度で，抽象的な次元において，どのような一般的観念が，このような世俗的秩序を形成するのに必要なのか——歴史的風土が何であれ，典型的な特色において考察した場合——ということである。

　理性に基づく文明の政体あるいは世俗的秩序の構想は，三つの典型的な特色を有する。まずこの構想は共同体的である。私がこの言葉で言わんとしているのは，この構想にとって，国家および文明に固有で特別な目的は，個人の善の単純な総計とは異なり，社会全体の部分である限りでの個人の利益に優越する共通善だということである。この共通善は本質的に，多数者の集合体，すなわち人間人格によって構成される全体の現世における正しい生である。したがって共通善は，物質的であると同時に道徳的でもある。

　しかしさらに，まさにこの理由から，この現世的共通善は究極目的ではないのである。それは自らより優れた何ものか，すなわち現世的でない人格の善，人格の完成とその精神的自由とを獲得することに秩序づけられている。

　このような理由で，現世的政体の正しい構想は，人格主義的という第二の特色を持つことになる。私が言わんとするのは，現世的共通善にとって，人間人格の超現世的目的を尊重し，それに仕えることが本質的だということである。

　換言すれば，現世的共通善は中間的あるいは下位の価値の目的である[3]。現世的共通善にはそれ本来の特殊化があり，

それによって人間人格の究極目的および永遠的関心から分か
たれる。しかしまさにその特殊化の中に，究極的目的と永遠
的関心への従属が含まれており，そこから現世的共通善は主
要な尺度を受け取るのである。現世的共通善は固有の一貫性
と固有の善を持つが，それはまさしくこの従属を認め，自ら
を絶対的善たらしめないという条件においてである。

　現世的共通善が依拠する不動の絶対的中心は，自らの中に
ではなく，その外にある。それゆえ，より上位にある生の秩
序——現世的共通善は多かれ少なかれ離れたところから，政
治社会の多様な種類に応じて，この秩序のための準備をする
——の引き寄せる力に従い，そして自らの中に自らを超える
ものの始まりを有することが重要である。

　政治社会の目的は，人間人格を精神的完成と完全な自律の
自由に導くことではない[4]（言い換えれば聖性，すなわち本来
神的な解放の状態に導くことではない。なぜなら，その時人間
の中に生きているのは，神そのものの生命（いのち）だからである）。そ
れにもかかわらず，政治社会は自らを特殊化する現世的目的
そのものによって，環境的条件を発展させるように，本質的
に定められている。その条件とは，大衆を全体の善と平和に
ふさわしい物質的，知的かつ道徳的な生の水準へと導くこと
であり，そこにおいて，各人は徐々に人格の完全な生と霊的
自由を獲得することができるように，積極的に助けを受ける

　3）　さらにより正確には，「市民的生活の善」は，所与の秩序におけ
るそれ自身相対的で，従属的な（その意味で中間的あるいは下位の）究極
目的（*finis ultimus secundum quid*）であると言うことができる。それは絶
対的な究極目的（*finis ultimus simpliciter*）に従属する。Cf. Saint Thomas
Aquinas, *de Virtutibus cardinalibus*, a.4, ad 3^m; *Sum. theol.*, I^a-II^{ae}, q. 65, a. 2;
Science et Sagesse, [plus haut], p. 154, 186-190, 215-222. を見よ。

　4）　Cf. *Du régime temporel et de la liberté*, 1re partie.

ことができるのである。

　ここで，トマスの二つのテキストを想起しておこう。この
テキストは，それらがまさしく相互に対立し，相補的である
ことにおいて，すべての政治的問題を含んでいるように思わ
れる。すなわち最初のテキストは個人主義およびすべての極
端な人格主義との対決であり，もう一つのテキストは，あら
ゆる全体主義的な国家構想との対決である[5]。

　トマスはわれわれに言う。すべての個別的人格，一人ひ
とりの人間人格そのものは，部分が全体に関わるように共
同体に関わり，それゆえこの点で全体に従属する。*quaelibet
persona singularis comparatur ad totam communitatem sicut
pars ad totum*[6].

　それは人間が純粋な位格，神的位格ではなく，知性の最低
位であるように，人格性のまさに最低位に位置するからであ
る。人間は単に人格，すなわち霊的に自存するものであるだ
けでなく，個人，すなわち一つの種の個別的な一部分でもあ
る。そしてそれが人間は，社会の部分として社会の一員であ
ることの理由であり，人格としての生そのものへと導かれ，

---

　5)　政治的共同体が──言葉の厳密な意味での国家であれ，組織化
された集団であれ──，人間を形成するために，あるいは人間の活動すべ
ての目的となるために，あるいは人間の人格性と尊厳の本質となるため
に，人間の全体を要求するような構想を「全体主義的」と呼ぶことができ
る。かくして，Ｂ・ムッソリーニによれば，国家は「個人の真の現実」で
ある。ファシスト国家は「人格性の最高・最強の形態」である。「人間的な
もの，霊的なものは，それが価値を持つ限り，国家の外に存在することは
できない」。「国家の原理，社会の中に集まった人間の人格性を導くインス
ピレーションは，霊魂の中に浸透する。それは霊魂の中の霊魂である」（B.
Mussolini, «*La Doctrine du Fascisme*» Œuvres, trad. franç., IX, Flammarion, p.
70-75）。

　6)　*Sum. theol.*, II^a-II^{ae}, q. 64, a. 2.

その生の中に保たれるために，社会的生活の制約を必要としていることの理由である。

　しかしここに，直ちに事態のバランスを回復し，第一のテキストを完成させるのに必須なトマスのテキストがある。またトマスは言う。人間は自らの中に，政治社会への秩序づけを超える生と諸々の善を有する。*homo non ordinatur ad communitatem politicam secundum se totum et secundum omnia sua*[7].（人間は政治社会に自らの全体と，自らのもつものすべてに即して秩序づけられているのではない）。それはなぜか。それは人間が人格だからである。

　社会の一員としての人間人格は，より大きい全体としての社会の部分である。しかしそれは自分自身の全体によってではなく，自らに属するすべてによってでもない！　人格の生の源にあるものが，現世的国家を超えて人間人格を引き寄せる。しかしそれでも，人格の生は現世的国家を必要としている。

　ここから二律背反が生じ，それが人間存在の現世的生に特有の緊張状態を生み出す。全体としての社会そのものによって，すなわち人間人格がその部分である全体によって実現されねばならない，共同の仕事が存在する。こうして，人格はこの共同の仕事に従属する。そしてそれにもかかわらず，人格の中の最も深いところに存在するもの，人格の永遠的な召命が，この召命に結びついた諸々の善とともに，この共同の仕事の上位にあり，それを方向づける。

　後に，もう一度このパラドックスに戻ってくることにしよう。私はただ，われわれの現世的政体についての構想が持つ

---

7)　*Ibid*, I^a-II^ae, q. 21, a. 4, ad 3^m.

第三の特色について述べる前に，簡単にこのパラドックスを指し示したかったのである。

遍歴的側面

現世的国家を，それ自身を超えて引き寄せ，現世的国家から究極目的としての特性を取り除くこと，現世的国家を実際にわれわれの運命における一つの瞬間，終局ではない地上的な瞬間とすること，このような方向づけはまさに，もう一つの本質的特色として示されねばならない。すなわちこの国家は最終的な住居に住む人々の社会ではなく，遍歴中の人々の社会だということである。これが国家の「遍歴的」構想と呼びうるものである。無によって引き寄せられる存在が，超人間的なものに至るという矛盾する必然性から帰結するのは，人間には静的な均衡状態はなく，緊張と運動の均衡状態だけが存在するということである。また同様に帰結するのは，政治的生は与えられた状況に応じて，人民の生の水準をできるだけ高く上げることを目指すとともに，ある種のヒロイズムを目指し，人間に多くを与えるために，人間から多くを要求しなければならないということである。その結果として，現世的国家における構成員の生の条件は，現世における幸福とも，くつろぎと休息の喜びとも取り違えてはならないのである。しかしもちろん，現世的文明が永遠の生命（いのち）への単なる手段以上の何ものでもなく，それ自身（下位の価値の）目的としての尊厳を持たないということではない。あるいは現世が涙の谷であるということを口実にして，キリスト信者は不正や奴隷的状況や兄弟たちの悲惨さを甘受しなければならない，ということでもない。実際，キリスト信者は決して諦めない。キリスト信者の国家構想は，集められた人民の相対的

ではあるが真実の地上的幸福，全体の実存の善良かつ生存に
適した構造，そして各人がその運命を実現できるようにする
正義と友愛と経済的繁栄の状態を得させることにより，おの
ずと涙の谷を改善することを目指す。キリスト信者は，地上
の国家がその成員の生存する権利，働く権利，人格としての
生を成長させる権利を効果的に承認するように構成されるこ
とを，要求する。キリスト信者が行う現代文明に対する非難
は実際に，社会主義者や共産主義者のそれよりもより真剣
で，より根拠のあるものである。なぜなら，現代文明によっ
て脅かされているのは，共同体の地上的幸福だけでなく，霊
魂の生活，人格の霊的運命も同様に脅威にさらされているか
らである。

この構想の類比性
　この地上的国家構想は中世キリスト教社会の構想であっ
た。しかし中世キリスト教社会は，その可能な現実化の一つ
に過ぎなかった。
　換言すれば，このような構想が世界の歴史の様々な時代に
おいて実現されうるのは，一義的な方法においてではない。
それは類比的な方法においてである。ここでわれわれは，文
化の健全な哲学にとって類比の観念が持つ根源的な重要性に
気づかされる。この類比の原理はトマス主義の形而上学の全
体を支配しており，これに従って最高の諸理念が，本質的
に多様な方法で，その固有の形相性を損なわずに保ちなが
ら，実在の中で実現される。われわれがここでインスピレー
ションを得ることが必要なのは，この類比の原理からであ
る。トマスとアリストテレスは，その政治哲学の中で最も根
源的な仕方でこの原理を用い，様々な政体とその各々に対応

する共通善の種的に異なる形態について論じている。トマス
は〔アリストテレスの〕『政治学』に関する彼の注釈[8]の中
で次のように述べる。「国家の多様性は，目的の多様性ある
いは同じ目的に向かう方法の多様性から生まれる。諸国家が
異なった目的，あるいは同じ目的に向かう異なった方法を選
ぶという事実から，人々は様々な共同生活を形づくり，その
結果として多様な国家を構成する *diversas vitas faciunt, et per
consequens diversas respublicas.*」。

　政体に関してだけでなく，文化やキリスト教文明の種類を
論じるに際しても，同様の類比的多様性に光を当てることに
意義があると思われる。

　われわれの考えでは，文化の哲学は二つの相反する誤謬を
避けねばならない。第一はすべての事柄を一義性のもとに従
属させる誤りであり，第二はすべての事柄を多義性へと分
散させる誤りである。多義性の哲学の考えるところによれ
ば，歴史的状況は時間の変化の中で非常に異なったものにな
るので，それ自身異なった最高原理に基づくことになる。ま
るで，真理や正義や人間的行為の最高規則が，変化しうるか
のように。一義性の哲学が信じさせようとするのは，この規
則，この最高原理は常に同じ仕方で適用され，とくにキリス
ト教原理が各時代の状況に対応し，時代の中で実現される方
法も，決して変化すべきでないということである。

　真の解決は類比の哲学に属する。原理も，人間的生におけ
る最高の実践規則も変わることはない。しかしそれらは本
質的に異なる方法——比例の類似（similitude de proportions）
に従ってのみ，一つの同じ概念に対応する——で適用され

---

8)　*In Polit*, lib. VII, lect. 6; cf. *Sum. theol.*, II^a-II^{ae}, q. 61, a.2.

る。そしてこのことは，人間が異なる歴史の時期についての
単に経験的な，いわば盲目の観念を持つだけでなく，真に理
性的で哲学的な観念を持っているということを前提とする。
なぜなら，事実的状況を単に経験的に確認することは，原理
の適用におけるある種のご都合主義（opportunisme）を生み
出し，われわれを知恵とは対極のところに置くからである。
歴史的風土あるいは歴史の空は，このようにして規定される
ものではない。それは，価値についての理性的判断を前提と
し，人間の歴史の様々な時期に支配的な影響力を振るう，知
的なものの全体像の形相と意味を見極めるという条件の下
で，可能になるのである。

問題：中世のキリスト教社会と新しいキリスト教社会

　したがって，われわれが今取り扱いたい特殊な問題を，次
のような言葉で定式化しよう。われわれが今から進入しよう
とする歴史の時代的条件の中で，新しいキリスト教社会は，
同じ（類比的）原理を受肉させながら，中世世界のそれと本
質的に（種的に）異なった型にしたがって，構想されるべき
であろうか。われわれはこの問いに，その通りであると答え
よう。われわれは，活力あるキリスト教文明全体の諸原理が
新しい具体的な類比項という形で実現されるのを，世界の新
しい時代が許容すると考える。
　実際にわれわれは，永遠の繰り返しという異教徒の考え方
に反対して，歴史的運動の根源的な不可逆性を認めるだけで
なく，さらにこの運動が，人間と神とのドラマが演じられる
舞台──可視的な出来事はそのしるしに過ぎない──である
と考えている。またわれわれの考えでは，人類は抗し難いこ
の運動によって運び去られて，多様で，型において異なる歴

史の空の下を通過し，この空は，文化の原理に対して種的に
異なる実現の条件を創り出す。そしてこの歴史の空の道徳的
様相は，人が通常考えるよりも，はるかに根底から異なって
いるとわれわれは考える。

　いかなる理由によって，一般的にこのようになるのだろう
か。

　まず第一に，現世的なものそれ自体を支配する法則，そう
言っていいなら，「人間」と「時間」の接合に関わる法則に
よって，そのようになるのである。

　この法則とは，十分になされた（trop faite）経験は，もは
や再び始めることはできないという法則である。人間がある
一つの生をその深みまで生き，善と悪——ある種の歴史的理
想の追求がその肉体にもたらした——をその深みまで経験し
たという単純な事実から，これらの事柄は終了したのであ
る。そこに戻ることは不可能である。それは時間的なものそ
れ自体の法則，歴史の法則である。超歴史的，超時間的秩序
の事柄，永遠の生命に関する事柄だけが，この法則を逃れ
る。教会は滅びないが，諸々の文明は滅びるのである。

　レオン・ブロワはよく言ったものだ。「苦しみは過ぎ去る。
しかし苦しんだということは，過ぎ去らない」。人間が苦し
んだすべての過去は残っている。過去はその場所を持ってい
る。しかしそれは過ぎ去ったものとして，すでに生きられた
ものとして，すでに消滅したものとしてである。人は過去を
新たに生き，過去を新たに苦しむことはできない。「その人
は死んだ」という代わりに，大胆な言い方で「その人は生き
たのだ」と言えないだろうか。中世文明はこのようにして，
その実を結んだのである。

　第二に，近代の苦しみや経験が無用であったと考えること

は，不可能である。そう考えることは，人間の精神構造に反
するであろう。なぜなら，すべての偉大な経験は，誤謬の中
で行われたときでさえ，何らかの善——それがどんなまずい
仕方で追求されたように思えても——の引き寄せる力によっ
て導かれており，結果的に活用すべき新しい領域や富を発見
するからである。すでに述べたように，この時代は被造物の
復権を求め，誤った道によって，それを探求した。しかしわ
れわれはそこに隠され，囚われている真理を認識し，救い出
さなければならない。

　最後に，神が歴史を統治し，どんな障害があろうとも神は
歴史の中で特定の計画を追求し，かくして時間の中で時間を
通して，神的な業と神的な準備が実現されるということが，
キリスト信者がそう考えざるを得ない真実であるとしよう。
そうであれば，過去の一形態の中に，一義的な形で，われわ
れの行為の目的に適う文化の理想を固定化しようとすること
は，神自身に対立し，歴史の最高の統治権を神と争うことに
なるであろう。

二つの予備的考察

　最初に，中世キリスト教社会の歴史的理想の特色を述べる
ことにするが，その目的は，このようにして確定された比較
のいくつかの観点に関連づけて，私が先ほど新しいキリスト
教社会の将来像と呼んだものの特色を明らかにするためであ
る。

　新しいキリスト教社会のこの将来像あるいは歴史的理想に
ついて，ここで二つの予備的考察を行っておこう。

　第一に，私が最終章で行う，より特殊的な指摘は別とし
て，言うまでもなくそれは具体的で個別的な未来，われわれ

の時代の未来に関わる。しかしこの未来が近い未来か遠く離れた未来かは，大きな問題ではない。政治家や革命家が持ち出す直ぐに適用される理想と反対に，それは，いまだ思弁的な様態の（実践的）認識の水準で，哲学者によって見られた可能性の宇宙である。さらに，問題がそのうちに置かれている今日の特別な条件を考慮に入れてみよう。つまりわれわれがそこから抜け出しつつある人間中心的ヒューマニズムの時代全体を通して，文明の様式は要するに悲劇的なものであった。そこでは，歴史が生み出していた新しい真理と新しい価値は，生まれながらにして，偽りの形而上学そのものによって，またそれの追求を刺激した無政府的な解体の本能によって，損なわれていたのである。このことを考慮に入れると，今日，新しいキリスト教社会の未来像を描こうとするには，まず最初に，これらの価値と真理——近代によって獲得されると同時に，危うくされている——を救うために努めることが必要だと思われる。これらの価値と真理に寄生していた誤謬が，それらを危機に陥れている，まさにこの時にである。この観点から見て，直近の未来は，たとえそれがわれわれの心により近接しているとしても，哲学的探求にとってはそれほど興味のないものに思える。なぜならそれは，あまりにも大きな部分で，すでに為された働きの必然的な結果と，ずいぶん以前に開始した弁証法が持つ矛盾の必然的な結果に委ねられているからである。これに対してわれわれが関心を持つのは，遠い未来である。なぜならわれわれと遠い未来を分かつ時間の幅は非常に広いので，同化と再配分に必要なプロセスが可能になり，人間の自由が社会生活という重い塊に新しい方向を刻み付けようとするときに必要な時間を，人間の自由に対して準備することができるからである。

168

II　抽象的に考察した現世的国家

　われわれが第二に言いたいことは，マルクス主義的ヘーゲル主義と史的唯物論の視点に立つのではなく——これらの立場を批判する者さえ，しばしば，〔彼らの〕問題提示方法を受け入れている——，文化のキリスト教哲学の観点に立脚して，大多数の社会主義あるいは反社会主義の理論家とは異なる角度から，われわれが同じ社会的・現世的事項を検討するということである。その結果，問題の提示そのもの，問題性そのものが異なったものとなるであろう。歴史において経済が果たす役割がどれほど大きくとも（われわれはそれを決して縮小したいのではない），われわれは客観的な光を，経済にばかりではなく，同時により人間的でより深遠な文化的側面に，また何よりも文化における霊的なものと現世的なものとの関わりに求めている。

　このようにして私がそこから事物を眺める視点は，ほかのどの視点にも還元することはできず，マルクス主義あるいは反マルクス主義の大多数の議論が立脚する視点からは，はっきりと区別される。これらの議論は，一方では経済を第一の場におき（経済に舞台を独占させはしないとしても），他方で，マルクスにおいて終末論の占める部分がどれほど大きかろうと，現実には直接的な未来，すなわち利用可能な未来の領域，そう言っていいなら直接的な戦術的目標に関わろうとする。実際には，マルクス主義のイデオロギーにとって，本質的なことは後から（プロレタリアート独裁の後に，不可欠で暫定的な社会主義国家の時期の後に，人類が自由へと飛翔し，歴史を支配した後に）起こることであるのは疑いない。しかし，この本質的なことについて，誰もわれわれに何も語らない。いや人はそれについて何も言えないのである。それを言うことは，理想に堕することになるからである。

169

Ⅲ　中世キリスト教社会の歴史的理想

神聖帝国の理念あるいは現世的なものの聖権的キリスト教的構想

　非常に一般的な言い方であるが，中世の歴史的理想は二つの基調によって支配されていたと言うことができる。一つは，神に仕える剛毅（force）の理念あるいは神話（ジョルジュ・ソレルがこの言葉に与えた意味で）であり，他方は，現世的文明そのものがある意味で聖なるものの機能であり，宗教の統一性を専制的に要求したという具体的な事実である。

　一言で言えば，中世の歴史的理想は神聖帝国（Saint-Empire）の理念に要約できるであろう。われわれはここで，歴史的な事実としての神聖帝国を指示しているのではない。厳密に言うと，この事実は決して実際に存在しえたことがないと言うことができる。神聖帝国（sacrum imperium）の理念に先立って一つの出来事があった。カール大帝の帝国（その目指すところは，皇帝教皇主義を外れていなかったように思える）がそれである。この出来事の後に登場するこの理念は，もはや不安定で，部分的で，矛盾した形でしか実現できなかった。この理念が妨害され，反対に合ったのは，一方では，教皇と皇帝――ヴィクトル・ユーゴーの言葉を借りれば，「神の二つの半分」――の事実上の対立によって，他方では「帝国」とフランス君主制の対立によってであった。フランス君主制は，現世的な事柄において，より高い権威に依存していることを認めようとしなかったのである。

　われわれが語っているのは，神政政治のユートピアとして

の神聖帝国ではない（この問題は前の章で検討された）。

　われわれが語っているのは具体的な歴史的理想としての神聖帝国あるいは歴史的神話，つまりは文明を方向づけ，向上させる抒情詩的イメージとしての神聖帝国である。このように考えると，中世は神聖帝国の理想に生きた（そしてその理想に死んだ）と言わなければならない。もし人がこの神話を，中世を代表し，象徴する価値のすべてにおいて，十分に広い仕方で理解するなら，この神話は理念的にはすべての中世の現世的形態，諸々の争い，そして神聖帝国が事実として真に存在することを妨げた相容れない現実をも支配していた。

　神聖帝国が依然としてわれわれの想像力に影響を与えるのは，この具体的な歴史的理想の称号によってであって，この点に関しては，われわれの多かれ少なかれ無意識のイメージに厳しい修正を加えることが必要である。ラテン文化の諸国において，この理想は，（様々な文化的側面，たとえば聖職者主義と反聖職者主義の争いの側面において）一部のカトリック信者，いや，おそらくそれ以上にその敵対者が，キリスト教的革新について抱く観念に対して密かな影響を与えている。ゲルマン文化の国々においては，神聖帝国のイメージは，本来的な帝国主義的形態の下において生き残っている。ベネディクト修道会の神学者，ボイロンのヘルマン・ケラー神父は，ある興味深い研究の中で，神聖帝国をドイツ民族の世俗的夢と呼び，「ドイツにおけるここ数年の悲劇は，ドイツ民族の神聖帝国に対する古い郷愁を呼び覚ました」と指摘している。さらに言えば，ケラー神父自身は，この古い夢が生み出した神学理論——神聖帝国の中で政治的国家と教会の統一を追求する——の断固たる敵対者である。彼はこれらの理論を非難し，ほとんどバルト的と言える立場に同調してい

るようにすら思える。われわれはすでに前の章で，現代ドイ
ツ思想における問題の状況についていくつかの示唆を行っ
た。付言しておく必要があるのは，今日（1936 年）ドイツ
における人種主義の極端な信奉者，すなわちキリスト教以前
の民族的・人種的（北欧的）宗教に帰ることを望む者たちは，
キリスト教そのものに対するのと同じ嫌悪を神聖帝国に対し
て抱いているということである。

　しかし他方で，ゲルマンの人種主義の政治的理想が，ドイ
ツ人の他の層，すなわち反対に，キリスト教文化とのつなが
りを留めている層にも浸透する可能性を持っているのは，ま
さに神聖帝国の観念──それは物質化され，自然によって選
ばれた人間の特権となった──によるのである。

　この項を執筆する少し前に，私はカール・シュミットの弟
子で，新しい体制の信奉者である若いドイツのカトリック信
者のグループ十字架の炎（*Kreuzfeuer*）によって書かれた雑
誌を受け取った。そこには私の著書の一冊についての研究が
掲載されていた。そこで批判された点はただ一つ，私が神聖
帝国の理想が時代遅れで，われわれの想像力から取り除くこ
とが必要だと言ったことである。（もちろんその理想そのもの
が悪かったからではない。全く逆である。それは終わったこと
だからである）。この若者たちは問う。「マリタンがこのよう
に言うのは，彼がフランス人だからであろうか。それとも何
かほかに理由があるのだろうか」。

　私がこのように言うのは，キリスト教的世俗秩序の一義的
観念が持つ危険性を知っているからである。この観念は過去
の事績の生ける伝統を保証する代わりに，キリスト教的世俗
秩序を死んだ形態に縛りつけようとするからである。

最高の有機的統一への傾向

話をわき道にそらしたのは，ただ神聖帝国の問題が現代に
とっても生きた重要性を持つということを，読者に感じても
らいたいがためであった。われわれのテーマである中世の歴
史的理想に戻ろう。

中世の具体的な歴史的理想，すなわち神聖帝国の神話ある
いは象徴は，現世的なもののキリスト教的な聖権的構想と呼
びうるものに対応している。

この構想に見られる，互いに有機的に結びついた典型的な
特色を取り出してみよう。われわれの考えでは，この構想の
特色はとくに五つの点に典型的に見られる。

まず第一に指摘したいのは，質的に最高の有機的統一性を
目指す傾向である。この統一性は多様性も多元性も排除しな
い。それらがなければ，統一性は有機的なものではあり得な
いからである。そしてこの構想は，現世的国家の統一性を人
格の生の中心にできるだけ高く位置づけること，言い換えれ
ば，現世的国家を精神的（霊的）統一性の上に基礎づけるこ
とを要求する。

統一性へと向かうこの動きは，キリスト教社会を構成する
それぞれの政治的統一体の核心に顕著に見られる。その典
型的な例は，フランス君主制と人民，あるいは人民とカス
ティーリャ地方の王が成し遂げた事績の中にある。そして，
この国家的統一への推進力が，より霊的で，宗教に起源を発
するキリスト教社会に向かう推進力によって均衡を保たれな
くなったとき，すなわち国家的統一への推進力が，中世の没
落のときにすべてを奪い取ったとき，それは絶対主義，すな
わち有機的というより機械的な統一の形態へと移行した。そ
こにおいては，政治的なものが霊的なものに対して，現実に

優位に立つことになったのである。

　他方，最も明白に中世を特色づけるのは，文明そのものの秩序とキリスト教諸国民の共同体の秩序における，有機的統一性に向けた努力ではないだろうか。それは，霊的側面で教会が教皇のもとに一つであるように，現世的側面で皇帝のもとに世界を統一する努力であった。

　この歴史的理想が，主として王たちの傲慢と貪欲のせいで，その最高の念願を達成することができなかったのは間違いない。

　しかし，どんなに危うい仕方であっても，今日われわれが非常に羨ましいと思うのは，そのときキリスト教社会，現世的キリスト教的共同体が存在したということである。そこでは国家間の争いが家族の中の争いであって，文化の統一性を破壊することはなかった。キリスト教的ヨーロッパが存在していたのである。

　キリスト教各国が問題となっているか，あるいは，より高い統一体であるキリスト教社会が問題となっているかは別として，中世によって目指された現世的統一性は最高の統一性，すなわち最も厳格で最も完全に君主制的な種類のものであった。その統一性の形成と一貫性の中心は，現世的なものを超えた人格の生の非常に高いところ，すなわち現世的秩序と現世的共通善が従属するあの霊的秩序そのものに置かれていた。その源はかくして人々の心の中にあり，国家あるいは帝国の政治的構造の統一性が示していたのは，この根源的な統一性にほかならなかった。

　しかしキリスト教的ヨーロッパの現世的統一性は，単にその根源として宗教的統一性をもつには留まらなかった。

　この現世的統一性は，思想と学問的原理の共通基盤の強い

統一性をも含んでおり，それは，最高の現世的統一性が問題
になった瞬間から不可欠なものであった。しかしこの統一性
は，非常に一般的なもので，極端に鋭い分裂と非常に鋭い個
別的対立と両立しうるものであった（人間の知性は，哲学的
学派がいかに多様であろうとも，同じ言語を語っていたのであ
る）。またこの現世的統一性は，知的構造と政治的構造の非
常に高度で完全な統一性を目指す，顕著で並はずれて力強い
努力——それは到達できなかった——を含んでいた。これが
中世の絶頂期における教皇たちの偉大で崇高な，あまりにも
偉大で崇高な構想であった。キリスト教的世界，キリスト教
的ヨーロッパを完全な統一性のモデルに従って形成するため
に，すなわち社会的・現世的なもの——これについてはすで
に述べた——に，神の国を象徴的ではあるが，非常に力強く
生き生きと浸透させるために，教皇たちは学問的で，神学
的・哲学的な高度な統一性，信仰の光の下における人々の知
恵の統一性が必要であることを知っており，それを望んだの
である。この観点から，キリスト教社会の中心，超国家的な
学問的中心となったのは，パリ大学であった。

　彼らはまた，知恵の統一性が多様な諸学問を超えるよう
に，異なる国民の間に高い政治的統一性を保つこと，様々な
王国の上に位置づけられる帝国の統一性を保つことが必要で
あることを知っており，それを望んだ。キリスト教社会の超
国家的な政治的中心となったのは，ローマ・ゲルマン的皇帝
であった。

現世的なものの奉仕的役割の実際的優越
　非常に高度な統一性は，聖権的類型に属するという理由に
よってのみ，理解しうるものであった。統一性を形づくる中

心が人間人格の極度の高みに置かれていたと言うことは，現世的秩序の本質が霊的秩序に従属することにあったと言うに等しい。

このようにしてわれわれは，中世の歴史的理想の第二の特色に到達する。それは世俗的なものの霊的なものとの関係における奉仕的（ministériel）役割の優位ということである。

よく知られているように，スコラ哲学者は副次的目的と手段を区別する。たとえば，哲学者あるいは芸術家の専門的活動は，（たとえば道徳的に正しい生のような，より上位の目的が上にあるとしても）目的としての固有の価値を持っている。手段はそれ自体純粋に目的のためにあり，目的によって特定の性格を持たされる。それは推論が知的認識のためにあるようなものである。さらにスコラ哲学者は，作用的因果性の系列の中で，二次的主要原因と道具的原因を区別する。二次的主要原因は，たとえば植物の発育エネルギーのように，太陽のエネルギーのようなより高い原因には劣るが，存在の種的段階に釣り合った結果を生み出す。道具的原因は，たとえば画家の手の中にある絵筆のように，より高い動因が自らの目的のためにそれを使う限りにおいて固有の因果性を行使し，その存在の種的段階より高い結果を生み出す。

これらの観念を前提とするなら，中世文明において，カエサルのものは，神のものと明白に区別されていたにもかかわらず，神のものに対して，大きな奉仕的働きを為していたと言わなければならない。その限りにおいて，カエサルのものは，聖なるものに対して道具的原因であって，その固有の目的は，手段の順位，すなわち永遠の生命に対する単なる手段の位置を占めていたのである。

ここで事例を挙げることが必要であろうか。世俗の権力

（bras séculier）の観念と役割，あるいは王に与えられること
が多かった「外的司教」の名前を想起させることが必要だろ
うか。それとも，十字軍のような典型的な出来事を思い起こ
させるべきであろうか。

　神権政治的秩序の観念はここでは無縁である。すなわち世
俗の社会（société civile）の固有の領域と同様に，現世的な
ものの固有の目的が極めて明確に認められていた。しかし，
政治的なものに認められた霊的秩序に奉仕する働きは，それ
自体どれほど付帯的なものに留まり，政治的秩序との関連で
副次的なものと判断されるとしても，正常かつ極めて典型的
な仕方で，頻繁に実行されたのである。

霊的目的のための現世的手段の使用

　中世の歴史的理想の第三の特色は，国家の奉仕的機能に相
応して，現世的・政治的秩序に固有の手段を利用すること
にある（その手段とは，言論の制限や強制などのように，社
会的束縛が大きな役割を果たす，目に見える外的手段である）。
それは国家の制度的装置を人間の霊的善と社会全体（corps
social）そのものの霊的統一のために利用することである。
この霊的統一性のゆえに，異教徒は単に異教徒であっただけ
でなく，社会的・現世的共同体それ自身の生の根源を攻撃す
る存在だったのである。

　私はこの政体を原理的に断罪するつもりはない。ある意味
で，異端の犯罪に対して死刑の宣告をすることができた地上
の国家は，肉体に対する犯罪を罰することしか知らない国と
比べて，霊魂の善に対するより大きな配慮を示し，このよう
に真理を中心とする人間共同体のより高貴な理念を示したの
である。にもかかわらず，まさにここにおいて，人間本性が

177

不可避的に最悪の乱用を始めることになった。中世のキリスト教社会の崩壊の後，国家が自らを超える正当な霊的権威の道具として働くことを止め，自らの名において，霊的な事柄で活動する権利を自らに不当に要求するようになったとき，この乱用は一層耐えられないものとなったのである（事実，それ以降，事態は醜悪なものになっていった）。ヘンリー8世とフェリペ2世の絶対主義，ガリカニズム，ヨーゼフ主義，18世紀の啓蒙専制主義，そしてジャコバン主義は，この点で非常に重要な系列をなしており，それは現代の全体主義国家によって継続されているのである。

「社会的人種」の多様性

中世の歴史的理想の第四の特色を私は，（統治するものと統治されるものの間の）本質的とも言えるある種の不均衡に見出す。私が言いたいのは，世襲的な社会的カテゴリーのある種の本質的な相違，あるいはまた人種（race）という言葉が受容可能な意味の拡大を用いて言えば，社会的人種の多様性が，そのとき，社会的機能の階層と権威関係——政治社会における政治的権威であれ，国家の社会的・経済的生活に生じる権威であれ——の基礎に認識されていたということである。中世において現世的権威は，何よりも家族の聖権的な観念そのものにおける家父長権の型に従って構想されてきたと言うことができる。人は，この観念の一例をローマの家父長の理念に見出し，キリスト教的信仰はこの普遍的な家父長の理念を，神の普遍的な父性の観念と結びつけることによって，昇華することができたのである。

私は「本質的とも言える相違」という言葉を用いたが，父親と子供は明らかに同じ種類，同じ人種である。しかし子供

自体は，自分にとって高次の本質に属するかに見える父親に
対して自然的に劣った状態にある。そしてこの状況は，家族
について保持されている概念に基づいて，父親がその権威
を，いわば神の品位をまとった聖なる働きとして行使すると
ころではさらに強められるのである。

　王の聖別は王を人民の父とし，彼が至高の君主の名におい
て現世を統治することを保証することによって，恩寵の秩
序の中で政治社会の長としての彼の自然的権威を確証する。
ジャンヌ・ダルクが王の聖別をかくも大いなるエネルギーと
執念をもって要求したとき，また彼女がシャルル7世を彼の
聖なる王国をキリストに献上するように説得し，その上で彼
がそれを「委託されたものとして（en commende）」保持す
るようにとキリストの名において荘厳に彼に返還したとき，
中世の政治思想の全体がジャンヌ・ダルクの中で，最後の輝
きをもって燃え上がったのであった。聖別の塗油を受けた王
は，単に人民を代表するだけでなく，神の代理である（専制
君主制の時代においては，王はもはや人民の代理ではなく，神
の代理だったのである）。

　中世においては，労働の社会は家族社会の延長であり，労
働者はこの社会を構成する部分であり器官であった。同業者
団体はいわば第二親等の家族，すなわちその一体性の中に使
用者と労働者を集める労働の家族であった（したがって，そ
こには確かに富める者と貧しい者がおり，山ほどの悲惨なこと
もあったが，道具や労働力商品の水準に還元されたひとつの階
級，厳密な意味でのプロレタリアートの存在は，当時は考えら
れなかった）。厳格なヒエラルヒーが，この家族的あるいは
擬似家族的組織における，また封建的な経済体制における権
威関係の基礎に存在していた。

　しかし中世において——まさに権威のこの家族的観念に対応して——このような社会構造における「異質性」を埋め合わせていたのは，有機的な柔軟性と権威関係の親密さ（しばしば粗暴であったが，無関心や軽蔑よりは我慢できた）であり，自発的および増進的に湧き出てくる人々の自由と自治権であった。この自由と自治権は，意識されたというより体験されたものであったが，現実のものであり，効力をもっていた。もしわれわれが描いた素描が，単なる図式に還元するものでないと言うのなら，ここでコミューンの運動とその経済的，社会的重要性を力説することが適切であろう。

　ついでに言えば，われわれが指摘した第一と第三の特色（有機的統一への動きと霊的目的のための現世的手段の使用）と同様に，第四の特色は中世の直後に続く時代，つまりアンシャン・レジームの時代には，欠如によってではなく，過剰と硬化によって反対の特色に道を譲ることになった。

　もし権威の中世的概念の代表的なイメージを探るとしたら，われわれはそれを正確に言えば中世以前に創設された修道会に見出す。それは，中世の文化を最も典型的に示す主体の一つであって，いわば中世文化の扉を開くものであった。ベネディクト修道会およびベネディクト的権威においては，一人の父親，すなわち福音的特長と聖性を身につけた家父長である修道院長がおり，その下の修道士たちは子供，すなわち彼の子供であった。

　共同の仕事 —— キリストの帝国の建設
　最後に，中世の歴史的理想の第五の特色は，政治社会が取り組む共同の仕事に関わるものであり，それは，洗礼を受けた人間と洗礼を受けた政治の力によって救い主に仕える，社

会的・法的構造を樹立することである。

　われわれが第一章で述べたように，幼年期の絶対的な願望と素朴な勇気によって，そのときキリスト教社会は，その頂上に神が座を占める巨大で，強固な要塞を構築した。現世的秩序に固有の限界，悲劇および争いを無視することなく，また神政政治のユートピアに陥ることなく，神を信じる人類が作り上げようとしたのは，いわば神の国の比喩的で象徴的なイメージであった。

Ⅳ　人間中心的ヒューマニズムの世界における中世の理念の堕落と変質

バロック時代の政体

　これらすべては徐々に衰え，終結へと向かった。ここで，長い歴史的分析が必要であろうが，次のことだけを想起しておこう。国民的な願望の発展，社会的・経済的生活の新しい形態の萌芽とその封建主義との争い，それに伴う思想の秩序における変化が，中世キリスト教社会の聖権的理想から存在の支柱を奪うことになった。ルネサンスと宗教改革を端緒として，霊的・知的統一性が明らかに壊れ始めた。この観点から見て，アレクサンデル6世の統治は，ルターやカルヴァンの運動や暴力と同様に象徴的である。そして文化の全建造物の基礎であるこの霊的・知的統一性を，政治的統一性——それは次第に，主権に執着する諸国家の主要な目標となった——とともに救おうとする絶対主義的反動を，人は目の当たりにすることになった。

　「地上に唯一の群れ，唯一の牧者

一人の君主，一つの帝国そして一口(ひとふり)の剣」

　カール 5 世の詩人であったエルナンド・デ・アクーニャは依然として，このように歌っていた。

　実際は，われわれが語っている統一性は，もはやヨーロッパのものではなくなりつつあり，諸国家の領域のうちに次第に閉じ込められるようになっていった。

　実のところ，この絶対主義的努力は，われわれが見てきた二元論と分裂の時代に，ある種の荘厳な偽善の雰囲気を頻繁に与える，一つの悪徳にさいなまれていた。霊的秩序の優位が理論において肯定されることに変わりはなかったが，政治的なものの優位が実際においては至る所で自己主張しており，現実に，政治的なものは，国王または国家の最終的成功のために，すべてを善しとする技術になろうとしていたのである。徳あるいは見せかけの徳，万民法と，万民法に対する尊敬——人がそれをできる限りかいくぐることによって示す——をも含めたすべてを善しとする技術に。聖なる王の時代はまさしく過ぎ去った。カトリック的なものであろうと，プロテスタント的なものであろうと，現世的なものはマキャベリの思想によって効率的に支配されていた。この思想は実践的秩序の中で，近代における最も普遍的で，最も受け入れられた異端として出現した。

　宗教の統一が上からの文明の統一の条件であったという昔の確信が，今や政治的なものを利する方向に向きを変え，「領主の宗教，領民の宗教（*cujus regio ejus religio*）」という冷笑的な格言を生み出した。かくしてウェストファリア条約が，かつてのキリスト教社会の崩壊を示すことになるだろう。

　確かに今想起した悪は重大なものであったかもしれない
が，われわれが述べている絶対主義的反動の全体的特質は，
社会全体の霊的であると同時に政治的である統一性を救うた
めに，人間的手段，国家の手段および政治的手段を——もち
ろんそれだけではないが，主要な形で——利用することに
あった。この特質は反宗教改革の時代に，至る所で見ること
ができた。猛烈な攻撃に対して，キリスト教社会の残された
部分は，非常に厳しい，強制という手段によって自らを防御
した（しかしそれはある種の節度を守り，自らを攻撃者と同じ
ぐらい過度に暴力的なものにすることができなかったので，自
らの崩壊までの時間を遅らせることができたに過ぎなかった）。
感情的で意志的な力の猛威に対して，人は，善の防衛のため
に用意された人間的意志の戦う力を最高度に高めることに
よって応じた。これは霊的生活と聖性の秩序においてすら，
感知できる。イエズス会はこの時代の霊的義勇軍とでも言う
べき組織である。フュレープ・ミラーは近著において，類似
した精神的緊張をもった二人の巨人のように，聖イグナティ
ウス・デ・ロヨラとレーニンが，近代の始まりと没落におい
て対をなしていることを示唆している[9]。一人は神のために
働き，もう一人は革命のために働いた。しかし追求される目
的と，その帰結としての方法がいかに異なっていたとして
も，この二人の場合，英雄的意志の非常に明確な高揚があっ
た。

　間違いなく，キリスト教秩序を守るまさにその場で，人間
が活動の最前線に立ち，人間的手段とエネルギーを用いて，
また人間的主導性によって，何ができるかを経験することが

---

　9)　René Fulop-Miller, *Les Jésuites*, Plon, 1933.

必要であった。聖人たちはこの主導性を，自らと他者の中で
神の愛に勝利を得させて，さらに輝かせ，神の栄光を増すよ
うに用いたのである。もちろん，この栄光は神にとっては
付帯的なものである（神の本質的な栄光は神自身であり，そ
の栄光は増すことはあり得ないのであるから）。すべてが神に
のみにかかっているように祈りつつ，すべてが自分だけにか
かっているように行為する，これも同じく非常に重要な行為
規準である。すべてが人間にかかっているかのように真に行
為する者が，もし論理的であるなら，神の大義を支持するた
めにさえ，ただ人間的手段だけを用いるのは明らかである。

　いずれにせよ，反宗教改革の時期における政体，あるいは
芸術史の言葉を用いれば，バロック時代における政体は，一
般的に言って中世の時代よりも異常に冷酷であるように思え
る——神的秩序を守るために人間の力が内側に向けられると
いう，まさにその理由で——。このことを理解するには，こ
の観点から，たとえばフェリペ2世と聖ルイ〔ルイ9世〕，
あるいは聖ピウス5世と聖グレゴリウス7世のような典型
的な人物を比較すれば十分であろう。

　それと同時に栄光と野心に向かう人間的な，あまりにも人
間的な堕落が，中世がより大きな謙遜と貧困の中で保ってき
た社会構造を攻撃する。あるときは獰猛で，往々にして傲
慢であったある種の絶対主義が家族の中で芽生えてくる（今
日，家族社会の悲しむべき弱体化を目撃するとき，そこで盲目
の「歴史の判断」が，数世紀にわたる悪習に対して影響を与
えているということを，おそらくわれわれは十分に考慮して
いない）。君主はもはや「人民の代理として統治する者 *vices
gerens multitudinis*」ではなく，もはや支配し統治する権力を
単に持つに留まらない[10]。彼は自分に与えられ，自分のもの

である人民を自分の意志に従える権利を，神から直接引き出す。そして人民に対しては，（少なくとも最初は行使されていた）制度を定める権力が，結果としてすべて否定されるのである。あまりにも豊かになった同業組合は，抑圧的，専制的そして退行的になるであろう。

　しかし社会全体の第一の基礎である精神的統一性が完全に消滅させられない限り，また精神の諸々の善が何はともあれ，そこに関わって残っており，その善の超越的価値が認識されている限り，これらの善と統一性を人間的に過ぎる仕方で守ろうとする絶対主義的な努力の中に，依然として動かしがたい偉大さと正しさが残されていたのである。そしてわれわれが今語っている時期は，とくにルネサンス期において人

　10）　ここでトマス主義者の王政の観念を思い起こそう。「教会の代理人ではなく，キリストの代理人である教皇とは異なり，王は人民の代理人，人民の代理として統治する者 *vices gerens multitudinis* である。法を制定する権力は人民の特権であり，王は執政の権力だけを有する（cf. *Sum. theol.*, Iᵃ-IIᵃᵉ, q. 90, a. 3. 同時にビヨ（Billot）神父の『キリストの教会 *De Ecclesia Christi*』（q.12 n°III, Roma,1921 p. 493）の注釈も参照）」これは，シャルル・ジュルネ（Charles Journet）が *De Regimine principum* のフランス語訳『王の統治 *Gouvernement royal*』（Paris, Libr. du Dauphin,1931）に書いた序文からの引用である。
　（1945 年 10 月 2 日の教皇庁控訴院における講演で，教皇ピウス 12 世は，教会と国家の権力の起源に関するこの根本的な違いを強調した。国家の場合，「人民自身が神から由来する市民的権限の固有の保持者であり」，その意味において市民社会は「下から上に」構成される。これに対して，社会としての教会の基礎は，「下から上にではなく，上から下に」形成される。政治的共同体とは異なり，信者の共同体は本来，社会的権力を有していない。なぜなら教導権（magistère），教皇権（sacerdoce），司牧する権限（autorité pastorale）はキリストによって選ばれた使徒たちの集団に委ねられたからである。市民的権力が「自然権」に基礎を持ち，その基礎を人間の「社会的性質」に見出すのに対して，教会の権力は，このどちらから由来するのでもなく，「神の現実的な行為」，「キリストの意志の表明」に由来する）。

間的に偉大で，美・知性・本物の力・徳において豊かな時期
として，またその明白な過ちが素晴らしく寛大な精神の底流
を忘れさせることのない時期として存続していた。この時期
は古典文明を花咲かせ，それが非常に速く変質した18世紀
においてすら，暗く悲劇的な空をその甘い香りで満たす魅力
と美を保つことになるのである。

自由主義の消え行く勝利

　私がその特徴を挙げようと試みた絶対主義による封鎖は，
あまり長く続かなかった。

　合理主義と自由主義が勝利を収めた後，すなわち抽象的な
個人とその意見を，あらゆる権利とあらゆる真理の源とする
自由主義の哲学が勝利を収めた後，精神的統一性に終止符が
打たれ，われわれはこの分散の利益を体験できるようになっ
た。

　人はそこで，この個人主義的自由主義が純粋に否定的な力
であったことに気づく。それは障害物によって，また障害物
のゆえに生きながらえてきた。一旦その障害物がなくなって
しまうと，それは自らを維持することができない。また人は
同様に，そこにより深いプロセスが現れているのを見ること
ができる。このプロセスは産業的・資本主義的体制の内的対
立に起因するものであり，その重大さは，単なる所有権の移
転ということだけではなく，社会的生活の「実体的変容」と
いうことであった。

現代の反自由主義的反動

　このような時点で，この個人主義的な自由主義的文明の本
質をおびやかす革命的な爆発が起こるだけでなく，いわば生

物学的秩序の防衛反応と反自由主義的反動が生じるのは，自然なことである。これはわれわれが述べてきた堕落のプロセスの最終の段階である。なぜなら反自由主義的反動が霊的生活における内的根源とするのは，身体的・精神的悲惨さと耐えがたい苦しみ以外にないからである。確かに反自由主義的反動は，ヒロイズムと信仰といわば宗教的な献身を呼び起こすことができるが，それは蓄積された精神的遺産をそのように消費するのであって，その遺産から創造することはできないのである。したがって，共同体の政治的統一は，外側からの訓練，政治教育あるいは束縛を用いることによってのみ維持されうる。これらの手段は技術に関して言えば，ソビエト共産主義が自らの独裁のために用いたものに非常によく似た国家的手段である。そして思想と意志の内的一致が政治的統一体の安定のために，依然として必要とされるということを人はよく理解しているので，偽りの知的・霊的統一性が求められ，同じような仕方で強制される。政治的マキャベリズムの策略と暴力のメカニズムの全体が，このようにして良心の世界そのものに逆流し，この霊的な内奥に圧力をかけて，同意と愛——このメカニズムが緊急に必要とする——を奪いとろうとするのである。ここには，目に見えない聖域に対する極めて特徴的な冒瀆が存在する。

　そして，もしわれわれの考察が正しいなら，このような反自由主義的反動が，反宗教改革と政治的絶対主義の時代の，はるかに高貴で，より一層人間性にあふれていた努力よりも長く持続するということは，ほとんどあり得ないであろう。

　しかし歴史として見れば非常に短い時期でも，その重荷に耐えなければならない者にとっては，大いに長く思えることもありうる。世界がプロレタリア独裁を出現させるか，ある

187

いはそれに抵抗することにより，この唯物論的帝国主義の最後の段階をすぐに終わらせるということはないであろう。そしてもし問題となっているのが，文明の一つの時代のすべてを清算するということであるなら，おそらく世界的規模の社会的激変が必要となるであろう。

　いずれにせよ，注目すべき弁証法的経過によって，中世世界を受け継いだキリスト教的絶対主義（少なくとも見かけはキリスト教的である）は，反キリスト教的自由主義によって追放されてしまった。そしてこの自由主義は，成功したという単にその事実によって今度は自分が立ち退かされてしまい，新しい絶対主義，すなわち今度は唯物論的で（公然の唯物論または隠された唯物論のどちらか），かつてないほどキリスト教を敵視する絶対主義のために，場所が準備される。

　この進化の行路の全体を通じて，とくに自由主義的で個人主義的な民主主義の時代を通してすら，何かある物がその主張を絶えず増大させ，強めてきた。その物とは，国家すなわち政治的権力が受肉した主権機構であり，国家はその匿名の容貌を，社会的な共同体と服従する大衆の上に刻印する。

　合理主義はこの前途洋洋たる国家の台頭の帰結を予期しながら，自らの責任を考慮することなく，全世界の青年が失われた統一への絶望のあまり，現在のところ集団的な合言葉と精神的な画一化に対して強い欲求を示していると嘆く。そして合理主義が驚きをもって眺めることになるのは，生きることに意味を見出さなかったロマン主義的な悲嘆に続く，見せかけの陽気さ，最も表面的な生活上の理由で満足する，虚勢を張った態度である。合理主義が気づくのが遅れたのは，理性に優る信仰だけが知的・感情的（affectif）活動に命を与え，人間の中に，強制によるのではなく，内的承認に基づく

統一性を保証することができ，確かに自然的であるが，自然
だけでは保証することができない喜び（異教の知恵は，最善
のものは生まれるものではないと考えていた），すなわち知的
な歓喜を存在せしめるということである。

　特筆すべきことは，西洋文明のいくつかの重要な点におい
て，キリスト教だけが現在，人格の自由を守ることができる
ように見えること，またキリスト教が現世的秩序に光を投げ
かけることができる限りにおいて，社会的・政治的次元で人
格の霊的自由に対応する，積極的自由を守ることができるよ
うに見えることである。

　このようにして，最も論理的に思える歴史的な立場が再び
見出され，この世の勢力の専制に対するキリスト教信仰の古
い戦いが再発見されるのである。

　グレゴリウス 16 世とピウス 9 世の時代に，カトリック教
会の態度という主題について多くの誤解が生じてきた。カト
リック教会はその頃，矛盾した歴史的状況に置かれていた。
近代精神を代表すると主張した自然主義と自由主義に属する
一定数の根本的誤謬に対して，カトリック教会は，崩れつつ
ある現世的秩序——そこにおいては，キリスト教的絶対主義
の時代の残滓が，最終的に消滅しつつあった——が，自らを
守る盾とした真理を擁護しなければならなかった。

　今日われわれは，そのときカトリック教会が擁護していた
ものが，キリスト教的世界観と人生観にとって本質的な真理
であって，滅びうる，あるいは滅びつつある秩序ではなかっ
たということをはっきりと理解するのである。

　最近，人々はシャルル・ペギーの次の言葉を思い起こして
いる。「苦悩が現れるとき，そのときこそキリスト教社会が
戻ってくる」。確かにキリスト教社会は戻りつつある。しか

しどのような仕方で，どのようなリズムで，またどのような
次元の歴史的課題のために戻ってくるのか。それを知ること
こそが極めて難しいのだ。

　単なる理想的な展望の問題であれ，部分的な準備の問題で
あれ，さらに偉大でより秘められたものの素描が問題であ
れ，これまでの考察は，いずれにせよ，中世の型（type）と
は種的に異なり，神聖帝国とは別の理想によって導かれるキ
リスト教社会の型をわれわれが想像することにどのような意
味があるかを示している。このようにしてわれわれは，次の
章の対象となるものにたどり着いた。そこではわれわれは，
今日考えられうる新しいキリスト教社会の理想の特色を，ま
さに中世の文化的理想と対比させつつ示すことになる。

第5章
新しいキリスト教社会の歴史的理想（2）

Ⅰ　多元主義

現世的なもののキリスト教的・世俗的観念

　われわれは，新しいキリスト教社会，すなわち新しいキリスト教的現世的政体の歴史的理想は，中世のキリスト教社会の政体と同じ原理（しかし類比的に適用された）に完全に基づきながら，現世的なものの聖権的なキリスト教的概念ではなく，世俗的（profane）キリスト教的概念をその中に含み持つものであると考える。

　したがって，その特色は人間中心主義時代の自由主義と非人間的なヒューマニズムの特色に相反すると同時に，われわれが神聖帝国の中世的，歴史的理想の中に認めた特色とも逆のものである。その特色は，われわれが今後，他と区別して全きヒューマニズムあるいは神中心的ヒューマニズムと呼ぶものに対応するものとなろう。超自然的世界の中で識別され，新しいヒューマニズムの導きの星となる理念は，もはや神がすべてを支配する神聖帝国の理念ではなく，恩寵によって神に結ばれた被造物の聖なる自由の理念である。この新し

いヒューマニズムは，この導きの星を地上に引き下ろせと主
張しているわけではない。まるでそれがこの世界の何ものか
であって，この地上において人間の共同生活を基礎づける
ことができるとでも言わんばかりに。そうではなく，この
ヒューマニズムがこの理念の光を社会的・現世的なものの俗
世間的で罪深い中心に差し込ませ，それを高みから導くので
ある。

　自由主義の自由は，この聖なる自由のカリカチュアに過ぎ
ず，往々にしてその自由のまがい物に過ぎない。

国家の多元主義的構造

　新しいキリスト教社会の第一の特色は，中世に典型的なも
のに思える，統一へと向かう動きを重視する代わりに——こ
の統一の後には精神的な分裂が進む中で一層機械的で量的な
政治的統一の概念が出て来た——，中世の多元主義よりも一
層発展したある種の多元主義を伴う有機的構造に戻ることで
あろう[1]。

　中世においてこの多元主義は，何よりも裁判権の多数性
（multiplicité）——場合によっては錯綜——と慣習法の多様
性によって明示されていた。今日ではそれを別の仕方で考え
ることが適切だと思われる。われわれはここで，行政的・政
治的自律がどの程度，地域的な単位に属すべきか——もちろ
ん地域や民族のために，より高い政治的理念や価値を犠牲に
せずに——ということだけを考えているのではない。確か
に，民族的マイノリティに関わる問題が，それ自身多元主義
的解決を要求するのは明白なことである。しかし，われわれ

---

1)　*Du régime temporel et de la liberté*, p. 70-85, [Œuvres V, p. 376-387].

がとくにここで考えているのは，たとえばある種の経済的構造の問題であれ，法的・制度的問題であれ，まさに市民社会の構造そのものにおける不均質性である。

　現在流行している国家の様々な全体主義的概念に対して，ここで扱う概念は多元主義的な国家のそれであって，そこには積極的自由を体現した社会集団や構造の多様性が，その組織的統一性の中に組み入れられている。「より低次の集団から，その集団が自分で果たすことのできる機能を取り上げ，より大きなより高次の団体に委託することは不正をなすことであり，同時に社会秩序に大きな損害を与え，混乱させることである」[2]。市民社会は単に個人から構成されているだけでなく，個人によって形づくられる特殊な社会によって成り立つ。そして多元主義的な国家は，これらの特殊な社会にできうる限り高い自律を与え，それらの本性に合わせて，自身の内的構造を多様化させるのである。

経済的多元主義

　したがって，われわれが論じている具体的な歴史的理想と合致する社会においては，もし経済的進歩と現代の科学技術によって作られた状況を考慮に入れるなら，産業経済の地位——そこでは機械が必然的に家庭経済の限界を超える——と，家庭経済に根本的に結びついた農業経済の地位は，全く異なったものになるであろう。産業経済においては，人格の価値そのものが，所有のある種の集団化を要求する。資本主義体制において，企業は，一方で給与労働者と他方で会社（société）の中に蓄積された資本とが組み立てるミツバチ

---

　2)　ピウス 11 世の回勅。*Quadragesimo Anno.*

の巣ではないだろうか。それは人間の社会ではなく，金と書類，富の社会であり，その精神は所有の新たなる権利を生み出そうとする欲求である。企業が機械化，労働の合理化および資金の投入によって自らを完成すればするほど，この集団化の傾向は際立ってくる。われわれが資本主義体制の代わりに，その精神と構造が社会的生活の共同体的・人格主義的構想に一致するような将来の体制を想定するとき，産業経済の立場は，この集団化を禁止するのではなく，それを全く異なる類型に従って，人間人格の利益になるように組織化することになるであろう。後ほどこの問題に戻って来よう。

　これに対して，農業経済（économie rurale）の地位——それは産業経済よりもより根本的であり，正常な社会ではその善がまず保障されねばならない——は，現代的形態のもとで，機械化と協同の利益を生かして，家庭経済と家庭の所有権の改革と蘇生に向かうだろう。共通の協同的サービスが，どれほど発展していても，また労働組合組織がどのような新しい形態を取っていても，この根本的な方向性を尊重しなければならない。この点についてプルードンが記している一人の農夫の言葉を想起しておこう。「私の畝を耕しているとき，私は自分が王であるかのように思える」。所有権の持つ人間の労働と人間の情感との原初的な関係が，機械化の法則の下をひとたび通過した産業経済が知り得ない根源的な単純さで，ここに現れているのである。

法的多元主義
　しかし，われわれが新しいキリスト教社会の特徴と考えている多元主義原理が，最も大きな意味をもって適用されるのは，霊的なものと現世的なものとの関係においてである。第

194

I　多元主義

一に重要な事実，すなわち中世文明に対する現代文明の特徴
として示される具体的な事実，それは現代において，同じ一
つの文明，同じ一つの現世的政体が，その内部で宗教的多様
性を認めているということではないだろうか。中世において
は，不信仰者はキリスト教国家の外にいた。現代の国家にお
いては，信仰者と不信仰者が混在している。今日，全体主義
国家が新たに，すべての者に同じ一つの信仰の規則——ただ
しそれは，国家と世俗権力の名においてであるが——を課そ
うとしていることは明らかであるが，この解決は，キリスト
信者にとって受け入れられない。したがって，キリスト教国
家は現代の状況において，不信仰者が信仰者とともに生き，
同じ現世的共通善を分かち合うような国家としてのみ存在し
うるのである。

　要するに，経験に頼ったその場しのぎの策に留まるのでな
い限り，私が今述べている多元主義原理に訴えて，それを国
家の制度的構造に適用することが必要だということである。

　法律が，最も典型的な仕方で世界観・人生観と関連する事
柄においては，立法者は同じ国家の様々な霊的グループに異
なる法的地位を承認することになろう。健全な哲学にとっ
て，真の道徳だけが道徳であるのは，明らかである。しかし
共通善と，自らに与えられた国民の平和とを目指さなくては
ならない立法者は，国民の状況を考え，国民を構成する様々
な霊的グループの，不十分な面はあるが事実上存在している
道徳的理想を考慮に入れ，結果として最小悪の原則を用いる
必要があるのではないだろうか。

　この多元主義的解決の一つは，神学的自由主義の誤謬に陥
るものであり，おそらくヒンドゥー教の法典の中にその例を
見出すことができる。それは，いかなる人間の見解も教えら

れ，広められる権利を持っているので，国家は，それぞれの
霊的グループが自らの固有の原理に従って作った法を，それ
ぞれの霊的なグループの固有の法的規定として認める義務
があるというものである。われわれが考える多元主義的解
決はこれとは違う。われわれにとって多元主義的解決とは，
より大きな悪（それは共同体の平和の破壊であり，良心の麻
痺あるいは堕落である）を避けるために，国家は自らの内部
で，多かれ少なかれ真理を逸脱した礼拝の様式を受忍するこ
とができるし，受忍しなければならない（受忍するのであっ
て，承認するのではない）というものである。「不信仰者の
儀式は受忍されねばならない ritus infidelium sunt tolerandi」
と，トマスは教えた[3]。礼拝の様式を受忍することは，その
結果として，人生の意味を考える様式と行動の様式をも受忍
することである。多元主義的解決は，その帰結として，国家
がその中に生きる多様な霊的グループにそれぞれ法的地位
（structures juridiques）を付与するよう決定することを意味す
る。そして国家自らがその政治的な知恵の中で，この法的地
位を，これらのグループの状態に適合させるとともに，有徳
な生活を目指す立法の一般方針に適合させ，道徳法則の命ず
るところ――その実現に向けて国家が可能な限りこの多様な
グループを導いていく――に適合させるのである。それゆえ
国家の多面的な法的構造が方向づけられるのは，極めて不完
全で，キリスト教の倫理的理想から最も隔たっているにせ
よ，自然法とキリスト教的法の完成に向けてである。国家の
法的構造は十全的にキリスト教的な肯定的（positif）極に向
けて導かれ，その多様な段階は，政治的な知恵によって決め

---

3)　*Sum. theol.*, IIa-IIae, q.10, a.11.

られた尺度に従って，この極から様々に隔たっているのである。

　このようにして，この国家は本質的にキリスト教的なものであり[4]，非キリスト教的な霊的グループは，その中で正当な自由を享受するのである。

政治的な指導

　このような文明の統一性は，もはや同じ信仰と同じ教義の告白によって，上から保証される本質あるいは構造の統一性ではない。その統一性は完璧さは少なく，形相的であるより質料的であるが，それにもかかわらず実在する。われわれが示唆したように，それは進む方向の統一性であって，共通の

---

　[4]　キリスト教国家というこの言葉は正しく理解されねばならない。この言葉の絶対的な意味における真のキリスト教国家は教会であって，いかなる現世的国家でもない。しかし，ここで私が論じているのは現世的国家である。
　哲学と同様に，政治的秩序は固有の特殊化を有する。しかし哲学と同様に，政治的秩序はキリスト教の影響を受け，それに伴いキリスト教国家の中に存在することが可能である。さらに，私の考えでは実践哲学，すなわち「適切に理解された倫理学」——それは神学の下位に位置づけられ，それゆえその特殊化そのものの中に，キリスト教が浸透している（私の著作『学知と知恵（Science et Sagesse）』を参照）——が存在すると考えられるように，政治的秩序は，それが内的に倫理学に属しているという事実から，その固有の秩序に完全に留まりながら，その政治固有の特殊化の中にキリスト教の浸透を受けることができるし，また受けなければならない。キリスト教国家は，キリスト教によって内的に浸透され，活力を与えられた現世的国家である。
　ヘーゲルと青年ヘーゲル派の時代のプロイセンが標榜した「キリスト教的国家（État chrétien）」は，このような国家をひどく愚弄するものに過ぎないということを付け加えておくことが必要ではないだろうか。ある種の現代の政治的構想も，何が「明確な」キリスト教あるいは国有化されたキリスト教かを人は理解していないということを持ち出して，自分もそのように標榜しようという誘惑にかられるかもしれないのである。

熱望から発出して，人格の超時間的利益に最適な共同生活の
形式に向かう（それは異質な文化の様々な層を通過し，その
あるものは極めて不十分である）。キリスト教君主が，かつて
国家において果たした統一と指導（formation）の主体とし
ての役割，それと同じ役割を，この新しい現世的秩序におい
て果たすことになるのは，政府の形態がどのようなものにな
るのであれ，キリスト教一般信徒と大衆的なエリートの中で
最も政治に卓越した者，最も熱心な者たちである。

　ここで一つ補足説明をお許し願いたい。トマスが王につい
て述べたこと，すなわち，王はしかるべく人民を真に人間的
な善である現世的な共通善に導くために，純粋かつ単純に，
よい人間（bonus vir）でなければならないということは，優
れた市民（cives praeclari），すなわち私がいま述べた指導的
で創造的な役割にふさわしい良識ある政治的人材についても
言わなくてはならない。しかし道徳的に正しい状態にしっか
りと位置づけられ，純粋かつ単純に，善良で有徳な人間で
あるためには，実際のところ，恩寵と愛徳の賜物[5]，「注入徳
（vertus infuses）」を必要とする。これらの注入徳はキリスト
を通して到来し，キリストと結びついているので，まさにキ
リスト教的徳の名に値する。このことは，本人に責任のない
何らかの妨げの結果，これらの徳の持ち主が，キリスト教的
信仰告白を知らないか，あるいは正当に評価していない場合
でも，同様である。そこから帰結として言えることは，この
ような政治的人材によって指導され，導かれている国家は，
現実に，その限りにおいて，（またそれが現世的なものにおい
て理解される全く相対的な意味で）キリストの統治下にある

5)　Cf. *Science et Sagesse,* [plus haut], p. 152-160.

ということである。キリストが王たることの普遍的な原則，すなわちキリストなしでは，堅固でよいものは何も築くことはできないという公理は，政治的秩序においてさえ，全くの真理として適用される。この公理は中世の外的に示され高度に象徴化された仕方によるのではなく，また古典時代のうわべの装飾的な方法によるのでもなく，社会的生活の構造と象徴においてはっきりと示されていないにせよ，現実的で，生き生きとした方法によって適用される。

　もう一つの問題が，政治的人材——われわれは彼らに，ウェッブ夫妻の言葉を借りて，リーダーシップの召命があると考える——について提示される。彼らがもし組織化されていないなら，どうやってこの役割を効果的に果たすことができるだろうか。

　共産主義，ファシズム，国家社会主義はすでに，この種の問いにそれぞれの固有の観点から答えを与えている。政治的統一性は，国家，運動および国民の三重の要素を含むと述べた後，カール・シュミットは，運動に固有の機関は，国家社会主義党（国家および，それと同一である国民を支える指導組織）であり，党と国家の結びつきは，何よりも国家の指導者（Führer）であり首相である者において実現された人格的統合にあると教える[6]。同様にファシスト党は，1929 年 12 月29 日の法律以来，「国家の一機関 un organo dello Stato」であって，その点で国家機関（organo statale）あるいは憲法構造における特定の一部分ではなかった。しかし党の機関であるファシズム大評議会は憲法構造の一部を成し，それゆえ

---

6)　Cf. Carl Schmitt, *Staat, Bewegung, Volk, die Dreigliederung der politischen Einheit*, Hamburg, 1933.

〔党と国家の〕結びつきを確かなものにしていた。ソビエト
の構想はイタリアともドイツとも異なって，より一層根源的
で，より一層重要である。共産党はソビエト共和国の憲法構
造の中にいかなる位置も占めておらず，党と国家の結びつき
は，一人の同じ最高首脳の統一性から出てくるのでも[7]，両
者を特別に結びつける仕組みから出てくるのでもない。それ
は，党があらゆる手段を講じて行使する政治的・知的・道徳
的影響力から，また国家の機構の中に信頼できる人間が絶え
ず浸透していくところから出てくるのである。共産党はある
種の世俗的・無神論的修道会（Ordre）であり，イエズス会
を逆転したイメージに比されるものである。世界組織（共産
主義インターナショナル）として考えた場合，それは国際的
あるいは超国家的である。共産主義政府の国家において，共
産党は，自らが国家を精神的権威（spiritualis auctoritas）に
よってリードすればするほど，より効率的に国家に対する指
導的権力を確保できると主張する[8]。

　われわれはこの三つの方式のいずれかによって，ここで問
題となっているリーダーの組織化を考えているのではない。
われわれは，政治的友愛の組織化の理念，あるいは政治協会
（Ordre politique）の理念が，おそらく重要な歴史的運命を約
束されていると考えている。しかし多元主義的で人格主義的
な国家においては，この理念は独自の形で実現される。問題
となっている政治的な組織の精神と方法は，共産党および類
似の党のそれとは完全に異なっているだけでなく，それらの
組織は自由を基礎とし，多様である。そこが肝心な点であ

---

　7)　スターリンは党の書記である。彼は国家の構造の中では二次的な
役割しか持っていない（1936 年）。

　8)　Cf. S. et B. Webb, *Soviet Communism*, I, ch. v.

る。それにもかかわらず，これらの政治的な組織はそれらの
本質的構造と道徳的規律によって，今日の議会制の「政党」
とは異なる。それは同様に，成員に要求される人格的・精
神的努力によっても政党とは異なる（さらに言えば，健全に
構想された代議政体においては，審議を行う議会から行政府が
十分に独立しているので，利害と欲望の結びつきを満足させよ
うとして権力を用いる可能性そのものが，消失するであろう）。
結局，われわれが語っている世俗的領域における市民的友愛
組織と国家およびその憲法構造の関係は，神聖なる領域にお
ける様々な修道会と教会およびその位階制の関係のようなも
のである。両者の違いであるが，後者の場合，原則的に君主
制的な「混合政体」が関わっており，そこでは修道会は厳格
な従属関係により位階制（少なくとも位階制の頂点）と結び
ついている。他方前者は，原則的に民主的な「混合政体」と
関わっており，そこでは政治的な友愛組織が国家から独立し
た組織を形づくり，自由な結社の権利に関わる一般的な規定
にのみ服する。

最低限の統一と市民的な寛容

　多元主義的な国家の統一に関するわれわれの考察に戻ろ
う。このような現世的統一は，中世のキリスト教社会の聖な
る統一のような，最大限の統一とは異なる。それは反対に，
最小限の統一[9]であって，多元主義的な国家の形成と組織化
の中心は，人格の生に置かれるが，それも現世を超える人格

---

　9)　われわれが「最小限の」と呼ぶ統一は，有機的な実際的統一であ
り，自由主義的・個人主義的国家の統一よりはるかに優れている。この後
者の統一は，本当のところ有機的なものとしては皆無と言ってよく，国家
の絶対権力によって保障された機械的な統一としてのみ存在しうる。

の生の最高の水準にではなく，その現世的な側面そのものの
水準に置かれる。その結果として，この現世的・文化的統一
は，それ自体，信仰と宗教の統一を要求するのではなく，ま
た非キリスト信者をその内部に集めても，この統一はキリス
ト教的でありうるのである。

　それゆえ宗教の区別がいつか将来なくなったと仮定して
も，現世的なものについての，次の一層完全な区別は達成さ
れた利益として留まるであろう。その区別とは間違える自由
をそれ自体善とする教義上の寛容と，国家に良心の尊重を命
ずる市民的寛容の区別であり，それは国家の構造に刻み込ま
れたものとして残るであろう。

　ついでに指摘しておくと，非常に興味深いのは，たとえば
市民的寛容のような歴史的発展における進歩は，キリスト教
に逆らって閉ざされた真理を打ち立てた，誤謬のエネルギー
の仮面あるいは口実として役立った後に，初めて獲得された
ということである。そして，ほかならぬキリスト教自身がこ
の進歩──その意に反して獲得されたと言われている──の
維持に努めているのである。他方，誤謬のエネルギーの方
は，突然その方向を変えて，もとは自らが誇りとしたこの同
じ進歩を破壊することに熱心なのである。

多元主義的な国家の統一性

　われわれが語っている多元主義的解決の及ぶ範囲を強調し
ておくことは，重要である。それは 19 世紀に流行っていた
自由主義的概念から隔たっている。なぜなら多元主義的解決
は，現世的国家が倫理的で，最終的に宗教的な特殊化を有す
ることが必要だと考えているからである[10]。またそれは同様
に中世的概念からも離れている。この特殊化は，内的な異質

202

I 多元主義

性を容認し，単に共通の感覚，方向あるいは志向性を主張するに過ぎないからである。多元主義的な国家は，自由を増加させる。自由の尺度は単一ではなく，比例の原則に従って多様化する。

他方で，この多元主義的解決は，現世的共同体の統一を，それが本質的にまた自然本性によってそうであるところのもの，すなわち友愛による単純な統一へと連れ戻す。

聖権的なキリスト教社会の時代，現世的共同体の統一は一段高いものであった。それはある意味で，キリストの神秘体の完全な統一に参与していたのであり，信仰の統一がその源泉であった。

有機的で生き生きとした状態におけるその統一が失われたとき，前章で述べたように，バロック時代のヨーロッパでは，絶対主義の様式の下でその統一を保とうとしたのである。しかしここで，もう一度述べておきたいことは，中世に信仰が果たしたのと同じ文化的機能を担おうとする哲学の非常に重要な試みを，人は近代の長い期間を通して目撃したということである。中世の統一の記憶に取り憑かれた哲学者たち，すなわちデカルト，ライプニッツ，ヘーゲルあるいはオーギュスト・コントのような哲学者たちは，現世的文明がもはや信仰の中には見いだせない完全な統一の超現世的原理を，理性が現世的文明に対して提供するように要求した。彼らの失敗は一目瞭然であった。

この経験の教訓は，私にははっきりしているように思える。哲学的なミニマム〔の条件〕で人間を統一しようと試み

10）　宗教的要素が政治的な特殊化それ自体に影響を与える限りにおいて。本章，注4を参照。

ることほど空しいことはない。それがどれほど小さく，控え
めで，遠慮がちな態度を取ろうとしても，それは常に争いと
分裂を生み出すであろう。そして相争う信念の共通分母を探
すこの試みは，知的な凡庸さと臆病さへの道にほかならず，
精神を弱め，真理の権利を裏切ることになる。

　だがそうであれば，中世における使徒信条であれ，ライプ
ニッツの自然宗教であれ，オーギュスト・コントの実証哲
学であれ，あるいはフランスの世俗性の最初の哲学者たちに
よって引き合いに出されたカント的な道徳の最小限であれ，
共通の信仰告白の中に社会全体の統一の源泉と原理を探すこ
とを，われわれは拒否することが必要である。

　にもかかわらず私が述べた友愛による単純な統一では，こ
の社会全体に形相——それなしでは，国家が真に人間的な共
通善を持つことができない倫理的特殊化——を与えるには不
十分である。と言うよりはむしろ，友愛による統一として存
在するためには，国家にはこのような形相，このような特殊
化が前提として必要なのである。

　もしこのような形相がキリスト教的なものであるとした
ら，それは，キリスト教的概念が，われわれが述べた世俗
的・多元主義的形態によって〔敵対者に対して〕優位に立つ
ことになるという理由からであろう。

　しかし，どのようにすればそうなるのか。それは，このキ
リスト教的概念の支持者たちが，十分な精神的エネルギー，
力，そして政治的賢慮を持ち，その概念が健全な理性と共通
善に一致するということを，それを理解できる人間に対して
実際に示すことによってである。そしてまた——理解できる
人間は少数であるので——他者の信頼を呼び起こし，それに
値するものとなり，真のリーダーの道徳的権威を獲得し，有

機的な政治的構造を持つと考えてよい国家において，権力を
行使することによってである。私が考えている国家では，社
会的および地域的集団の利益が，単に助言的な機関によって
代表され，権力は，市民とその政党の政治的思想と意志から
直接発する立法府と，人民から同様に由来するが，政党から
独立して，共通善以外の他のすべての関心事から解放された
行政府によって構成されている[11]。

　新しい構想可能なキリスト教社会の本質，本性に関わる以
上の考察は，理性に基礎づけられており，この観点から論理
必然的だとわれわれは考えている。これらの考察は同時に，
このような構想が実現される際に直面する困難を示している
ということを，付け加えておこう。これらの困難が生まれる

---

　11)　この数行で示されている政治的構想は，われわれの考えでは次の
ようなものを含んでいる。
　〔1〕人格主義的民主主義（普通選挙を基礎にして，男女ともに選挙権と
被選挙権を有する）。そこでは，市民は選挙権を持つだけではなく，一般的
に国家の政治的生に積極的に関わる。
　〔2〕自由主義的個人主義の時代に適した時代遅れの議会制を，次のよう
な代議制に置き換えること。そこでは立法府と行政府は一層明確に区別さ
れ，行政府の二つの機能である命令を発する権限と指揮する権限（それは
最終の決定 judicium ultimum，命令権 imperium および権威の現実的な行使
に対応している）が，政府の機関――間接選挙によって人民に由来し，人
民により直接選ばれた最高の統治機構に対して責任を持つ――によって行
使される。その際，代議制の議会は本来の意味で法律を作成する，あるい
は共同の生活の一般規則を規定する責任（決定 judicium に対応し，権力の
構造的形態に関する権限）を有し，政府の機関と緊密に協力して，注意深
く行政活動を準備し，政府の機関をコントロールする責任を有する（たと
えば，予算の採決，ある特定の状況である命令の無効化を実施する権利，
あるいはある大臣を忌避し，または辞職させる権利，国家生活に大きく関
係するすべての場合に最終の決定を行う権利によって……）。
　最後に，ほかにも諮問的な機能だけを持った会議があり，権力を有さ
ず，立法府の働きと行政府の働きから離れた準備に関わる（これは助言
consilium に対応する）。

のは，キリスト信者が宗教的，哲学的に分裂した文明の下に
あるだけでなく，ある面でキリスト教に暴力的に敵対する歴
史的諸力と，また別の面でキリスト教世界それ自身の中で，
非常に重大な歴史的重みをもつ一義的な偏見と関わり，最終
的には，もはや人間的尺度を持たない文明の矛盾に盲目的に
支配された，大衆の非合理的潮流に関わるからである。

II　現世的なものの自律

　われわれが思い描く現世的政体の第二の特色は，世俗的あ
るいは俗人的国家のキリスト教的概念とわれわれが呼んでい
るものに関わる。それは中間的あるいは下位の目的として現
世的なものの自律を肯定することである[12]。それは，国家の
自律はそれ自身の秩序において最高のものであると宣言す
る，レオ 13 世の教説と一致する。われわれは前の章で，中
間目的と手段との区別，第二の主要原因と道具的原因の区別
について言及した。またわれわれは，中世のキリスト教社会
において，現世的なものが実際にあまりにも頻繁に，霊的な
ものに対して手段という単純な役割，単純な補助的，道具的
機能を果たしてきたことを指摘した。

　世俗的あるいは現世的秩序は，（最も誤った諸々のイデオロ
ギーによって汚染されてはいるが）[13]それ自身としては正常な
多様化のプロセスの結果として，近代の歩みの中で，霊的あ
るいは聖なる秩序に対して，事実上道具性を排除するような

---

12)　本書第 4 章，注 3 および 176 頁を参照。
13)　これは中世から始まった。Cf. Geroges de Lagarde, *La Naissance
de l'esprit laïque au déclin du Moyen Age* (I. Bilan du XIIIe siècle; II. Marsile de
Padoue), éd. Béatrice, 1934.

自律的関係にあるものとして確立された。言い換えれば，そ
れは成熟に達したのである。

　そしてこれもまた，新しいキリスト教社会が保持しなけれ
ばならないと思われる歴史的収穫である。もちろん，これは
霊的なものの優位が無視されるということではない！　現世
的なものは，そこでは霊的なものに従属する，あるいはその
下位に置かれるであろうが，もはや中世によく見られたよう
に，道具的原因としてではもちろんなく，より低次の主要原
因としてである。すなわち，もはや地上的共通善が永遠の
生命（いのち）に対して，何よりも単なる手段として考えられるのでは
なく，この点において本質的にそうであるもの，すなわち中
間的あるいは下位の目的として，理解されるのである。

　現実的，実質的従属，それは近代のガリア主義的あるいは
自由主義的構想と対照をなすものである。しかしそれはもは
や決して単なる補佐的な形態ではない従属であり，これこそ
中世的構想と対照をなすものである。

　このようにして，本質的にキリスト教的な世俗的国家，あ
るいはキリスト教的に形成された世俗的国家，いわば世俗的
なものと現世的なものが，十分に目的と主要原因としての役
割と尊厳を持っている国家——しかし究極目的でも最高の主
要原因でもない——の観念が，明確にされ精密化されてき
た。そこに，キリスト信者が「世俗的国家」という言葉で理
解することのできる唯一の意味がある。それ以外では，この
言葉は同義反復的意味を持つか——国家の世俗性とは，国家
が教会でないことを意味する——，あるいは誤った意味を持
つ——国家の世俗性は，国家が中立か反宗教的か，言い換え
れば，純粋に物質的な目的に仕えるか，反宗教的目的に仕え
る——かのどちらかである。

次の節のいくつかの段落で[14]，重要な諸点に関して，今述べたことをさらに説明し，精密化しよう。

Ⅲ　人格の自由

霊的なものと現世的なもの

構想可能なキリスト教社会の第三の特色は，このような現世的秩序の自律の主張とともに，それと切り離せない，現世的，政治的手段との関係における人格の治外法権（exterritorialité）の主張である。

ここでわれわれは第二の中心的な事実，イデオロギー段階の事実——これによって，近代は中世に対立する——に出会う。すなわち神に仕える剛毅という神話に代わって，自由の獲得あるいは実現という神話が登場する。

しかし，キリスト教的文明にとって，何よりも第一に問題となるのはどのような自由か。それは自由主義的考え方における，個人の単なる選択の自由ではない（それは単に自由の始まり，あるいは自由の根元に過ぎない）。また帝国主義的あるいは独裁的考え方における，国家の栄光と力に存する自由でもない。それは何よりも，人格の霊的完成と一致する自律の自由である[15]。

このようにして，すでに見たように現世的で政治的な秩序の統一の中心が低くなるのと同時に，この秩序の一層上方に人格の尊厳と霊的自由の秩序が現れる。

---

14)　本章，209-212 頁を見よ。
15)　われわれがアリストテレス的であると同時にパウロ的な意味で用い，決してカント的な意味で使っていない自律の自由と言う表現については，拙著 *Du régime temporel et de la liberté* を参照。

Ⅲ　人格の自由

　そこから，観点と様式（style）における完全な変化が，現世的組織のうちに生じる。キリスト信者は国家が神に対して義務を持っていること，国家が教会と協働しなければならないことを知っている。しかしこの協働を達成する仕方は，歴史的状況に応じて典型的な仕方で異なりうる。かつては，それは主として現世的な強制力そのものと法的拘束によるものであった。将来は，それは政治と宗教が関連する事項における主として道徳的な影響の方式になるであろう。聖アルベルトゥス・マグヌス[16]とトマス[17]は，使徒と殉教者の時代には，教会が強制力を用いることは適当でなかったが，後にはそれが適当になったという事実を，教会の状態または年代の相違によって説明する。しかしまた別の時代には，またもや教会が強制力を使うのはふさわしくないということが同じ論法で説明可能になるであろう。

　キリストは知らしめられることが必要である。それは教会に固有の使命であって，国家の使命ではない。しかし聖権的な形態のものであれ，世俗的な形態のものであれ，キリスト教的・現世的国家は教会がこの使命を自由に達成することができるように，援助しなければならないということを弁えている。

　聖権的な形態の文明の場合，問題のこの援助は道具的秩序に属する。世俗の権力はこの場合，その剣を霊的なものの使用に供する。したがって，国家の強制力が破壊的な影響力から共同体の信仰を守るために，介入するのは正常なことである。また共同体の意識に，全員一致の同じ確信が深く浸透し

---

16)　*Quodlibet XII*（1268年頃），a. 19, ad 2^m（使徒時代の教会は，今の教会と一つであるか）。

17)　『黙示録に関するプロローグ』，『聖ルカに関する注釈』。

ているというのは，決して驚くべきことではない。中世にお
いてそうであったように，国家の干渉がこれらの事項におい
て，自発的な大衆的反応の過剰を和らげ，抑制することすら
ありうる。実際，異端者をリンチにする以上に，群衆にとっ
て自然なことがあっただろうか。

　世俗的な形態の文明の場合，キリスト教的・現世的国家
は，その固有の（下位の）目的を（下位の）主要原因として
追求することによって，教会に対する務めを果たす。それ
は，むしろここで述べられた多元主義的様式に従い，キリス
ト教的活動を現世的活動そのものに統合することによってで
あり（たとえば，キリスト教的教育に教育制度の中で正当な場
所を与えたり，慈善活動を行う宗教的機関に社会扶助の中で正
当な地位を占めるよう求めるなど），このようにして国家自ら
が，より高次の主体と自由に協調する自律的な主体として，
教会の助けを得ることによってである。二つの権力の協力の
主要な様式になるのは，したがって，「永遠の国に最もふさ
わしい活動，換言すれば霊的で道徳的な活動という様式」[18)]
である。

霊的なものと国家

　ある地上の国家が，異端そのものの権利は認めないが，市
民の争いを避けるという理由に加えて，異端者における人間
本性と諸々の霊魂の宇宙に住まう霊的な力の貯えを尊重し守
るという理由で，異端者に市民的自由を認め，同時にその思
想と習慣にふさわしい法的地位を与えるとする。その場合，
この国家が忍耐の少ない国家と比べて，人格の霊的生活の対

---

18)　*Du régime temporel et de la liberté*, p. 78 [ŒC V, p. 381].

210

Ⅲ 人格の自由

象すなわち知恵と徳の水準──社会全体はこの水準を下回る悪や誤謬を許容しない──という観点からは、人格の霊的生活を優遇していると言えないのは確かである（もちろん自由主義の中立的な国家ほどは、その水準は下回っていないのであるが）。しかしこの国家は、主体という観点からは人格の霊的な生を一層尊重しているのであり、社会的、現世的なものに対する主体の治外法権的特権──万物の創造主によって内部から教育されうる霊魂としての──は、より高い次元にもたらされるのである。

この点に関して、マニング枢機卿が60年前にグラッドストンに対して出した声明を、想起することができるであろう。

「たとえ明日、カトリック信者がイギリスで権力を持っても、一つの刑罰も提案されることはないであろうし、いかなる人間の信仰に強制の影が投げかけられることもないであろう。われわれはすべての者が、真理を十分に信奉することを望んでいるが、強制される信仰は、神と人を裏切る偽善である。たとえ明日、カトリック信者がイギリス王国の「王族」になっても、先祖代々異なる国民の宗教的状況を困難なものにしようとして、政治的権力を使うことはないであろう。われわれは教会も、大学も、学校も閉鎖しないだろう。われわれの敵対者は、われわれが少数派として享受するのと同じ自由を持つことになるであろう」[19]。

---

19) *The Vatican Decrees*, London, 1875, p. 93-94. R. P. Michel Riquet, *Conquête chrétienne dans l' État laïque*, Paris, 1931. より引用。

211

　ここに再び，われわれがその特色を示そうとしている歴史
的理想が，中世の理想とも自由主義的理想とも同時に対立す
るものとして現れる。もしこの歴史的理想において，人格の
自由が，国家の政治的構造のさらに上方に姿を現すとした
ら，それは，われわれが少し前に，本質的にキリスト教的な
世俗的国家と呼んだものの自然本性そのものによるのであっ
て，決して中立主義，すなわち国家が中立でなければならな
いという理念の結果ではない。またそれは自由の真正の意味
によるものであって，いかなる自由主義的あるいは無政府主
義的教義によるものでもない。

表現の自由

　マルクスが若い時代に，当時若いヘーゲル主義者たちが社
会的万能薬と考えていた出版の自由のための戦いをもって出
発したことを知った上で，今日マルクス主義ロシアで，出版
がどれほどの自由を享受しているかを確認するとことは，興
味あることである。ロシアもまた他のすべての全体主義国家
と同様に，プロイセンの王たちと彼らの検閲官とは異なる方
法を用いたが，それはとくに，政府を物笑いの種とする作品
を生み出させておいて，政府に反抗したとして殉教者を作る
のには適した方法であった。ロシアは，法律が強いもので
あるときのみ，よいものであるということをよく理解してい
た。この教訓は，失われるべきではない。ただしそれは，別
の形で適用することが適当である。
　グレゴリウス 16 世とピウス 9 世のときにローマ〔カト
リック教会〕が，出版の自由と思想を表現する自由をそれ自
身目的とし，制限のない権利とする主張を糾弾したとき，そ
のことは人間の統治の基本的必要性を再確認しただけであっ

た。これらの自由はよいものであり，人間の自然本性の根本
的要求に対応している。しかしそれは，本来神の秩序に属し
ていないすべてのものと同様に，規制される必要がある。全
否定によって，専制的あるいは全体主義的にこれらの自由を
規制するやり方は，厭うべきものに思われる。正義と自己規
制の進展によってこれらの自由を規制する多元主義的規制方
法が，われわれにはよいと思われる。それは正しいと同時に
強力でもある。たとえば，ひとつの自律的団体に集められた
出版者と作家から成る様々な集団が，制度的地位によって，
徐々にその専門職の職業倫理をコントロールする力を持つよ
うになると仮定してみよう。そうすれば彼らが，陶工が陶工
に対して持つような自然的厳しさによって，効率的にこの統
制を行いうるということを，理解できるであろう。国家の最
高の司法機関が介入しなければならないのは，むしろ個人を
その同僚から守るためである。

　ただし，最も適切な解決は別のものである。一人の警察官
が芸術作品を判断するとき，それがわれわれの価値の序列
の感覚（sentiment）を満足させることは，極めて稀である。
また一人の別の芸術家がこの芸術作品を判断して，その運命
を決めるとき，それがわれわれの〔価値の序列の〕感覚を満
足させることは，同じくほとんどない。あらゆる外的な規制
は，それが芸術家の人格に創造的責任の自覚と共同の交わり
の自覚を発展させるのを目的とするのでなければ，むなし
い。同胞に対する責任を感じることは，自由を減ずるもので
はない。それは自由に対してより大きな重みを与えるのであ
る。

多元主義的な国家と法

　私が語っている多元主義的な国家は，中世国家ほど仕事
熱心ではないが，自由主義国家よりはるかに仕事熱心であ
る。それは権威ある国家である。法の役割は，粗暴な者ど
も（protervi），すなわち邪悪な者および冷酷な者に，彼ら自
身では不可能な行動を取ることを強制するとともに，人々が
最終的に法に服さなくてよくなるように教育することである
（それは，人が自分自身で，自発的かつ自由に法が規定したこ
とをなすようになるからであり，それは賢者のみが達成しうる
ことである）。多元主義的な国家では，法はその道徳的任務，
すなわち自由の教育者の任務を再発見するであろう。それは
自由主義国家において，法がほとんど失ってしまった任務で
ある。最高の価値——法はこれとの関連でその規定の段階や
制裁の段階を規制する——が，もはや中世国家の共通善が服
していた聖権的な価値でないことは明らかである。しかし最
高の価値は，依然として聖なる何ものかである。それは一つ
の階級の聖なる物質的利益ではなく，民族の聖なる威信でも
なく，さらに蜂の巣箱を模した国家の聖なる生産物でもな
い。それは真に，そしてすでに自然によって聖なるものであ
る。それは霊的な完成と真の自由の獲得に向けられた人間人
格の召命であり，そのために必要とされる道徳的な完全さを
準備するものである。

　今述べた考察を正当化するのは，トマス主義的な類比の学
説，とくにトマス主義的な法理論と結びついた共通善観念の
類比性の学説である。いかなる罪をも許さないがゆえに，汚
れなき神法（*lex Domini immaculata*）と呼ばれ，神の生命そ
のものである共通善に秩序づけられた神の法とは異なり，人
間の法は，トマスが述べるように，悪のすべての種類を禁

214

じ，罰することはできない。また人間の法は現世的共通善に
秩序づけられているので，規制し，測定し，禁止し，懲罰す
る仕方を種的に異なる類型に合わせるのが自然である。現世
的共通善はこの類型に従って，国家そのものと文明と同様
に，類比的に実現されるのである。「それぞれ違ったものは，
違った規準によってはかれる *Diversa enim diversis mensuris
mensurantur*.」（Ia-IIae, 96, 2）。「人定法は国制が異なるのに
基づいて区分される *Distinguuntur leges humanae secundum
diversa regimina civitatum*.」（Ia-IIae, 95, 4）。

地上的善の所有

　人格が，われわれが構想する新しいキリスト教社会におい
て果たす優れた役割に関する考察に，あと二つの考察を手短
に加えなければならない。それは第一に物質的善の所有に関
わり，第二に結婚における女性の役割に関わる。
　物質的善の所有に関して，周知のようにトマスは，一方で
は物質に働きかけ，加工し，それを理性の形式に従属させよ
うとすることがとくに人格性の緊急事であると見なし，そこ
から善の所有は私的なものでなければならないと教える。な
ぜなら私的所有がなければ，人格の労働的活動性は妨げられ
るからである。しかし他方で，物質的善が本来，人間という
種のためにあること，また各人が究極目的に自らを向けるた
めに物質的善を必要としていることから，個人に所有された
善の使用は，それ自身全体の共通善に仕えねばならない，と
トマスは教える。「使用に関しては，人は外的財物を固有の
ものとしてではなく，共有的なものとして所有するべきで
ある *Quantum ad usum non debet homo habere res exteriors ut
proprias, sed ut communes*.」[20]。

　この第二の側面は，自由主義的個人主義の時代には完全に見えなくなっていた。今日われわれが目撃している国家社会主義の暴力的な反応が，人間に対して，このようにして忘れられていたもの，すなわち共同使用の法を想起させるだろうと思われる。

　この〔国家社会主義者の〕反応がそれ自身異常であり，それ自体が災いをもたらすということは言っておかなければない。人格性にそれに値する地位と価値を与え，人格性が人間という種の中でどれほど不安定で，たえず環境によって脅かされているかということを理解している者にとって，私的所有の法——厳密に個人的な形態または社会的な形態の下での——は，共同使用の法と同様に緊急重大なものであることが分かる。したがって，所有物の使用における個人主義の乱用を治療するには，私的所有を廃止するのではなく，それとは逆に，私的所有が人格にもたらす保護を広く普及させなければならない。問題は，それぞれの人間人格が，地上的善の私的所有がもたらす利益に具体的かつ現実的に近づけるようにすることである。それも，非常に異なりうる方法で，必要な場合はある種の集団化を排除せずに。悪いのは，このような利益が特権を与えられた少数者に留保されているということである。

　このような問題の立て方は，プルードンにおいても，また偶然ではあるが，マルクスにおいてさえも見られる。しかしマルクス主義の解決は，その原則において間違っている。なぜなら，それは結局，人間の本質——私的所有によって疎外

---

　20)　*Sum. theol.*, II^a-II^{ae}, q. 66 a. 2. この言葉の意味については，以下を参照。*Du régime temporel et de la liberté*, Annexe I.

され，共産主義のおかげで再統合された──が，単に政治的
生活に特有の共通善を共有することに存するとするからであ
る。この点に関して，マルクスの初期の共産主義著作[21]，た
とえば『フォイエルバッハに関するテーゼ』[22]の中に，彼の
共産主義，すなわち無神論と結びついた社会的一元論の形而
上学的な根底を示す貴重な指摘がある。この無神論について
はすでに述べたが[23]，それは人間人格の最高の価値を無視す
るものである。マルクスは人間と人間的なるものの問題に完
全に没頭していた。しかし人格に関する事柄，すなわち個別
的であって，個別的でありながらも一つの宇宙を構成する人
間人格に関する事柄に，マルクスは気づかなかったと言える
だろう。そこから，マルクスのヒューマニズムの生来の欠陥
が生まれる。またそこから，労働そのものに関するマルクス
の奇妙なほど一元論的で内在論的な概念が，出てくるのであ
る。すなわち労働は，人間の本質が実現する共同の絶対的な
実体であり，その実体はそれ自体，特定の対象や善に関わる
ことなく，固有の要求を持つ人格そのものの創造的活動とも
無縁なのである。

　どちらかと言えば，プルードンのある種の観念をここで取
り上げる方がよいかもしれない。だからと言って，プルード
ン主義がこの点で「利用」できると主張するわけではない。
私的所有が人格性の働きにもたらす利益や保障を適切な方法
で各人に広げる，まさにそのために，所有が産業経済におい
て取らなければならないのは，国家社会主義的形態でも，共

---

21)　Cf. A. Cornu, *Karl Marx*..., p. 292.

22)　「史的唯物論は人間の真の本性がその社会的活動によって構成さ
れると考える」同上書，391 頁。（フォイエルバッハに関する第九テーゼ）

23)　第 2 章を参照。

産主義的形態でもなく，社会的（sociétaire）形態であるとわ
れわれは思う。その結果，そこでは共有の体制が，可能な限
り賃金制に取って代わり，人間人格のために，機械によって
課される隷従が，企業の経営と方針に労働者の知性が参加す
ることによって埋め合わされなければならない。

　このようにして，社会主義理論が一般的に非常に脆弱な手
法で扱ってきた問題，すなわち集団化された産業生産の中で
労働への動機づけを与えるという問題に対する解決が可能で
あるように思われる。なぜならその場合，この動機づけは，
議会制民主主義の方法を，大規模な企業であるこの種の技術
的国家に適用することによって行われるのでもなく，何らか
の様態の強制労働によって行われるのでもないからである。
またこのような動機づけは,仕事に対する広い心（générosité）
と喜びから生まれるが，それだけではない。この広い心と喜
びは，神秘的なものを前提とし，キリスト教信仰が，もちろ
ん共産主義信仰と同様に力強く呼び起こすことができるもの
であるが，傷ついた人間性にはそれは容易ではない。また広
い心と喜びは，労働に同じく含まれる苦労の要素を覆いはす
るが，それをなくすことはない。このような動機づけは利害
関心そのもの――この種の取るにたらない人間的基礎は不可
欠である――から同様に生まれてくる。この利害関心は，新
しい形を取り，必ずしも利己的なものでも貪欲なものでもな
く，何よりも働く者の責任の感覚に関わる。すなわちこのよ
うな動機づけが生まれてくるのは，所有者の利害関心，ある
いはむしろ共同所有の関心であって，それは働く人格が企業
の良好な発展の中で手に入れるものである。その利害関心
は，接合（emboîtement）と包括（surordination）という，い
わば生物学的系列に従った共同所有の組織化を前提とする。

すなわち個々の分子は，細胞——たとえば仕事場^{アトリエ}——の命に
直接的に関心があり，細胞は組織の命に，組織は器官の命
に，器官は身体全体の命に利害関心がある。問題は私的利害
関心を消し去ることではなく，それを純化し，高貴なものに
することである。また共通善に秩序づけられた社会的構造の
中で私的利害関心を捉え，同時に（これが最重要な点である）
分かち合いと友愛の精神によって内的に変化させることであ
る。

労働の正当権利

　われわれが産業所有の社会的（sociétaire）形態について語
るとき，問題となるのは人格の社会（労働者，技術者，出資
者）であり，現体制の状況において，共同所有の観念がおそ
らく思い浮かべさせる資本の諸々の社会とは完全に異なる。
それは，ある種の物質的財（生産手段）の共同所有が（1）
何よりも，人間にとってより重要な所有，こういう表現が許
されるなら，「労働の正当権利（titre de travail）」を保障する
ことになり，（2）その実りとして，共通の世襲財産を形づ
くり，発展させることができる人格の社会である。

　ポール・シャンソン氏の非常に適切な言葉によれば，資本
主義的共同所有は，所有者の自由と人格の活動を強固にする
にはほど遠く，むしろ所有と貯蓄に関して，ある種の下層民
（plèbe）を生み出した。株式会社の株主は「人格」からはほ
ど遠く，その創造的活動はクーポン券を切り取ることなので
ある。生産手段の労働者による共同所有は，もしそれが単に
物質的なやり方で，かつ社員の人格に具体的に関連させずに
理解されるなら，同じような幻想に終わり，労働者の人格性
に偽りの賞賛を与えるだけに留まる危険性がある。したがっ

219

て，大規模な生産協同組合の例はこの観点から非常に重要であり，一般的に言って，協同組合の管理は経営者の管理よりも明らかに困難だと言われているのである。

　所有の集団的形態が人格性にとって有効な援助となるためには，それが非人格的な所有を目標としないことが必要である。それはどういう意味か。われわれが身を置いている見通しから言えば，労働手段の共同所有は物質的基礎として，人格的所有に役立たなければならない。それは，もはや空間の中での物の所有ではなく，「責任」あるいは労働の正当権利の所有のための，時間における一つの活動形態の所有であり，共同所有は人間に対して，まさにその職が自分のものであって，法的結合によって人格に結びつけられているということを保障し，そこでその職業的活動が進歩しうるということを保障するものである。また労働手段の共同所有は，根本的かつ不可譲的に労働者の所有であるもの——その人格的力と知性と腕——を活用するための正当権利と社会的保障を与えるのに役立つであろう。そこには，根本的に人間的な真理——それは中世の同業者組合（ギルド）が理解していたもので，新しい形態のもとで再び現れねばならない——がある。われわれはポール・シャンソンとともにそのように考えている。すなわちそれは，「技能（métier）の所有」という観念によってラ・トゥール・デュ・パンが再発見したものである[24]。われわれは労働の正当権利（titre de travail）という言葉を用いる。それはかつて，貴族の爵位（titre de noblesse）という言葉で，効果的な責任と機能が意味されていた時代

24）　このような所有の観念の拡張について，次の著作における「機能的」所有の理論に一つの正当化を求めることができる。J.-M. De Semprun y Gurrea, *El Sentido funcional de la propriedad*, Madrid, 1933.

に，人がその言葉を用いたのと同様である。このような正当
権利の所有は，自然の道徳性の根底にある根源的な感覚をわ
れわれの中に呼びさます。それは，仕事がよく行われるよう
にという心配りであり，労働の尊厳の感覚である。正当権利
の所有は，それを享受する者にとって，人格の活動と自由に
対する効果的な経済的防御となる。人格の自由と活動は，本
質的に瞬間〔的衝動〕の奴隷にならないことを要求するから
である。また正当権利の所有は，われわれが先に少し言及し
た企業の運営に，労働者の知性が参加することの中に含まれ
ている。しかしわれわれの考えでは，正当権利の所有そのも
のが，現実的かつ効果的に保障され，またより根本的に言え
ば，資本主義から解放された経済——その中においてのみ，
正当権利の所有は完全な実を結ぶことになる——の中に存在
するためには，必然的に生産の手段の「社会的（sociétaire）」
所有，企業の共同所有が前提として必要とされる。それゆ
え，われわれはまず第一に，共同所有について語ったのであ
る。

　他方，ここで素描した構想は明らかに，一つの共同体的な
生産組織を含意している。それなしでは，労働者の人格が漸
進的に「正当権利の取得（qualification）」に近づいていくこ
とは不可能であろう。この組織は当然ながら，それに属する
企業に参加する労働者のために，一つの共同の資産を所有し
ていなければならない。この資産は，様々な種類の人格的な
給付として具体的に現れ，労働者とその家族のために直接的
に，人格的な意味と人格的利害関係を有するものとなるであ
ろう。

　われわれがそこに身を置いている見通しからすれば，この
共同体的組織は，人格主義的民主主義の原理に従って，すべ

221

ての関係者の投票と能動的な人格的関与に基づき，下から上
に構築されるものとして，また関係者およびその組合から由
来するものとして，構想されねばならない。生産全体の上位
の諸機関は，経済的生活の「内発的」規制のために，消費全
体の上位の諸機関と協調し，人類の共通善（単に生産者や消
費者としてではなく，市民としての共通善）に関わる一層普
遍的な諸規制との関連の中で，政治生活全体の上位の諸機
関によってその活動を保障されるのである。政治的なもの
が，経済的なものの上位に来るという原則を十分に認識しな
がらも，今ここで見た労働の共同体は，政治的全体主義の国
家社会主義的同業組合——それは同業組合という言葉そのも
のを，疑わしいものにした——とは全く別物だと言わねばな
らない。労働の共同体は，自律的であると同時に従属的な道
徳的人格性の観念，および内発的な発展という観念に基づい
ている。労働の共同体は，労働組合の自由を消滅させるので
はなく，その自由から生まれる。それは，現代の資本主義
と金銭的収益を優位に置く体制をあらかじめ清算すること
（liquidation）を前提とする。

資本主義の清算に続く体制

　あらゆる誤解を避けるために，私が強調しなければならな
いのは，ここに提示されている様々な考察は，私の思考の中
では資本主義の清算に続く状態に関係しており，このような
状態との関連においてのみ意味を持つということである。考
察の前提となっているのは，物質的[25]のみならず道徳的構造

　25）　私的所有の廃止によってではなく，それを労働者への奉仕へと移
行することによって。Cf. *Religion et culture*, Note II.

における根本的変革と，経済の精神的諸原理の根本的変革である。なぜなら資本主義それ自体が，それに形相を与える精神によってのみ完全に理解されうるからである。その他の多くの特色の中から二つの典型的なものを示すことが必要ではないだろうか。われわれの考えでは，この二つの特色において，この新しい文化の状態は，現在の状態に対立することになるからである。

　現代の文明において，すべては人間的な尺度でなく，人間にとって外的な尺度に関係づけられている。すなわちそれは何よりも，物質的生産に固有の法則であり，技術による自然の支配であり，世界のすべての力を金銭的豊かさのために用いることである。真のヒューマニズム文化においては，世界の事物が関係づけられるのは，人間と人間的尺度である[26]。人間の使命は十分に大きく，人間の必要性と願望は十分に増大しうるので，このような尺度が，偉大さ（grandeur）の放棄を前提としないということを，人は確信することができる。

　偉大さは豊かさと貧しさを同時に要求する。偉大なことで，ある種の豊かさなしに成されたものはない。また偉大なことで，ある種の貧しさなしに成されたものもない。常に偉大さにおいて充満しているのは貧しさであるということを理解するところから始めないなら，人は人間的生について，何も理解できないのではないか。人間本性のではなく，人間の

26）　マックス・エルマン（Max Hermant）は，彼が正当な理由をもって主張するこの原理と関連して，『真理のための統一 Union pour la Vérité』（1935 年 6 月 22 日）に関する報告の中で，彼が「最大規模の法則」「最良速度の法則」と呼ぶものを明らかにしているが，それは非常に有益である。Georges Cazin, *La Sagesse du chef d'entreprise*, (Paris, Desclée De Brouwer) も見よ。

罪の悲劇的法則が，ある者の貧しさをして別の者の豊かさを
生み出さしめるという事態が生じる。それは悲惨と隷属の貧
しさであり，貪欲と傲慢の豊かさである。これは罪の法則で
あり，われわれはそれを受け入れるべきではなく，それと戦
わなければならない。自然本性に適合するもので，われわれ
が社会的秩序の中で文明の新しい形態に要求しなければなら
ないもの，それは，一人ひとりの貧しさ（それは欠乏でも，
悲惨さでもない！　それは満足と自由であり，富の精神を断念
することであり，野の白百合に歓喜することである），すなわ
ちある種の個人的な貧しさが，全体にとって共通の豊かさ，
満ち溢れ，豪華さ，栄光を生み出すということである。

　しかしながら（これが，私がここで示そうとする第二の特
色であるが），「ブルジョワ」経済と金儲け主義の文明にとっ
て，人はただでは何も手に入れることができないというの
が，公理である。この公理は，所有の個人主義的概念と結び
ついている。ここで述べたような所有の概念が効力を持つ政
体では，この公理はもはや維持することはできないとわれわ
れは考える。これと反対に，共同使用（usus communis）の
法が要求するのは，人間存在の物質的・精神的な第一次的必
要性に関しては，最低限そして何よりもまず，人はただで，
できるだけ多くのものを持つのがふさわしいということであ
る。それは，国家の分配の任務として行われるのではなく，
社会の経済的構造を統合する，家族的共同体をはじめとする
様々な有機的な共同体によって行われるのである。このよう
に，人間人格がその根源的な必要性において奉仕されるべき
ものであるということは，結局のところ，野蛮の名に適さな
い経済の持つべき第一の条件に過ぎない。このような経済の
原則は，相続（héritage）という理念の深い意味とその本質

的に人間的な根源を，人がよりよく把握することへと導くであろう。またその原則は同時に，相続のあり方に，大きな変革を求めるだろう。その結果，一方では，相続が子供たちに父親の労働の実りを保障しながら，財産における特権階級を形成あるいは再形成することを許さず，他方では，すべての人間がこの世界に生まれるにあたって，先行する世代の遺産を相続する条件を，何らかの形で現実に享受することを可能にするであろう。

人間人格と経済的共同体

　ここで，社会生活の技術的領域が，今日至る所で提示するもう一つの大きな問題を考察しよう。それは，労働組合的で，共同社会的で，同時に協同組合的な生産および消費の組織の問題である。われわれが，まず第一に指摘したいのは，協同組合的概念（この言葉がどれほど疑わしいものになったとしても，この概念はなおその価値を守っている）と労働組合的概念の間の対立は，資本・企業の利益と賃金生活者の利益を対立させる[27]個人主義的な「利益を生み出す」体制においてのみ重大な意味を持っているということである。第二に指摘したいのは，社会的生活の技術的必要性は，大きな類的方向性だけを決定し，社会的構造の種的特性は，倫理的基調——これに従って社会的構造は，特有の形態を取る——から出来するということである。実際にキリスト教哲学の観点から見ると，一つの有機的政体——そもそも経済的過程が何ら

----

27)　階級の対立が，このような体制と不可分であるというのが正しいとしたら，資本主義体制において協同組合的組織がとくに労働者の自由を廃止するために利用される危険があることを，労働組合の構成員が危惧するのは理解できることである。

かの形で，それを不可欠なものにすると思われる——において，将来是非とも必要となる重要な任務がある。それは，第一に，とくに多元主義的社会における，労働組合と労働の共同社会とにふさわしい道徳的人格の特性を，あらゆる国営化から守ることである。第二に，このような政体を共通善の優位に従わせながら，人格がその部分である集団から，人格を守ることである。それは一方では，人間的生が必要としている諸々の財，とくに基本的な財を，労働組合や労働の共同社会の枠に編入されていない，あるいは編入されることができない個人に対して保障することである。他方では，まさにこれらの組織の内部で，人格の諸権利と自由を保障することである。

　より深い意味で言えば，ここで提示されている極めて重要な問題は，どのようにして技術，機械および産業を人間に従属させるべきかという問題である。デカルトの末裔，合理主義と人間中心的ヒューマニズムの最後の継承者である共産主義者は，この問いに簡単に答えることができると信じていた。すなわち彼らは，一方では新しい文明が，資本主義的文明のように，できればそれ以上に，産業文明でなくてはならぬことを認めた。他方で，合理主義的な意味における科学，すなわち知恵から区別される限りでの科学が[28]，完全な計画化という手段を用いて，産業を人間に奉仕させるのに十分だと考えた。だが彼らは，その意図に反して，否応なく人間を産業と技術に奉仕するものにしてしまった。非人間的な科学，物の生産に関する科学は，もしそれが人間の生を規制するものとなったら，人間に非人間な規則を課するだけであ

---

28)　Cf. *Science et Sagesse*, ch. Ier.

る。もし社会全体がより高次の人格的価値に秩序づけられていないなら，その最高の働きは自らのために人間全体を手中に収めることにほかならず，人間を手に入れるために嫉妬深く神および人間自身と争わざるを得ないであろう。「なぜなら神は厳密に言って，全く何ものの下位にも置かれ得ない人格の最高の関心事だからである」[29]。

　真実は，われわれの人生を規制するのは知識ではなく，知恵だということ，また文明の最高の働きは，〔他者に働きかける〕転移的活動ではなく，内在的活動の秩序に属するということである。機械や産業や技術を真に人間に奉仕させるためには，それを人格，愛および自由の倫理に奉仕させることが必要である。機械，産業および技術を放棄することは重大な誤りであろう。それらは，それ自体よいものであり，拒否されるべきどころか経済的豊かさのために用いられねばならない。しかし，本質的に産業的な文明の理念と，本質的に人間的な文明の理念のどちらかを選ぶことが必要だということが理解できないのは，合理主義的幻想そのものである。人間的な文明にとって産業は，実際に道具以外の何ものでもなく，そのため，それ自身のものでない法に服せしめられるのである。

　計画化の観念は，それゆえ意味を変える。この観念は，経済が組織化され，合理化されねばならなくなったときから存続している。しかしこの組織化と合理化は，政治的・経済的知恵の働きでなければならない。この知恵は，目的に向かう手段のダイナミズムに従って進みつつ，人間存在の自然本性との連続性を持つ何よりも自由の科学（science）であって，

29）　*Du régime temporel et de la liberté*, p. 255 [ŒC V, p. 507].

いわゆる普遍的，数学的予想であってはならない[30]。またこの政治的・経済的知恵は，産業を産業そのものの法だけによって規制するのではなく，この法が従属する法によって規制しようとし，何よりも生産の動きを，消費の現実的必要性と消費の現実の量の動きによって常に規制しようとする。

　忘れてはならないのは，社会的生の技術的側面が，最高度に必然性に服従するにもかかわらず，最も急速に変化するということである。また，新しいキリスト教社会の経済的構造が，草案——経済の主要な現代的・技術的要因が，比較的近い将来のために描くようにとわれわれを招く——と大きく異なるかもしれないということも忘れてはならない。しかし私が主題から逸れて指摘したかったことは，前述のように，技術的要因の上位にある倫理的要因だけが，経済的構造に対して，その究極的な特殊化と典型的な形態を与えるということであり，またもし人が人間，労働および物質的財の所有に関するキリスト教哲学を採用するなら，最も重要な経済的問題が提示される方法は，いわばその方向を変えるということである。

結婚における女性の条件

　われわれの第二の考察は結婚における女性の条件，すなわちキリスト教的人格主義——これはわれわれが素描しようとしている新しい文化体制の第三の根本的特色である——の観点から考察された条件に関わる。

30）　ジョルジュ・カザン（Georges Cazin）は，企業の最高責任者の知恵 La Sagesse du chef d'entreprise についてのエッセイの中で，特定の企業という限度内においてすら，知恵は数学的技術に優先されねばならないことを示した。Cf. Lucien Lainé, Une communauté économique, le Tapis, 1934.

Ⅲ　人格の自由

　キリスト教が，とくに東洋において所有の対象と見なされていた女性に対して，その尊厳と人格的自由の感覚を与えたというのは周知のことであり，かつ極めて正確である。

　非常に大きな歴史的重要性を持った収穫が，このようにして霊的秩序の中で実現された。これが他の何にもまして価値をもっているのは，この世より上位の世界においてである。そしてそこから，この収穫は少しずつ現世的秩序と法的構造の中へと入っていかなくてはならなかった。

　この歩みは，不可避的に遅れを伴ったが，密度の高い信仰生活によって，キリスト教的諸世紀においては，この遅れはあまり害のあるものとはならなかった。しかしルネサンス以来，この遅れは一層ひどいものとして感じられるようになった。

　われわれがここでごく手短に記しておきたいのは，人がブ・ルジョウと呼ぶことのできる家庭のことである。私の理解によれば，それは単にあるいは主として，いずれ滅びる経済的利益という物質的結合に基づくものであり，いわばキリ・ス・ト・的・家庭のカリカチュアであり嘲笑であり，正確に言えばその亡きがらである。キリスト教的家庭は，何よりも二つの人格の霊的，秘跡的一致に基づいており，その一致は，滅びぬ霊魂を与えられた他の生ける存在を，永遠の運命のために生み出すのである。

　そして同様に，結婚と家庭の現代の危機において——それは主に経済的理由に起因するが，同時にある種の道徳的イデオロギーにも起因する——，家庭という社会を破壊する偽りの個人主義は，キリスト教的人格主義のカリカチュア，嘲笑とも言うべきものである。この偽りの個人主義によって，女性はある意味で男性との物質的，量的平等を要求する。さら

にこの偽りの個人主義は，キリスト教的な家庭の概念への反動でなく，ブルジョワ的な概念への反動と考えたときにのみ，非常によく理解することができる。

　注目すべきは，社会主義の理論家が概して，ブルジョワ経済の遺産を，それを増進させるために受け入れるように，資本主義社会のこの破壊的で非人間的な結果（たとえば，とくに女性の工場での労働が作り出す結果）を受け入れていることである。かくしてマルクス主義の理論家は，将来の社会のために女性と結婚の根源的な変革を予告する。そこでは，男性と女性の経済的条件の平等が，彼らの愛情関係に，楽園の尊厳と楽園の自由を与えるであろう。

　ところで，私が今語っている新しいキリスト教社会も，われわれの時代の経験から利益を得ることができるのであるが，それは，これらの経験を全く別の意味で正すことによってである。

　というのは，プルードンやソレルの系統の思想家たちが強調した過程——その過程によると[31]，女性は物件の法的立場（人がアンシャン・レジーム期の所為にする立場）から，個人の立場（ブルジョワ期の不幸な要求と反抗に起因する）に達した後，最終的に，人格としての完全な法的立場に達しなければならないのであるが——このような過程が成功するのは，キリスト教的形態の文明においてのみである。そこにおいては，人格の完全な法的立場が，社会的・現世的秩序における人格の霊的立場——それは最初から福音によって，道徳的・宗教的秩序の中に確立されている——に対応しているか

　31）　Cf. Édouard Berth, *Du Capital aux Reflexions sur la Violence*, Paris, Rivière, 1934. 本書，第 6 章，274 頁，参照。

らである。

　このような質的・比例的平等の概念において，結婚した女性は，例外的な場合を除いて，男性と同じ経済的役割を持たない。彼女は「家庭という慎ましい王国」[32]に配慮する。彼女がその優先的地位を行使するのは，私的生活の秩序であり，私的人間関係の領域が含む思いやり，用心深さと揺るぎなさ，情愛の深い調べのすべてにおいてである。しかし個人主義的経験は，たとえ他の点でそれがどれほど悲惨なものであったとしても，おそらく有益な結果をもたらすであろう。ここにおいても，重要なのは深い自覚（prise de conscience）である。女性はその現世的活動そのものにおいて，人格性──異教の結婚に関する観念，またとくにブルジョワ的観念が女性に認めることに激しく抵抗した──を自覚するであろう。そしてこの深い自覚は失われることのないものである。たとえ物質的財に関わる経済的関係の秩序において，結婚した女性がその夫に養われることが通常であるとしても[33]，彼女はそれによって，人格の自由の感覚を失うことはないであろう。さらに人格の自由は，完全な法的承認の原因とならねばならず，そこには結婚制度に関わるすべてにおける，権利の平等が含まれる。女性が男性と一つに結ばれるのは，母としての役割と同時に，聖書が強調する役割，すなわち男性と同様の人格であることによって，男性が生きるのを助けるように求める役割を実現するためである。それはより慎まし

32）「あなたの家庭という慎ましい王国で，あなたは知恵によって統治し……」Raïssa Maritain, *Poèmes et essais*, «Élisabeth-Marie».

33）　とは言え，女性によってその家庭で，とくに母性的教育という役割の中で行われる労働は，明白な経済的価値を持っている。それは彼女に，この正当権利だけで夫の収入，家族共同体に自ずと秩序づけられた収入に対する権利を与える。

く，より人間的に深い[34]経済の秩序において，今度は女性が
その夫を養うためである。

　このようにして，新しいキリスト教社会において，また新
しい文明の条件のおかげで，キリスト教的結婚の状態に含ま
れる精神的豊かさは，われわれの時代には至る所で誤解され
ているとは言え，最終的にはその花を開くことができるであ
ろう。

---

34)　Cf. Raïssa Maritain, *Histoire d'Abraham.*
「私が創世記の中から一語一語読み取ろうとしている，この人間の進歩
の中で──ほかの解釈の可能性があるとしても──女性は一つ高い段階に
登ったということに注目しよう。女は地から取られたものではなく，男の
ように「土から形作られた」ものでもなかった。男が動物の肉を通して塵
であるように，女は男の肉を媒介として塵である。女は男の肉から作られ
た。男が創造の後に楽園に入ったのに対して，女は楽園の中で作られた」。
「かくして聖書によれば，女性の身体的起源は，男のそれよりも高貴であ
る。この特権の代価は，神の要求と人間の要求が女においては一層大きい
ものになり，敢えて言えば神的な色彩さえ帯びるということである。確か
に，自らの過ちによって，また大胆な決断──これは成人にふさわしいも
のである──によって，イニシアティブを取ったのはイブであった。この
イニシアティブはアダムによって受け入れられ，人類の運命を決めること
になった。また人間的な忠告によらず，信仰の満ち溢れによって，ある意
味でイブの罪を償い，道に迷った人類を救い主と神に向かって再び上昇さ
せるのも一人の女である。同じ理由で，神は人間が作るすべての法が，単
独あるいは神の霊感のもとで，常に女性に対して，より多くの献身と純潔
と思いやりを要求することをお許しになる。地上的，動物的段階の痕跡と
記憶が男には一層重くのしかかる。しかしイブは，アダムのよりよい部分
に非常によく似ている」」。
　[Cf, *Approches sans entraves*, ch. VIII:「彼のために彼に似た助け手を作ろ
う」]。

Ⅳ　社会的人種の統一

権威と根本的な平等

　この付加的説明を終えて，新しいキリスト教社会の第四の
特色に移ろう。それは（指揮する者と指揮される者の間にあ
る）ある種の本質的同位性——私が言うのは，労働に縛りつ
けられた人間という共通の条件における本質的同位性である
——が，政治的であれ他の種類の社会的権威であれ，現世的
働きの権威と位階の関係の基礎にあるという事実である。

　この権威の概念は，そのモデルをベネディクト会の戒律で
はなく，むしろドミニコ会の戒律に持っていると言うことが
できる。ベネディクト会が中世への戸口に立っていたよう
に，ドミニコ会，すなわち説教者修道会は近代への戸口に
立っており，この修道士たちの社会では一人が，他の修道士
たちによって長上として選ばれる。

　政治的な秩序においては（それがどのような政体の形をと
るかは全く別の問題であるが），統治機関はすべての正当な権
力と同様に，神の中にその権威の根源を持つとキリスト信者
は考える。だからと言ってその統治機関が分有という仕方
（participativement）ですら，宗教的な特性を帯びることはな
い。一旦統治機関が任命されると，権威はその中に存在する
が，それはある種の同意によって，すなわち人民——統治機
関はその人格化と代理である——の自由で極めて重要な決定
によってである。トマスの言葉に従えば，人民の代理として
統治する *vices gerens multitudinis* のである。しかしこの同意
それ自体は，様々な意味で理解されねばならない。それは言
葉に表現されることも，されないこともある。世襲による君

主制においては，同意は一度限り，不確定な未来における政権の形態と潜在的な権力保持者の双方について行われる。民主的な制度においては，同意は，不確定な未来における政権の形態については一度限り行われるが，権力保持者については，定期的に更新することができる。しかしいずれにせよ，現世的権威の純粋に世俗的で「均質な」概念が勝るところでは，上に立つ者は，他の仲間を指揮する権利を持つ仲間の一人に過ぎない。

　経済的秩序について言えば，労働の社会は，私の言う新しいキリスト教社会では，中世のような家族的社会という形にも，ブルジョワ自由主義の時代のような，二つの異なる階級の対立という形にも帰着しない。それは，資本主義体制の事前の清算を前提として，同じ一つの仕事で協働する者の間の自然な結びつきにふさわしい，一定の制度的形態を取ることになるであろう。

　すべてのメダルには，その裏面がある。権威が上位の「社会的人種」から下りてくるような国家より，権威が一つの同じ「社会的人種」の内部で働く国家における方が，政治的生活に必要な秩序を手に入れることが一層難しいとすれば，後者における方が社会的生活の重みはより大きくなり，規律はより厳しいものになるであろう。

人格主義的民主主義

　ここでわれわれはもう一度，近代における偽りの自由主義的概念と中世の聖権的理念に，同時に対立する立場に立たされる。もしジャン・ジャック・ルソーの意味で民主主義という言葉を理解するなら，私が述べるような文明の計画は，明らかにその種の民主主義に反する。なぜなら，人格の内的自

由が外的・社会的次元に自らを現すことを求めるのは，抽象的な自由，非人格的な自由を通してではなく，社会的な制度と団体の中に受肉された具体的・現実的な自由を通してだからである。しかし他方で，民主主義という非常に多義的な言葉に含まれる価値の一つが，私の述べる文明の計画では救われているように思われる。私が考えているのは，人格の尊厳に関わる，この言葉のかなり情緒的で道徳的な意味である。すなわち大衆自身が，この尊厳を有している，あるいは実際にそれに値することを意識しているというのではないが，少なくとも人格の尊厳に招かれていることを意識するようになったということである。したがって，この大衆的な市民的意識は，ある社会的階層が（たとえよいものであっても）外側から，劣っていると考えられている大衆を支配することを排除する。そしてこの意識は，社会的生活そのものの次元における，この大衆を構成する個人の人格に対する尊敬を含むのである。

　私が今述べたように，大衆は現代の諸世紀において，この人格の尊厳を，それに真に値する，あるいはそれを真に所有する者としてではなく，それを要求する者として意識するようになった。また現代の民主主義が，大衆のうちなる個々人の人格に対する尊敬を実際に表明するのは，ほとんどの場合，象徴的で比喩的，場合によっては大いに欺瞞的な形式によってである。そこには，まさに共産主義革命が解決できると主張する悲劇がある。この悲劇は社会の中に生きるキリスト教だけが，今なお象徴や比喩に過ぎないものを現実にすることによって，真に解決することができるであろう。それゆえ，来たるべき新しいキリスト教社会においてのみ，市民的，大衆的感覚と呼びうるものに対応する民主主義という言

235

葉の倫理的・情緒的価値が，現実に救われるであろう。さらに，現在の階級[35]による分裂がその時，克服されねばならないとしても，ブルジョワもプロレタリアもないこの社会は，内的構造のない，有機的な多様化や不平等のない社会とはならないであろう。しかし職能と報酬の序列は，昔のように血縁（ただし，それは原則として，健康な解決であった）によって固定された世襲の階層にも，今日のように財産（それは不健康な解決である）によって固定された世襲の階層にも，もはや結びつけられていない。おそらく，それはまだ容易なことではないが，生命に満ちてキリスト教的な現世的政体が，そのとき個人と大衆における人格に対する尊敬を教えなければならないのは，労働者の中の真の選良（aristocratie）——この言葉のあらゆる豊かさと質的な多様性において[36]——に対してである。

V　共同の仕事 —— 友愛的共同体の実現

現世的国家と友愛

最後に，第五の特色は，国家が達成する共同の仕事に関わるものである。以前の章[37]で示したことに従って言えば，も

35）　私はこの言葉を厳密かつ最も正確な意味——たとえばブリーフスが産業プロレタリアートに関する研究の中で定義しているような——で理解している。すなわち階級は永続的，世襲的条件を意味している。プロレタリアは〔財産を〕所有しておらず，蓄積できるほど十分に高くない給与のために，その労働力を譲渡しているので，例外的な場合を除いて，その条件は世代から世代へと，その子孫に伝えられる。

Cf. Goetz Briefs, *Le Prolétariat industriel*, Paris, Desclée De Brouwer, 1936.

36）　Cf. *Du régime temporel et de la liberté*, p. 68-70 [ŒC V, p. 374-376]

37）　本書，第2章89頁を見よ。

はや素朴ではあり得ないキリスト教文明にとって，共同の仕事は人間によって地上に実現されるべき神的な課題ではもはやなく，むしろ神的なもの，すなわち愛が人間的手段や人間的労働そのものに入り込むことによって，地上に実現されるべき人間的な働きとして現れる。

　したがって，このような文明にとって，共同生活と共同の仕事の動的原理は，地上に建てられるべき神の国という中世的理念ではない。ましてや階級や人種，民族あるいは国家という神話でもない。

　それは，ストア派的でも，カント的でもなく，福音的な理念，すなわち人間人格の尊厳とその霊的な召命の理念，および人格に与えられるべき友愛の理念であると私は言いたい。国家の仕事は，現世において共同の生活，すなわち人格のこの尊厳，この召命およびこの愛に真にふさわしい現世的政体を実現することである。われわれはこの目標から遠く離れているので，やるべきことが多くあるのは確かである。これは困難で矛盾した英雄的な仕事である。生ぬるいヒューマニズムなど存在しないのである。

　このような構想は，もし私が今述べた友愛が，現世的共同体の唯一の絆であり基礎であると見なされているなら，ユートピア的に過ぎないであろう。否，われわれは，利益と感情の共有といわば社会的動物性から由来する物質的で，ある意味で生物学的な重みが共同生活には不可欠だということを知っている。そこで，これまでの節でこの観点から，新しいキリスト教社会が必然的に含む有機的特性について十分に強調してきた。また，キリスト教社会が人間本性の悲観的で，厳格な（exigeant）概念に基づいていない場合——この概念は，最も重要なものが最も困難ものであること，政治的課題

237

における最善のものが，細心の配慮を必要とすることを明らかにする——友愛の理想は最悪の幻想になってしまう，ということもわれわれは知っている。友愛の理想は，人が完成を目指すことを自らに課している宗教的共同体においても，容易に実現され得ない。世俗的で現世的な生活の秩序（実際，この秩序はより慎ましく，生活の基本的な現実に近いが，徳について気を配ることははるかに少ない）においては，一層実現が困難であるのは間違いない。しかしもし，国家に対して，すべての個々人をお互いに善良で，友愛に満ちた人間にすることを期待するのが不条理であるとしたら，われわれが国家に要求でき，またしなければならないのは全く別のこと[38]，すなわち国家自身が，友愛の精神によってインスピレーションを受けた，よい社会的構造，制度および法を持つということであり，また社会のエネルギーを一層強くこのような友愛に向けて方向づけるということである。なぜなら，このような友愛は，たとえ根底において自然であるとしても，アダムの末裔にとっては極めて困難だからである。したがって，まず初めに友愛がわれわれの新しいキリスト教社会において，本質的な動的原理として出現するのは，共同生活の方向を指示する，いわば原初の「神話」としてである。また，それは実現されるべき英雄的な理念，追求されるべき典型的な目標，そして大衆の奥深いエネルギーを行動へと動かす共通の情熱の生命力ある主題としてである。新しいキリスト教社会が，まさしく，世俗的でキリスト教的な共同の仕事に取り組めるのは，この社会が福音的真理の社会的・現世的実現に完全に方向づけられているからである。

---

38)　本書，第 3 章，注 11 を見よ。

V 共同の仕事

二律背反の解決

前章[39]の初めの方で，私は人間存在の政治的生活に特徴的なパラドックスを強調した。すなわち，一方で人間人格は，政治的共同体の部分として，政治的共同体とそれが達成すべき共同の仕事に従属する。他方で，人間人格はほかならぬ人格としての生命（いのち）の源泉によって，この共同の仕事に優越し，それに目的を与える。

今からこの二律背反の解決を見ていこう。

正義が（全体と部分に対して共通である）共通善を，各人に何ほどか再配分するよう要求する，と言うだけでは十分ではない。現世的共通善は人間人格の共通善であり，まさにそこから，各人は共同の仕事に従属しながら，他者の，すなわち他の人格の人格的生の達成に従属すると言わねばならない。しかし，この解決が実践的・実存的価値を持つのは，共同の仕事の真の本性が認識され，同時にアリストテレスが予感したように，友愛の政治的重要性と価値が認識されている国家においてのみである。ブルジョワ的フランス革命の正面に刻まれた，むなしい楽観主義的な「博愛」が挫折したことによって，われわれがこのような真理を忘れてしまうことがあるならば，大きな不幸であろう。福音書の敵——プルードンやニーチェのような怒れる人間であろうと，自らが秩序と呼ぶものを賛美する数多の犬儒派の人間であろうと——が，友愛の理念に対して抱き続けた不信感よりも，根本的に反政治的な精神構造は存在しないのである。

---

39) 本書，第4章，161頁を見よ。

信者と信者でない者

しかしここで，手短に吟味しておかなければならない問題がある。それは，キリスト教的に構築された現世的国家，キリスト教的生命（いのち）に満ちた世俗的国家——われわれが先ほど指摘したように，それは信者でない者と信者を包含することができる——の生に対する，非キリスト信者の協力と参加の問題である。

信者でない者と信者の間に，共同に活動する基礎となるような最低限の共通の教義を樹立しようとすることは，同じく指摘したように，夢物語である。人はそれぞれ，活動に全身全霊で関わり，また関わらねばならず，自らの最大限のものを与え尽くさねばならない。

しかし信者でない者と信者が招かれているのは，最低限の共通の理論を模索することではなく，全員が同じく招かれている共同の実践的な仕事を実現することである。そこから，解決が見え始める。

私が今述べた共同の実践的な仕事は，聖権的・キリスト教的なものではなく，世俗的・キリスト教的なものである。この共同の仕事は，そこに含まれる真理の豊かさと完全さにおいて理解された場合，キリスト教の全体，つまりキリスト教のすべての教義と倫理を巻き込むのは確かである。すなわち，キリスト信者が人間人格の尊厳の本質とその価値を見出すのは，贖いの受肉の神秘においてのみである。キリスト信者が人格について持っている理念は果てしなく広がり，その絶対的に充実した意味をキリストにおいてのみ獲得するのである。

しかし，この共同の仕事は世俗的であって，聖権的ではないのであるから，すべての人にその出発点で，キリスト教の

すべての信仰を告白することを要求しない。反対に，この仕事それ自体が，その特色としてキリスト信者と非キリスト信者の現世的国家における共生（convivium）を可能にする多元主義を内包する。

　この仕事がキリスト教的な仕事であるという事実そのものから，達成すべき目標についての完全かつ十分な概念を持つキリスト信者が，その主導権を取ることが仮に前提とされるとしても，それはすべての善意の働き手にともに働くよう呼びかける。福音がその完全さにおいて知っている真理を，彼らが多かれ少なかれ部分的で不完全に——極めて不完全かもしれないが——把握することによって，ある程度の寛容さと熱心さをもって，自らを共同の仕事に実践的に捧げることが可能になる。

　ここにおいて，福音の言葉が完全な力をもって適用される。「私たちに逆らわない者は，私たちの味方なのである」[40]。

Ⅵ　トマス・アクィナスの精神的態度と文化の哲学

　われわれの考えでは，以上が新しいキリスト教社会について抱くべき具体的な歴史的理想である。このような仕方で，キリスト教は，文化的秩序において近代が追求してきた真理を，将来に伝えるために救い出し，その致命的な誤謬を取り除くことができるとわれわれは考える。われわれが十分に理解してもらえているとしたら，この純化がわれわれの目には，単なる経験的調整あるいは，そう言っていいなら，表面的な取り繕いとは正反対のものであることは明らかである。

---

40)　『マルコによる福音書』第 9 章第 40 節。

近代文明は使い古された衣服である。われわれはそこに新し
い布切れを縫い付けることはできない。必要なのは，文化の
原理を完全に，いわば本質的に作り直すこと，逆転させるこ
とである。なぜなら，重要なのは，質が量に，労働が金銭
に，人間的なものが技術に，知恵が科学に本質的に勝り，人
間人格への共同の奉仕が個人の無制限の富への貪欲あるいは
国家の無限の権力への貪欲に，本質的に勝る状態に至ること
だからである。

　われわれはこの探求において，トマス・アクィナスの一般
的原理から，またそう言ってよいなら，人間の歴史の対立に
直面した彼自身の個人的対応からインスピレーションを得よ
うとした。彼は絶えず二つの相対する，永遠の誤謬の本能と
戦っていたのではなかったか。一つは，キリスト教的伝統に
おける偶有的で，滅ぶべきものに執着する，時代遅れのスコ
ラ哲学の惰性を積み重ねようとする本能である。そしてもう
一つは，放蕩的な切り離しの本能であり，それはこの時代に
はアヴェロエスの運動によって代表され，後には近代の人間
中心的ヒューマニズムとして結実した。

　トマス・アクィナスは，そしてそれは彼固有の天才であっ
たが，常に極めて堅固な秩序と全教会的で（œcuménique）
カトリック的な伝統のただ中で，最も力強い生命と革新と改
革のエネルギーを識別することができた。これには，探求と
真理のまさしく生き生きとした普遍的な手段である，彼の核
心をなす類比の直観が結びついている。またそれゆえ，彼は
完全に自由で純粋な教義の普遍性（catholicité）の中で，何
ものも軽視することなくすべての真理を受け入れ，救い出す
ことができたのである。これに対して異教の思想は，薄暗闇
の中で，また騒々しい不協和音を立てる哲学体系の中で，こ

242

れらの真理を探求していたのである。

　今日，文化または文明の秩序において，われわれは一方
で，一義論的な惰性（inertie）の諸概念に対峙している。そ
れらは，中世キリスト教社会の現世的理想の中でまさに滅び
たものにしがみつく。また他方で，キリスト教社会の理念そ
のものに対して台頭した，革命的破壊のイデオロギー全体に
対峙している。われわれは，ここでもまた，真理はこの二つ
の対立する誤謬の中間にある最高点として探求されるべきだ
と考える。われわれが向かわなければならないのは，キリス
ト教によって生かされた現世的秩序全体の不変の原理に忠実
な，まさに真正のキリスト教社会の創設であり，この社会は
反キリスト教的イデオロギーに由来するあらゆる誤謬，私が
少し前に放蕩的な切り離しと呼んだものから解放されてい
る。しかしわれわれが向かうのは，中世のキリスト教社会と
は種的に異なる型に従って，キリスト教的，現世的生活の不
変の必然的要請――それは類比的要請であって，一義的要請
ではない――を実現する新しいキリスト教社会である。聖権
的キリスト教社会の理想は，その本質から考えれば，よいも
のであったのだから，もちろん悪いものではない。しかし実
存的には，それは有限の何ものかに対応している。もし形而
上学の用語を逆説的な仕方で，歴史哲学の言語に用いること
が許されるなら，この理想，あるいはこの将来像は実際には
一つの本質（essence），すなわち実存することが可能で，実
存を要求する一つの可知的な複合体であったと言いたい。し
かし現在，われわれが入っていこうとしている歴史的な時代
の具体的な所与の（datée）実存との関わりにおいては，そ
れはもはや存在の似姿に向けて（ad instar entis）考えられた，
実存不可能な観念的存在（être de raison）に過ぎないと言い

243

たい。

　もしトマスがガリレオとデカルトの時代に生きていたとす
れば，アリストテレスの形而上学思想に一層忠実であるため
に，キリスト教的思弁哲学に対して，アリストテレス的な機
械論と宇宙論の時代遅れのイメージと幻想から自由になるよ
うに教えたであろう。トマスが現代の社会的，文化的秩序に
おいて，キリスト教哲学に対して，神聖帝国のイメージと幻
想から自由になるように教えてくれることを願いたい。それ
は新しい歴史の空の下で実存可能で，実存することを要求し
ているキリスト教的，歴史的理想を作り上げることによっ
て，歴史の変化を通して，過去の，とくにキリスト教的ヨー
ロッパの過去の不滅の実体を救うためである。神聖帝国は，
かつては歴史の発展に有効で，必要な契機であったが，今日
では観念的存在（ens rationis）になり，それ以来，再び真理
を偽りに仕えさせ，はるか遠い昔からキリスト教精神から離
れてしまった現世的統治形態を，キリスト教的な見せかけで
覆い隠すことができただけであった。なお，この領域におけ
る類比の豊かさは，私がここでその主要な特質の素描を試み
た歴史的理想によって，尽くされている訳ではない。まだ別
のものが，われわれが考えてもみないような歴史的風土の下
で，浮上してくるかもしれない。キリスト教的な聖権的概念
に愛着を持つ者が，文化の循環の可能性——そこでは予想で
きない状況に予想できない特色をもって，このような概念が
新たに力を得る——の仮説を承認するとしても，それを妨げ
るものは何もない。

第6章
新しいキリスト教社会の歴史的可能性

本章の目的

　前章で集中的に論じた特殊な理想は，「人間の歴史を支配する可知的な星座」とわれわれが呼んだものと関わる。もしわれわれがこの理想を正しく規定することに成功しているとしたら，それは，それ自身可能的な本質の秩序，あるいはそれ自身可能的な可知的構造の秩序に属する。私が言いたいのは，この構造の中には，実存，すなわちわれわれが向かう時代の特定の実存と相容れない特質は，何も含まれないということである。そして人間的エネルギーが，有効な歴史的働きを行うための方向づけとしては，このような理想が可能的であれば十分である。とは言え，もし本研究でわれわれがこの理想の実現の条件を，たとえ手短にでも正確に考察しないとしたら，われわれの研究は完成したとは言えないであろう。なぜなら，まさによい学説においては，本質そのものが実存との関係によって規定される——可能態は現実態に規定される *potentia dicitur ad actum*——からである。

　われわれは，この理想がまさに文化の哲学のかなり広い地平と関係するという事実から，それが相対的に未決定な未来

に関わるということを，すでに指摘した。しかしこの理想
は，その根を現代に持つ。それゆえ現在から，この理想はそ
の動的な価値を働かせ，活動を導くことが必要である。たと
えこの理想が，遠い将来においてのみ，また多かれ少なかれ
不十分な形でしか実現しないとしても。またこの理想が，現
在は予測できない新しい歴史の空の下で，異なる具体的な理
想に道を譲るかもしれないとしても，である。

I　内的な次元 ── 社会的なものにおける精神の推進力

現世的なものに福音的真理を射し込ませること

　さて，われわれがその典型的な特色を大まかに示した，具
体的な歴史的理想の実現の条件を検討することにしよう。
　この問題は，人間の躍動（élan）の及ぶ範囲に関して，ま
た活動の賢明な秩序づけという点に関して，実践的には非常
に重要である。しかし思弁的には，それは空虚とも言えるよ
うに思われるかもしれない。なぜなら，この問題は単に歴史
の物質的な諸条件と諸決定に依存しているだけでなく，それ
を様々な形で利用する人間の自由にかかっているからであ
る。しかしここでわれわれは，カール・マルクスの有名な言
葉を考慮に入れることができるだろう。「人間は彼の歴史を
作るが，それは決定された条件においてである」[1]。ドイツの
科学的マルクス主義は，この定式の前段を忘れてしまった。
しかし，後段が言及している「決定された条件」はある種の

---

1)　「人間はその固有の歴史を作るが，選んだ状況の中で自由に作るの
ではなく，伝統によって直接的に与えられ，受け継がれた状況の中で作る
のである。亡くなった世代の伝統が悪夢のように，生きている者の脳に重
くのしかかるのである」。«Le 18 Brumaire», *Morceaux choisis*, p. 81.

蓋然的な予測を可能にするが，少なくとも十分に大きい未決定の余地を伴っているのである。いずれにせよ確かなのは，新しいキリスト教社会への移行が，革命という言葉が通常含意するより，一層深い変化を意味するということである。われわれはそこで，非常に重要な問題に出会う。それはこの変化の内的次元の問題である。要するに，それは文化的，現世的秩序に福音の現実の光を射し込ませる（réfraction）という問題である。

　ここで問題となるのは，内的であると同時に外的な人間の生の体制の変化であり，それは心の中で起こると同時に，国家とその機関の中で起こらなければならない。そしてそれは異なった仕方で，社会的で目に見える領域と霊的，道徳的で目に見えない領域の全体に関わるが，まず第一には霊的領域に関わる。これらの変化については，これまでの章においてしばしば問題とした。同様に，これらの変化に含まれている価値の尺度の革新，近代を通して支配的であった分離の終局，そして歴史的必然性——われわれはそこで，霊（esprit）と信仰の新しい推進力が社会的・現世的なものを上昇させるのを見出す——を問題とした。今ここで，われわれは経済主義だけでなく，政治主義をも超越する必要性を示すことにより，一つの特殊な側面に注意を促したい。

経済主義の超越

　現世的なもののキリスト教的革新というこの理念は，社会の生成および経済それ自身の，経済主義的観念に対立する。この観念によれば，歴史の大きな変化は，本質的には，経済的技術の単なる変容に過ぎないのである。

　この概念は，唯物論経済に対しても，資本主義経済に対し

ても同様に誤りである。最近，アミントレ・ファンファーニが指摘したように，資本主義そのものは，何よりも精神（esprit）なのである[2]。

政治主義の超越

現世的秩序をキリスト教的に革新しようとする理念は，同時に政治そのものの堕落である政治主義的概念にも対立する。私が「政治主義」という言葉で理解しているのは，単に一つの政党による公権力の獲得，あるいは一つの階級による政治的権力の獲得を文明の政体における「実体的変容」の本質と見なすに留まらず，一層深く，政治そのものを，純粋に技術的な観念とする考え方である。そこでは政治的・社会的活動がそれ自身，道徳とは無関係と見なされ，社会的事実は，純粋に物理的な事実の特殊的事例と見なされる。われわれの私的な行為は個人的な道徳の規則に従うのであるから，この社会的事実は，現在の純粋に技術的な法に基づいて扱うことで十分なのである。この概念においては，政治的知識は結局，純粋で単純な技芸（art），すなわち技術と同一視される。この技術は，それぞれの人間においては，おそらく外から道徳に従属させられるが，その固有の目的と構造は，道徳とは無縁なものである。これらの目的はたとえば，単に物質的な実存であり，国家の権力と物質的繁栄である。

もしこの概念に名前を与えることが必要で，お望みとあらば，この概念を政治に関する偉大な著述家で，近代の偉大な政治的異端者でもあるマキャベリに結びつけることができ

---

2)　Amintore Fanfani, *Cattolicesimo e Protestantesimo nella formazione storica del capitalismo*, Milan, Vita e Pensiero, 1934.

る。すべての誤謬には真理がある。マキャベリズムの真理
は，倫理の間違った概念，人が超道徳主義と呼びうるものに
対するひとつの反動だということである（超道徳主義が意味
するのは，自然および生命を否定する，純粋に形式的で，幾何
学的なファリサイ主義的道徳の愁いに満ちた要求である）。マ
キャベリズムのもう一つの真理は，何よりも一つの心的態度
（attitude d'âme）つまり，出来事と人間について，具体的に
判断するときのある種の勇気と形而上学的自由である。実を
言えば，旧約聖書の文体が，われわれに，この心的態度の神
的な実例を示しているのである。この心的態度の人間は，神
が悪から善を引き出すことを理解しており，一連の出来事と
神の計画の中に，自然と歴史についての形而上学的な指令を
見出すとともに，人間の弱さと暴力にその役割を認める。

　しかしこの性質，この心的態度は，反道徳主義的な
（immoraliste）学説あるいは哲学とは絶対に違う何ものかで
ある。それはちょうど，潔癖主義的で感傷主義的な心的態度
が，人間のすべての領域における倫理の固有の権利を承認す
る学説あるいは哲学と絶対的に違うようなものである。人
間本性の不幸と言ってよいのは，それ自体よいものである
この前者の心的態度が，悪いものである，道徳に無関心な
（amoraliste）哲学の中で表現されることがあまりに多いとい
うことである。それはちょうど，それ自体悪い後者の〔潔癖
主義的・感傷主義的〕心的態度が，それ自体よい倫理的真理
で身を飾るようなものである。いずれにせよ，われわれは，
アメリカの征服者たちがある意味で歴史の発展に寄与したと
認めると同時に，ラス・カサスがやったように彼らの失敗を
非難することができるのである。人は，事業の偉大さに魅了
された政治的天才が誘惑に負けたことを理解することはでき

249

るが，だからと言って，この誘惑に負けたことを承認することも，許容することもできない。人は，技芸（art）と技術（technique）の膨大な部分が，政治によって吸い寄せられ，政治に組み入れられているということを理解できるが，政治と純粋な技術を混同し，それによって政治を変質させることはできないのである。

　政治的，社会的領域が本来，単なる技術的なものでなく，第一にかつ本質的に人間的，言い換えれば倫理的あるいは道徳的領域であるということに変わりはない。人間がそこで成し遂げる技芸の成果そのものが，本来的に人間的であり，道徳的なのである。

　　「政治的，社会的徳は本質的に道徳的性質を持つ。〔中
　　略〕社会的生活は自然本性的に，統一，正義，隣人愛と
　　いう，われわれの人格性の道徳的形成を規制するのと同
　　じ法によって形づくられることを欲する。これらの法
　　は，人格に適用されるか，社会に適用されるかによっ
　　て，異なった様態を持つのは確かである。しかしその実
　　体は同じであり，その厳格さも同じである」[3]。

人間的行為の目的に値する善としての政治的善

　このことを誤って理解する人たちがいる。なぜなら彼らは，政治の領域が本質的に道徳的領域であると言うときに用いられる道徳という言葉の意味を誤解しているからである。
　彼らが道徳と呼ぶものは，人格と人格の私的関係を規制する個人的道徳にのみ特有のものである。彼らは，われわれ

---

3)　Manifeste *Pour le bien commun*, IV.

が政治をこのように理解された道徳に還元しようとしている
と想像する。そんなことをすれば，政治から政治に固有の内
容を取り除くことになるのは明らかである。政治が個人的道
徳に還元できるとか，個人的道徳の適用にほかならないなど
とわれわれは言っていないし，そのような素朴なことを言う
人間は誰もいないと私は信じる。われわれが言うのは——す
でにアリストテレスの教えたところでもあるが——，政治学
が倫理学の一つの特殊な分野を構成するのであって，個人に
関わるのでも，家庭という社会に関わるのでもなく，まさに
国家（cité）に集められた人間の善，社会全体の善に関わる
ということである。この善は本質的に人間的な善であって，
それゆえ何よりも人間存在の目的への関係によって測られ，
自らの真の目的のために自由を行使するべき自由な存在で
ある，人間の社会道徳（moeurs）に関わる。古代の人間は，
集められた人民（multitude）の正しい生活としてそれを定義
している。それは効用と利益と繁栄を単純に束ねたものでは
ない。そこでは，真に人間的なものすべてにおいてそうであ
るように，有用さとは，それ自体において，またそれ自体に
とって善い目的，すなわち私が今述べた人間に値する善い共
同生活と，人間が達成するに値する善い共同の仕事との関連
において理解されている。これゆえに，裏切りや無辜の者を
殺すこと，また国家の効用にとって都合よく思われるいかな
る種類の不正も，実際には共通善に反し，自ずとそれを破壊
することへと向かうのである。なぜなら，共通善は単なる国
家の効用ではなく，効用を超える人民の生活の正しさ——そ
れ自体において，またそれ自体にとって善い——だからであ
る。

　したがって，善い政治家であるためには，敬虔で正しく，

聖人であるだけでは足りない。共通善に奉仕する有用な技術
についての知識が必要である。しかしまた，何よりも共通善
に関わる人間的で道徳的な価値についての知識，社会的，政
治的実現の場に関する知識，そしてそう言ってよいなら，正
義の政治的な面についての知識，友愛に関する知識，人間人
格の尊重に関する知識，道徳的生活のその他の要請に関する
知識が必要である。

　善い政治家であるためには，正しいだけでは足りないが，
正義はあらゆる善い政治，それ自体の必要条件である。トマ
ス・アクィナスによれば，王が善く統治するためには，純粋
かつ単純に善い人間（*bonus* vir），すなわち徹頭徹尾，有徳
な人間であるということが必要とされるのである[4]。

政治倫理学の特殊性

　また同じ理念の秩序の中に，われわれが指摘しなければな
らない，もう一つの誤解あるいはソフィスト的奸計がある。

　道徳がわれわれの行為を評価するのは，特定の状況の中で
その行為にふさわしい正しい人間的目的によってではなく，
人生が書物のように書き写さなければならない数多くの抽象
的な公式によってであると考える者がいる。これが，われわ
れが今しがた述べた超道徳主義あるいは道徳的ファリサイ主
義である。マキャベリズムの信奉者は，道徳にこの実践不可
能な純粋主義を適用し，道徳を，原理──それは生と行為と
の関連から切り離され，偶像や定理のように樹立されればさ
れるほど，より一層純粋になる──への忠誠によって要求さ
れる人間的犠牲の儀式のようなものにした最初の人たちであ

---

4)　*Sum. theol.*, Iᵃ-IIᵃᵉ, q 92, a. 1, ad 3ᵐ.

る。そしてこのことが，政治の第一の存立条件は道徳を拒否
することであると，この種の人たちが宣言するよい動機とな
るのである。

　実際には，道徳の原理は定理でも偶像でもなく，具体的な
活動の最高の規則である。この具体的活動は，最も近接的な
規則によって，そして最終的には決して前もっては書かれて
いない賢慮の徳という規則によって，かくかくしかじかの状
況でなすべき課題を目指す。賢慮の徳は，具体的に正しい意
志という背景の下で，倫理的な準則を特定の事例に適用す
る。道徳の原理は，人間の生活を支配下に収めることを要求
するのではなく，人間の生活を打ち立てるために存在するの
である。

　政治は，とくに社会全体の共通善を目指す。そこに政治の
尺度がある。この共通善はわれわれが少し前に示したよう
に，主として道徳的善である。それゆえ，いかなる手段であ
れ，内的に悪い手段とは相容れない。しかし共通善が，弱く
罪深い人民の共同の正しい生活であるというまさにその事実
から，共通善はまた，人がそれを手に入れるために，より小
さな悪を選ぶ（moindre mal）という原則を適用できること
を，そして禁じるとより大きな悪を誘発しかねない悪を許容
できる（tolérer）ことを要求する。終わりに，政治家は抽象
的な存在（entité）に関わらない。政治家が関わる善と悪は，
一定の強度と持続と具体的な幅をもった歴史的エネルギーの
中で具現化される。歴史の舞台の上で働くこれらの力を前に
して，単に政治家はそれらの力が表す価値の真理と誤りを，
それ自身において，抽象的な状態で，その非時間的な意味に
おいて評価すればよいというのではない。政治家は，そのよ
うにして伝えられた善と悪の歴史的実現のエネルギーと，善

253

と悪の将来への関係をも評価することが必要である。そして
このような評価によって，政治家は，純粋に抽象的な考察の
みによって導かれるものとは非常に異なる，実践的結論に導
かれるかもしれない。フランス的気質に論理学者的あるいは
論理主義的傾向があるがゆえに，政治家にこの政治の固有の
条件を想起させることが必要となる。私が言う条件とは，聖
ルイ〔ルイ9世〕なら理解していたであろう最も純粋な政
治的な知恵と政治的倫理の固有の条件である。

　こうして，道徳すなわち真の道徳に対する政治の従属は
──政治がまさに道徳そのものであるがゆえに──人間的
で，実践的かつ実行可能な従属であって，決して非人間的あ
るいは反人間的で，実行不可能な幾何学的服従ではないとい
うことを理解することができる。

政治における本質と実存

　議論を一歩先に進めてみよう。実を言うと，これまでの考
察は，本質と実存の関係の古くからある議論と結びついてい
る。この考察が示しているのは，政治的および社会的生活が
純粋な本質の世界ではなく，実存と偶然性の世界で起こるも
のだということである。そして神は，本質，すなわち哲学者
が分離して考察する本質が，その世界でどのような冒険に直
面しているかを知っている。結局，もし歴史が論理的必然性
の展開以上の何ものでもないなら，本質の自動的な働きで十
分であり，すべての自由な主体の自由な支配者である神の統
治は，余計なものになってしまうであろう。教会の偉大な政
治は，このことを最もよく知っている。イデオロギー的な政
治は，それがジャコバン派のものであれ，聖職者のものであ
れ，（適切に単純化された）純粋な本質だけしか知らず，そ

のプラトン主義は不可謬の正しさによって，常にイデオロギー的政治を存在できないものにしてしまうと確信することができる。私が少し前に言及したように，歴史の中においては，書物や学術的議論——そこでは，すべては，自らが正しいことを示した者の，報いとしての内的な満足で終結する——におけるように，命題同士が対立するのではない。対立しているのは，人間性を担い，運命と偶然性に満ちた具体的な諸力——出来事から生まれ，出来事に向かう——である。政治家はこれらの力の実存的重要性を測らなければならないのである。

　さて本質が実存においてのみ，つまり純粋な本質であることを止めることによってのみ働くということを忘れるのが誤りであり，神学の中でピューリタニズムを扱うように，政治においてイギリスと接し，ドイツを人種主義そのものであるかのようにドイツと，ソビエト・ロシアがマルクス主義そのものであるかのようにソビエトと，政治において接することが誤りであるとしよう。そうだとすると，実存が本質の実現の場であり，これらの本質が実存の場で実現される程度において——他の形相や，その形相を受け取る質料の歴史的遺産と一緒になりながら——その内的エネルギーと論理をそこで展開させるということを忘れるのも同様に重大な誤りである。

道徳の利用

　これらの考察を展開し，深化させてみよう。善いものは操ることが難しい。道徳ほど操ることが難しいものはない。とくに道徳が，多くの人々の中で，知らず知らずのうちにカント的なものになり，自然から切り離されて以来，そうなって

いる（道徳は自然を理性によって統制しなければならないが，自然が永遠法に由来する限り，自然はそれ自身，理性の尺度となるのである）。もし道徳が，人間的生の目的を追求する生き生きとした運動と一体になって働くのではなく，外側からこの運動に働きかけようとするなら，簡単に言い換えれば，非道徳的な生の動きに，生の外にある道徳的規則を課そうとするなら，道徳は大きな不幸をもたらすかもしれない。もし道徳が，政治と一体になって働く代わりに，外側から政治に働きかけようとするなら，簡単に言えば，非道徳的な政治に，非政治的な道徳的規則を課そうとするなら，道徳は人民の生に大きな不幸をもたらすかもしれない。

　道徳は，悪が一人の人間によってなされる前に，われわれがそれを阻止するためにあらゆることを行い，なされた後には，より大きな悪を呼び起こさずに，悪を取り去るためにあらゆることをなすように要求する。しかし，もしそれが不可能であるなら，道徳はわれわれがあるがままに事態を認識することを求める。すなわちその事態とは，この人間がなした悪が現実に存在すること，悪がそこに存在し，悪がなされており，この世界の出来事の連続の中に，悪が，それが巣くう善とともに位置を占めているということである。もし悪がそこに存在するなら，われわれは，ある知られていない仕方で，おそらくそれに対して責任を持っている。そして今われわれに要求されていることは，悪を癒し，償うために，また為されたことの結果を善の方向に向けるために，あらゆることを行うことである。政治倫理は，その固有の秩序において同様に働く。（往々にして悪い手段で獲得された）地上の財産の所有を，多くの場合時効が正当化するのも同様である。時効は悪を消し去りはしない。神はこの世においてか，次の世

において悪に報いられるだろう。時効は，悪の結果から生じる事実の状態を正当化する。それは，この事実の状態とその状態を生ぜしめた悪い行為との関係に，人間的な諸々の善との入り組んだ関係が付け加えられ，より大きな不正を生じさせることなしには原状回復がもはやできないようなときであり，また本来は悪い手段で得られた善が，最終的には実存の世界の中で癒される・・・・ほどに，善い行為との十分な新しい結びつきを作るときである。

　この一連の考察を続けていく中で，歴史と道徳についての議論において，偽善または冷笑主義とは別の，あるいは際限なくこの両者の間で揺れ動くこととは別の解決があることが理解できる。まさに同じ道徳，すなわちどちらも本質的に倫理的である法と道徳規範が，一方でわれわれが歴史において善と正義を全力で増進することを要求する。他方で同じ法と道徳規範が，より大きな悪が引き起こされかねないとき，あるいはより大きな義務に背きかねないときに，われわれが，その法と道徳規範を力でもって歴史に押し付けろと言わないように要求する。われわれに二重の掟が与えられているのは，同一の本質的に倫理的な展開の内部におけることである。第一の掟は，歴史の経常収支において善と正義の資産を絶えず増加させるように全力を注ぐこと，言い換えれば，歴史の中で積極的に神を証しすることである。第二の掟は，われわれが歴史の中で毒麦と小麦を分けるために，〔善悪の〕決算を行う・・，つまり自らが存在する歴史的実存の動きそのものを終結させる義務があるかのように振る舞ってはならないということである。言い換えれば，われわれは各瞬間に，歴史に対する神の裁きを自ら買って出てはならないということである。

　実際人間は,「より小さな悪を選ぶ」という原則を極めて頻繁に悪用するが, それは, 人がそこに正義のために何もしなくていい口実を見出すからである。しかし, この原則そのものは, 正義は追求すべしという原則と同様に, 本質的に倫理的な原則である。そして人は, この後者の正義の原則をも実存に対立するように用いることによって悪用するかもしれない。そのとき, 人は実存の中で, その意に反して悪の重みを増加させるのである。

　要するに, もし人が道徳を頻繁に悪用するなら, それは, 第一義的な真理であるもう一つの道徳的真理を考慮していないことになる。その真理とは, 道徳はわれわれがその規則を自分自身の行為に適用することを要求するということであり, 他者がその規則に背いた場合に, それを他者の人格に報復として適用することを要求していないということである。これは永遠の審判者の仕事であり, 非常に不完全な程度に, 人間の裁判官, 人間の教育者の仕事である。それは各人が他者に対して行う仕事ではないのである。

　人間よ, 君は君の兄弟の審判者ではない。君はその人と同様に罪人であり, その人は君の兄弟である。そこには, 私的な倫理が問題であろうと, 政治的な倫理が問題であろうと, 一般的な意味で, われわれの他者に対する態度の根本的な所与がある。すべての者は罪を犯し, 神の栄光を必要としている (*Omnes quidem peccaverunt, et egent gloria Dei.*)。われわれは他者によって為された行為の道徳的価値を裁かなければならないが, 他者の霊魂を裁いてはならない。われわれは口をつぐんでいてはならない。われわれは大きな声で不正を告発しなければならない。しかしわれわれは神の報いを配分する責任を負わされてはいない。罪を憎んだキリストは, 罪人

たちの友であった。他者が罪を犯したとき，われわれは彼に
対する行動を変えなければならないかもしれない。なぜな
ら，われわれはもはや彼に信頼を置くことはできないし，彼
はわれわれがその見張りをしているある種の善を危険にさら
すからである。しかし，何らかの資格で，彼を裁く権限を持
つのでない限り，われわれは彼に対する態度の中で，その罪
に対する非難を示す義務はないのである。まるで，罪を犯し
た人間を犯罪者のように扱い，自分の良心の純粋さを社会的
に示さなければ，その罪の共犯者にでもなるかのように。こ
の種の素朴なファリサイ主義は，社会集団の「閉じられた道
徳」に属する。当の社会が原始的なものであればあるほど，
素朴なファリサイ主義はより一層発展しており，その社会が
自分自身を道徳的に正当化するのは，社会教育の反射的な配
慮と，それ自身重要な一つの善である共通の世論の形成との
関係によってのみである。しかしそれは決して，道徳の絶対
的で無条件の要請ではない。福音はわれわれに，道徳につい
てはっきりと教えている。「罪を犯したことのない者が，最
初に石を投げなさい」。

政治と神の摂理
　一つの難しい問題，正直に言えば，その解決が不可避的に
宗教的立場に依存する問題がまだ残されている。
　今しがた想起したように，われわれの中の人間的なものの
すべてが，──政治の中で技芸と技術が果たす役割が実際に
どれほど大きいものであっても──政治は本質的に道徳的な
ものであると訴えかける。いわゆる国家の利益のために犯さ
れる不誠実や不正は，政治的罪過である。善い政治の第一の
政治的条件は，正しくあることである。

259

　しかし容易に分かることであるが，一般的に言って，正義と徳がこの世界における成功をもたらすことはない。他方で，国家は永遠の生命（いのち）を持っておらず，貧しいラザロのように，この世で蒙った不正，不当な失敗，悪人によってもたらされた死の報いを，国家が受けることはできない。国家が持っているのは現世的善だけである。

　そこで，政治的知恵が共通善の一部として自ずと目指す国家の繁栄と，正義を第一条件とするこの同じ政治的知恵との間に存在する，不可避的な葛藤を認識するべきではないだろうか。

　宇宙の最高の政治的統治を認めるのでなければ，この問いに対して有効な解答を与えることはできない，とわれわれは考える。その統治とは，まさにこの秩序そのものにおける神の統治であり（なぜなら神は，倫理的な秩序というこの特別な秩序の第一原因だからである），この統治があればこそ，国民，国家および民族にとって，善と悪がこの世でそれぞれの実を結ぶようになる。それゆえ，正義とその他の徳を政治的に実践することが，一時的に苦痛と損失をもたらすとしても，最終的には国家の共通善——それは通常，国家のある種の繁栄を含む——に奉仕することになると断言することができるであろう。

　しかし，これは超経験的考察であり，その解決は神秘的なものに留まる。なぜなら，善——そこで国家の正義が実を結ぶ——は，直接目に見える結果とは何ら関係なく，持続を考慮に入れることが必要だからである。そしてここで働くのが第一原因の統治であるという，まさにその理由で，国家の正義が実を結ぶ現世的善と，国家の不正が実を結ぶ現世的悪は，人間的精神が予想する直接的結果とは全く異なるものと

なりうる。〔それを予想することは〕大河の河口で，どの水がどの氷河からやってくるのか，あるいはどの支流からやってくるのかを見分けるようなものである。

偽りの現実主義

　このようにして不可避的な分裂が，政治のキリスト教的概念と非キリスト教的概念を分かつ。残念ながら，私は多くのキリスト信者が，生命（いのち）に満ちてキリスト教的である政治の理念そのものを捨てているということを付け加えなければならない。彼らは自らを現実主義者と自称する。一般的に言って，「実際的人間」が，どのユートピアにおいても典型的なだまされやすい人間であるように，ある種の自信と憂鬱な満足をもって「現実主義者」を自称する人間は，自分と対立する現実の方が正しいのが常であるから，そのように自称するのである。力だけを信じることによって，しかしまたすぐに見えるもののみを信じることによって，この人間はすべての壮大なるものを，それが地中に基礎も根も持っていないことを条件に，信用するであろう。自らを「現実主義者」と信じている多くの者は，本当は，弁証法的な常套句によって考える経験主義者であり，唯名論者である。

　彼らの政治はすべて，時間の中で作られた一瞬の切断面の上に，分離された瞬間の上に，すなわち抽象の上に刻まれる。彼らがそこで可能性をどれほど完璧に計算していても，彼らには本質的要素──それは現実の時間の継続性と，人が歴史の「発展の生理学」と呼びうるものに関係する──が，欠けている。もし政治がトランプの勝負に過ぎないとか，不連続に配分された一連の偶然の機会──現実の過去も，発展の内的原理も持たない──を最善に利用する技術に過ぎない

とするなら，このような切断は正しいであろう。この現実主義者たちが成功するとき，それは根のない成功であり，それ自身人を欺く成功である。このような成功は，彼らがより重い歴史的負債から防御しようとする大義を損ない，その大義に一層深刻な破綻をもたらすだろう。

　この平凡で，無力な偽りの現実主義と非常に異なるもう一つの一層恒常的で，根元的な現実主義が存在する。この現実主義の諸々の成功はより持続的である。それらは正しい者たちを憤慨させ，この者たちは神に向かってこの成功に対する不平を叫ぶ。神は最終的に公正であり，はっきりと不正を選んだ者に対して，不正の利益とその力強いエネルギーを使い果たす時間を与える。将来災厄がこの勝利者たちに訪れるとき，この正しい者たちの目はすでに地中で朽ち果てており，誰もこの災厄の遠い根源を認識することができないであろう。

　私が今述べている偽りの現実主義は，マキャベリ的な現実主義である。この現実主義は人間的被造物の生を導く科学──すなわち政治──における純粋な経験主義であるので，マキャベリズムは，現世的実存において，ある種の無神論を伴うことになる。マキャベリズムは，人間が神の手から出てきたということ，そして人間であるにもかかわらず自らの中にその出自の偉大さと尊厳を保っているということを，実践において否定する。そのペシミズムは，議論の余地のない経験的真理を援用し，これらの真理を存在論的虚偽に変えてしまう。なぜなら，人間が神から発するという事実は，マキャベリズムにとって，どうでもよいことだからである。それゆえ，このマキャベリズムは，国家のために，人間を見捨てる。神の代わりに人間を創造するのは国家である。国家は強

262

制によって，人間が感情のアナーキーという無を離れ，正しく，英雄的ですらある生を送るように義務づける。ムッソリーニは，「人間的本性に関するマキャベリの激しいペシミズム」のうちに陰気な陶酔を味わっているように思われるが，彼はその著『君主序論 *Preludio al Principe*』の中で，マキャベリの人間に関する「否定的な判断」，すなわち彼の「正当で，悲惨な証明」が現れているいくつかの文章を引用している。彼は次のように付言する。「マキャベリは幻想を抱いているのではない。彼は君主に何の幻想も提供しない。君主と人民の対立，国家と個人の対立は，マキャベリの構想にとって不可避である。人がマキャベリの功利主義，プラグマティズム，冷笑主義と呼んできたものは，論理的に言って，この元々の立場に由来する」。そして彼はまた次のように書く。「私はマキャベリの学説が今日，４世紀前と比べて一層生命力を持つと断言する」。

　最後に第三の種類の偽りの現実主義がある。それは前述のものと同様に根元的で，力強く，破壊的である。それは冷笑主義者になった理想主義者のそれであり，逆転した理想主義のそれ，「科学」と「弁証法」になったユートピアのそれである。その形而上学的起源は，悲観的ではなく楽天的である。それはルソーのものであり，マキャベリやマンデビルのものではない。またこの現実主義も，実践的に人間が神の被造物であるということを否定するが，それは，この現実主義が人間の中にある無から由来するものを，認めたくないからである。すなわち，もし人間が神のような状態であり得ないとしたら，それはこの世界に人間を束縛する忌むべきものがあるからである。この忌むべきもの──何という名前で呼ぼうと──と対決するすべての手段は，よいものである。この

忌むべきものに仕える人間は，間違いなくその無責任な道具
である。確かに彼らは他の人間よりも悪意があるという訳で
はない。しかし彼らが闇の権力と結託し，人間本性，すなわ
ち神のように存在するという要求を捨てたときから，彼らは
人間という名称に含まれる価値とは，無縁のものになってし
まった。軽蔑には軽蔑を。もし金持ちにとって貧しい者が人
間でないなら，プロレタリアートを自覚している者にとっ
て，ブルジョワは人間ではなく，富農も革命に異を唱える者
も，人間ではない。人は彼らをそのように扱うであろう。か
くして，普遍的な同胞愛の名の下に，資格を奪われ，軽蔑さ
れたある種のカテゴリーの人間に対し，その人間人格に対す
る非情な冷酷さ，その運命に対する根本的な軽蔑が生じてく
る。そして同じく「マキャベリの元々の立場」に由来する，
対をなすようなプラグマティズム，功利主義，冷笑主義が生
じてくる。

　要するに，いくつかの典型的な立場を純粋な状態に持って
いけば，そこに右翼の実証主義——人間が神に由来し，神を
受け継いでいることが誤りであるかのように行動する——が
存在する。それは人間を軽蔑することによって，神を追放す
る。またそこには，左翼の理想主義——人間が虚無に由来
し，虚無を受け継いでいることが誤りであるかのように行動
する——があり，それは人間を神格化するために創造主を排
除する[5]。この相対する傾向——その向かう先はこの二つの

---

　5)　この分析を追求していくと，国家社会主義が同時にこの二つの実
践的無神論を受け継いでいることを，明らかに見て取ることができる。国
家社会主義は人格を軽蔑し，人格を神の被造物として扱うことを拒む。し
かし人間は，地球上の原始的で神的（悪魔的）な要素の神格化に奉仕しな
ければならない。この要素は人間の中で，人間を通して，言い換えれば前
もって運命づけられた血の中で，その血を通して発展する。

理想の極限によって示されている——は，現代の歴史の矛盾をよく説明している。ファシズムが第一の傾向から，共産主義が第二の傾向から出現する。両者はそれにもかかわらず，現実主義を自称し，その政治的現実化の力が強大であるのは確かである。しかしその力は悲劇的である。そこに出口はない。意図しないにせよ，人間における，より深いものを考慮に入れない現実主義は結局，偽りの現実主義に過ぎない。しかしこの真理をしっかりと把握し，華々しさ（prestige）という偽りの証拠に惑わされず，もう一つの現実主義，すなわち真正の現実主義を考案するために，信仰が人間に知恵を教えることが必要であり，時間を日時の単位ではなく，週や年の単位で〔長期的に〕数えることが必要である。

Ⅱ　内的な次元 —— 大衆の再統合

真と偽の共生

　以上の考察から結論されるのが，新しいキリスト教社会の到来は何よりもある一定数の人間の心の中でキリスト教的，世俗的召命が内的にかつ十全に実現されることにかかっているということでないとしたら，それは何であろうか。

　またこの到来は，実際に大規模なキリスト教のルネサンスが，知的エリートの中だけでなく，広い範囲の大衆の中でも生じるかどうかという事実にもかかっている。

　この指摘は，もう一つの補足的な考察にわれわれを導く。われわれを人間中心的ヒューマニズムの時代，とくに資本主義的，ブルジョワ的時代から脱出させて，新しい世界に導く現世的，キリスト教的革新の理念が，他のすべての革命よりもはるかに高く，広くそして深い次元を含んでいるとしよ

う。もしそうであるなら，それはこの理念が，大きな統合と
再統合の歴史的プロセスと結びついている，ということでも
ある。

　19世紀には労働者階級の大きな部分が，キリスト教から
離れていくという事実があった。われわれはすでにこの事実
の原因とキリスト教世界の責任について述べた[6]。この指摘
は過去に関わるものであるが，ここには将来に関わるもう一
つの問題がある。それは労働者階級と大衆の再統合の問題で
ある。キリスト信者にとって，どのような問題が提示されて
いるか，その主要な特色を示してみよう。

　キリスト教の歴史哲学の中で最も示唆に富む主題の一つ
は，われわれが仮面と役割の交差と呼ぶものに関わる。不正
の役割が正義の仮面あるいは人物像によって演じられるだけ
でなく，正義の役割が不正の仮面によって演じられ，（そし
て台無しにされる）。歴史における悪い働き，無益な働きが，
真理の旗印を持つ者によってなされるだけでなく，善い働
き，有益な働きが真理の旗印に敵対する者によってなされ，
（そして台無しにされる）。このようなことが起こるのは，完
全な真理が人間的な弱さにとって余りにも重いものだからで
ある。この弱さは，聖人たちを除けば誰においても，誤謬の
減免を必要としている。このようにして，それ自身正常で，
摂理的な歴史的過程は，自ずとキリスト教的方向で進むこと
を要求したが，近代の歩みの中で，キリスト信者とそれに敵
対する者の双方の失敗によって，反キリスト教的諸力によっ
て独占され，隠され，ゆがめられたのである。

　16世紀以来の知的秩序において，合理主義と誤りに満ち

---

　6)　第3章を見よ。また *Du régime temporel et de la liberté* を参照。

た哲学が，ある種の寄生状態と共生によって，それ自身正常
で善いもの，すなわち自然に関する実験科学の賞賛すべき発
展の勢いを強めると同時に，それを歪めてきた。同様に社会
秩序において，19世紀の社会主義の発展が，それ自身正常
で善い，ある種の歴史的取得を強め，隠し，歪めてきた。こ
の社会主義の発展は，資本主義の行き過ぎそのものによって
自ずと要求されたが，同時にそれは歴史の地底で数世紀にわ
たって広がった悪に対する新しい典型的な反応でもあり，よ
く響き渡る声で，名もなく貧しい無数の嘆きを告げ知らせた
のである。

　この二つの事例において，問題の歴史的現象は，われわれ
が近代の特色として示した，被造物の復権に向けたあの動き
と結びついていたのである。

労働者の尊厳と連帯に関する深い自覚

　さて社会主義の現象において，何よりも肝心な歴史的な利
得（gain）は何であろうか。

　そこで大事なのは，人が言うように，よりよい物質的生活
状況への要求とその獲得，すなわち労働者階級の置かれてい
る状況の改善ということではない。

　いや，もしこの要求と獲得がどれほど正当なものであった
としても，それは，それ自体としては特定の経済的事項にの
み関わる。それは，社会主義にのみ典型的なものではなく，
改良主義者や父権主義者の構想の中にも見出すことができ，
またもしそれが現体制で可能であると仮定すると，それはむ
しろ，ある意味でプロレタリアートをブルジョワ化すること
につながるであろう。

　これとは反対に，われわれが言う利得は，金科玉条となっ

た空しい学説が，科学的であると自己主張したまさにそのときに，実現されたのである。それは，いわゆる自由主義的個人主義と資本主義の黄金時代に，プロレタリアートが悲惨な状態と社会的非存在の状態に置かれてきたがゆえにであった。地上的，現世的文明の秩序に影響を与えながらも，この利得は霊的秩序にあり，そのことがこの利得に重要性を与えるのである。この利得とは，ある種の深い自覚である。傷つけられ，辱められてきた人間的尊厳の自覚であり，歴史的使命の自覚である。マルクス主義はこの自覚を強め，またそれを歪めるために作られた。私が言いたいのは，この自覚という現象に，どれほど重要性を置いても置きすぎにはならないということである。その理由は，芸術であれ，科学であれ，哲学であれ，詩であれ，あるいは精神生活そのものであれ，近代のあらゆる偉大な進歩が，第一にこの深い自覚の秩序に属しているように思われるからである。

　この深い自覚は社会主義の語彙の中で，プロレタリアートの階級意識の獲得と呼称された。

　われわれは階級意識の社会主義的あるいは共産主義的観念における，二つの誤謬を示すことができる。第一は自由主義的でブルジョワ的起源の誤謬である。まずこの点では，プルードンはプチブルジョワのままであったし，マルクスもそうであった。この誤謬とは，労働者階級の解放を，隷従と反啓蒙主義の権力と見なされたキリスト教と教会に対する自由主義の戦いの，最終局面にしたことである。第二に，革命的・終末論的起源の誤謬がある。この誤謬は階級闘争のマルクス主義的観念であり[7]，プロレタリアに付与されたメシア的役割である。

268

7)　〔Goetz Briefs のフランス語訳，*Le Prolétaliat industriel* に自らが書いた前書きの数頁を引用したのち，マリタンは次のように続ける。ŒC Ⅵ p. 1259-1260 を見よ〕。

階級対立の分離主義的観念——プルードン自身は心ならずも，またためらいをもって，そこに到達した——は，革命の効率性の観点からマルクスの天才の証しだった。しかしそれは，自ずから重大な誤りであった。その理由の一つは，この観念が国家的，道徳的秩序の自然的結びつきとその破壊できない人間的熱望を誤って理解しているからである。この結びつきと熱望は，この経済的対立による断絶にもかかわらず，また財産のない自由によってとくに非人間的な隷属へと追いやられたプロレタリアに課された条件にもかかわらず，依然としてプロレタリアを政治的共同体の全体に結びつけ続けているのである。しかしそれだけではなく，もう一つの理由は，この観念がこの悪から逃れる手段を絶望的な解決，すなわち道徳的な分離——それは政治的国家の共通善に関して，プロレタリアートによって完全にかつ決定的に同意された——に求めたということである。「冥界を動かさん（Acheronta movebo）」。それ以来，「地上の呪われた者たち」は，まさに彼らのために備えられた，神に見放された者の条件の中に自らを閉ざし，相続権を奪われた彼らの階級以外の共通善を知らないことになるであろう。そして，彼らの「最終闘争」とタイタンの戦いによって人類の解放が生じるのは，まさに悪の過剰からであろう。

この黙示録的概念は，万国の労働者に対して，単に階級的連帯——それ自身正当であるが，従属的なものである——を呼び掛ける代わりに，現存する政治的国家と内戦を行う神秘的国家（Cité mystique）へと，彼らを組織化したのであるが，この概念はマルクスが用いた科学的装置全体の根底に残っている。19 世紀にプロレタリア大衆をこの神秘的国家に駆り立てたのは，対立する階級の盲目であったと言うことができる。プロレタリア大衆には，これよりほかの手段が残っていないと信じる，あまりにも多くの口実があった。しかしながら，この神秘的国家は，あらゆる最悪の政治の根本的な誤りと幻想で苦しんでいた。そして，それは世界を破壊的な分裂に，また社会主義そのものを出口のない争いに委ねることになった。その理由は，第一次大戦のときに見たように，国家の構造と政治的国家の価値が「プロレタリアの共通善」に勝ることになり，そこから社会主義がヨーロッパで体験した悲劇のかなりの部分が生じたからかもしれない。あるいはロシアで起こったように，社会主義の一国における勝利が，少なくともその国の中で，いわゆる普遍的プロレタリアートの共通善とこの政治的国家の共通善（「一国の社会主義」）のどちらかを性急に選ぶように社会主義自身に強いる——それは後者に賛成し，前者に反対する選択である——よ

　しかしこれらの誤謬から切り離し，それ自身考察した場合，ここで問題となっている深い自覚は，重要な歴史的進歩であるように思える。それは，人格の共同体が，内的現実と社会的表現において自由と人格性に向けて上昇することを意味する。ここで言う共同体とは，人間生活の物質的下部に最も近く，かつ最も虐げられた者の共同体，肉体労働の共同体，この労働に従事する人格の共同体である。

　もちろん，私がここで述べているのは，この共同体そのものにとっての特徴的な事実であって，必ずしもこの共同体を構成する個々人にとってのものではない。アリストテレスが言うように，生来，自分以外の人間または集団に仕え，ある意味で集団の器官として働く以外の働き方に気質的に適さない人間が，常にいると思ってもよいかもしれない。それでもなお，私が語っている集団的自覚が，労働者の共同体——今日における，その最も典型的な表現はプロレタリア階級である——に対して，ある種の社会的成熟と具体的に自由な状況を要求するのである。

　要するにわれわれがここで述べた歴史的な利得とは，労働と労働者の尊厳の深い自覚であり，労働者そのものにおける人間人格の尊厳の深い自覚である。社会的現実に目覚めた労

うになったからかもしれない。
　最後に指摘したいのは，もし共産主義者によって現実に示されている国家的な傾向が，この注で分析した歴史的過程の観点から見て，一つの矛盾であるなら，それはまた一つの変化を示している。この変化は，社会主義の内的発展にとって極めて重要なものであり，どれほど遠いものであっても，人が最低限，政治的共通善とプロレタリア的共通善の葛藤を解決する予備的条件として期待していた方向に向けて準備することができる。しかし，共産主義の内的論理がある種の分離論者の反動——第四インターナショナルは，おそらくその前兆である——を引き起こさないということは，ほとんどあり得ないだろう。（1936年）

働者エリートが，とくに強く望むのはこの点である。この尊
厳の感覚とそれと結びついた権利を維持するために，彼らは
あらゆる種類の悪に立ち向かい，最も破壊的なイデオロギー
のために自らを犠牲にする用意がある。

　このような第一義的に精神的な利得が，マルクス主義のよ
うな無神論的学説と結びついているように見えるのが，われ
われの時代の悲劇である。

プロレタリアートの歴史的役割

　さて，この深い自覚の帰結の一つに注意を向けてみよう。
もしプロレタリアートが成熟した人格として扱われることを
要求するなら，まさにその事実によって，彼らは別の社会階
級によって救われ，改善され，援助される必要はない。むし
ろ反対に，〔歴史的〕発展の次の時期において主要な役割を
果たすのは，プロレタリアとその歴史的上昇の運動である。

　われわれはマルクス主義がどれほどのエネルギーをもっ
て，この帰結を主張したかを知っている。しかしマルクス主
義は，一方では，それを誤った社会的形而上学に組み入れ，
単にプロレタリアートの解放がプロレタリアートの仕事にな
るであろうと主張するのではなく，唯一のプロレタリアート
の階級以外の共同体のすべてを拒否して，この解放が完全に
プロレタリアートだけの仕事だと主張した。他方でマルクス
主義は，プロレタリアートを政党および「革命思想家」の掌
中にある受動的な道具にしてしまった。革命思想家は，ジャ
ン・ジャック・ルソーにとって立法議会議員がそうであった
ように，マルクス主義者にとって同様の過大な役割を果たし
たのである。

　それでもなお，キリスト信者はマルクス主義的メシアニズ

ムに陥らずに，次の理念の中に深い洞察があることを認識できるのである。その理念とは，プロレタリアートが資本主義文明の中で，人間の力を商品として搾取して，そこから利益を得たのではなく，苦しめられて来たという事実によって，彼らが新しい道徳的な力の担い手であり，この力が彼らに新しい世界における使命を与えるということである。この使命は，プロレタリアートが自らについて有する意識が誤った哲学によって歪められない（あるいは歪められなかった）ならば，真実に解放の使命となる（あるいはなった）であろう。

　キリスト信者はマルクス主義者が唯物論的であると同時に神秘的な，労働の誤った概念を持っていることを非難する。その信者はマルクス主義者が労働の中に生産的努力，つまり物質を加工し，経済的価値を創造することしか見出さないと非難し，他方で労働に高い尊厳を与えるが──そのことは全く正しい──，それだけでなく，労働を人間存在にとって最高の尊厳，いや人間の本質にすらしてしまうと非難する。またキリスト信者は，マルクス主義者が階級間の争いについて誤った概念を持っていることを非難する。階級が存在し，階級間に有機的統一性がないこと，それゆえ階級間の争いがあること（それは資本主義的構造に由来する事実である），この争いを乗り越えることが必要なこと。このすべてにおいて，キリスト信者とマルクス主義者は一致する[8]。しかしどうやってこの争いを克服するのか。マルクス主義者にとって，それは，プロレタリアートを軍事的国家，革命のエルサレムに組織する肉体的戦争によってである。革命のエルサレムは，他の人間との交わりから意図的に切り離され，他の階

---

8)　本章注 7 を見よ。

級を抑圧し，絶滅させる。

　キリスト信者にとって，それは霊的戦争によって，また社会的，現世的戦いによって克服されなければならない。この社会的，現世的戦いは，同じ人間的理想に集結するすべての者によって遂行されねばならず，まさにその動きの中で，問題となっている〔階級間の〕争いはすでに克服されているのである。

　キリスト信者にとって，世界の現世的革新のために働かなければならない者たちの絆と統一を作るもの，それはまず第一に──彼らがどの階級，人種あるいは民族に属していようと──思想と愛と意志の共同体であり，共同の仕事を達成しようとする情熱である。そこにあるのは，人種のような物質的・生物学的共同体ではなく，また階級のような物質的・社会学的共同体でもなく，真に人間的な共同体である。階級の理念，プロレタリアの理念は，ここでは乗り越えられている。

　しかしながら，まさに人間は肉体であると同時に霊（精神）であり，またすべての歴史的，現世的偉業は，物質的で生物学的・社会学的な基礎──そこでは人間の動物性そのものと非合理的蓄積のすべてが運び込まれ，高められている──を有しているので，資本主義体制のような体制の変革において，労働者階級がこの社会学的基礎となるのは正常なことである。この意味でわれわれは，労働者階級の歴史的使命について語ることができ，また人類の運命は，今やプロレタリアの行動に大きくかかっていると考えることができるのである。

社会主義の危機

しかし実際にはどのような実りが生まれるのか。それは別の問題であり，まず第一に，哲学と大衆にインスピレーションを与える絶対的信念にかかっている。

ここで，マルクス主義政党から正統的でないと明白に判断されている，独立した社会主義者・著作家の証言に耳を傾けることは有意義であろう。たとえそのように判断されていても，彼らの思想は極めて注目に値するものである。なぜなら彼らは，他の者よりもはるか先まで，革命的運動の歴史と原理についての考察を進めているからである。私はジョルジュ・ソレルの弟子たちの小さなグループのことを言っているのである。彼らは「革命的労働組合主義者」に数えられる。

エドゥアール・ベルトの重要な著作が最近，『資本論から暴力に関する考察へ』[9]というタイトルで出版された。そこにはわれわれのテーマに関わることが，数頁にわたって書かれている。二つの誤謬（社会の進歩と宗教に対する戦いの混同，階級闘争のマルクス主義的観念）を指摘した上で，それに関連づけて，ソレル学派は，われわれが述べた真理の要素を力強く救い出した。この学派にとって何よりも重要なのは，その表現を借りれば「資本主義的宿命の極から，労働者の自由の極へ」と移ることである。彼らは社会主義を「労働者の自由の形而上学であり，端的に自由の，人間的自由の形而上学ですらある」と考える。エドゥアール・ベルトは「結局重要なのは人間的要因，すなわち人間とそのエネルギー，性格の強さ，犠牲の能力と高邁な心，一言で言えば人間の自

---

9)　Paris, Rivière, 1934.

274

由である」と述べる。このような理由で，この学派は，世界
の革命的変革が労働組合におけるプロレタリア自身の思想と
行動から，創造的に噴き出してくると考えたのである。

　今や，失望と幻滅の時が，ソレル学派に訪れている。彼ら
は誠実にこの時を識別する。それは同時に素朴でもある。と
言うのも彼らは，自らの前提が彼ら自身残念に思っている結
論に幾分責任があるのではないか，と問うたりしないからで
ある。

　一方で中産階級がプロレタリア化し，他方で機械化の進展
が労働者階級に社会的効率の低下を強いる結果として，労働
者階級は，単独でぶどうを搾るように招かれているとは，も
はや思っていない。それだけでなく，社会主義の中に，そし
てわれわれが述べた労働者の自覚そのものの中に，内的な危
機が生まれている。危機にさらされているように思えるの
は，まさに自由と自律の理念である。社会的成熟と人格性へ
の歩みを進めるプロレタリアートの代わりに，エドゥアー
ル・ベルトがわれわれに描いてみせるのは「ある者は富裕と
なり，アメリカ化したブルジョワジーが承認した多少なりと
もきらびやかな場を受け入れる一方，他の者は浮浪無産大衆
化し，民衆扇動的で狂信的でセクト主義的な共産主義の旗の
下に整列するプロレタリアート」であり，官僚主義的支配に
よって操縦される。ジョルジュ・ソレルは革命的なプロレ
タリアートの創造的人格性に希望を置いた（ソレルは，プロ
レタリアートを「幸運な結末を迎えるかどうかが，そのエネル
ギーと献身と犠牲の力と崇高な心にかかっている劇の中の英雄
たち」と見なした。そして彼は，プロレタリアートの暴力が戦
争の行為，高貴で純粋な戦争の行為，ほとんど聖戦の行為であ
ることを望んだ）。ソレルのこの希望は，現在では，大いに

危ういものになったように思える。

　このような悲劇がキリスト信者の思考にどのような影響を与えるか，そのすべてを人は直ちに理解することができる。労働者における人間の尊厳の深い自覚，社会的な自由と人格性——真の内的自由と真の人格性を外的に表現したもの——の獲得，ある意味で歴史的多数派となった貧しい人や恵まれない人を解放する任務。これらすべては，キリスト教的な響きを持っていないであろうか。また本当のところ，本来キリスト教的な意義を持っているのではないだろうか。

　ベルトは「労働者階級は結局，人格になることができるのだろうか」と問う。もちろんできる。ただ一つ前提条件がある。いかなる人間も，いかなる民族も，いかなる階級も，人間の力だけで自らを救うことはできない。そしてもし，ペラギウス主義とブルジョワジーの実際的無神論がプロレタリアートによって採用され，賛美されるとしたら，それはプロレタリアートの歴史的破綻となるであろう。彼らが手にする見せかけの勝利は，その隷従を増大させるだけのことになるであろう。人間はその自由と人格性を獲得するが，それは，人が存在の根源から受け取る生命(いのち)に対して，自らを開くことによってである。エドゥアール・ベルトの悲観論にもかかわらず，労働組合主義は現在のところ，最も有力で，最も将来性のある社会的改革の力かもしれない[10]。労働組合主義が，

---

　10)　哲学者はいずれにせよ，社会主義的，プルードン主義的起源の労働組合主義の理論家，たとえばジョルジュ・ギュルヴィッチ（Georges Gurvitch）の研究も，労働組合主義の闘志たちの研究も無視することはできない。（私はこれについて，次の論文に注目する。Raymond Bouyer, «Les Féodaux du tantième », dans L'Homme réel, août-septembre 1935.）カトリックの社会学派も，ずいぶん以前に労働組合主義の学説を樹立していた。社会主義的傾向の労働組合主義と同様に，キリスト教的労働組合主義とキリ

276

その創始者の一部に見られる無神論を拒否する場合にのみ，真にこの将来性を維持することができるであろう。

　それゆえ，次のようなジレンマが不可避だと思われる。ジレンマの一方の選択肢は，大衆が唯物論と，この一世紀近く彼らの歴史的進歩の運動に寄生して来た形而上学的誤謬とに，より一層執着し，それゆえこの運動は最終的に偽りの形態のもとに展開されていくというものである。

　もう一つのジレンマの選択肢は，次のようなものである。キリスト教がわれわれの間で守り伝えてきた原理から，大衆が世界と人生についての独自の哲学を生み出す。そうすれば，神中心的ヒューマニズム──その普遍的価値は，現世的・文化的領域においてさえ，あらゆる状況の人間を和解させることができる──が形づくられることによって，大衆の社会的革新の意志が達成され，大衆は成熟した人格の自由に到達する。それは，他の階級を崩壊させるために人間を独占するような，階級の自由と人格性ではなく，一つの社会を共同で創始し，現在の階級の分断を消滅させるために，階級に人間固有の尊厳を伝える人間の自由と人格性である。もちろん私は，すべての差異やすべてのヒエラルヒーを消滅させると言っている訳ではない。

歴史的転換

　この仮説に含まれる歴史的転換の規模の大きさは，強調す

スト教労働者の運動は，ある国々では歴史的に重要な役割を果たすことができる。職業的な要求と技術的な調整の秩序の中で，この二つの労働組合主義の間に，ほかにも多くの合流形態がある［ポール・ヴィニョー（Paul Vignaux）の重要な研究，*Traditionalisme et Syndicalisme* (New York,1943) を見よ］。

るまでもないであろう。一方で霊的・宗教的革新の力強い核
が，大衆の中に形成されなければならないであろう。他方で
キリスト信者は，多かれ少なかれ無意識の社会的先入見の多
くから自らを解放しなければならない。キリスト教思想はそ
の偏見を，それが生じた背景である反キリスト教的誤謬から
清めながら，近代を通して生じた社会的解放の努力が見出
し，洞察した真理を統合しなければならない。またこの思想
によってインスピレーションを受けた社会的・政治的活動
が，大規模に展開されなければならない。

　それは様々な結びつきを少しばかり逆転するといった程度
に留まらない。このような展望の中で，われわれが考えなけ
ればならないのは，歴史的諸力を全体的に再配分することで
ある。

　それゆえ，そこには精神にとって非常にいらだたしい難
問，すなわち近代の諸世紀，とくに 19 世紀を支配してきた
暫定的な対立——次第にその固有の生命(いのち)の源から分離されて
きたキリスト教世界と，社会正義に向けられ，偽りに満ちた
形而上学に養われた現世的政体の変革の努力との対立——
という難問がある。かつてピウス 11 世教皇が述べたこの 19
世紀のスキャンダルは，はるかに広く，はるかに高い神秘に
立ち戻ることによって，ある程度理解できるものになるであ
ろう。ユダヤ人の暫定的な拒絶と最終的な再統合について，
聖パウロは，神がすべての人を罪の中に閉じ込めたが，それ
はすべての人を憐れむためだった，とわれわれに言ったので
はなかっただろうか[11]。人間中心的時代のキリスト教世界が

　　11)　「神はすべての人を不従順の状態に閉じ込められましたが，それ
は，すべての人を憐れむためだったのです «Conclusit enim Deus omnia (texte
grec: *tous pantas*) in incredulite: ut omnimu misereatur »」(『ローマの信徒への

278

閉じ込められている，「不服従」と「罪」が，新しい「憐れみ」の流出を呼び起こした後に初めて，新しいキリスト教的な現世的秩序が完全で持続的な形で現れるということを考えるなら，おそらく新しいキリスト教社会の創設が，どれほどの規模の歴史的大変革（péripétie）と結びついているのかを理解することができるであろう。

Ⅲ　年代的な諸次元

歴史哲学について

現世的秩序のキリスト教的革新の理念に含まれる，変革の内的次元の規模の問題は，それに伴って，もう一つの問題を提起する。それはこの同じ理念に含まれる年代的な諸次元の規模の問題である。

まずここで，歴史哲学の可能性の問題について述べるのがふさわしいであろう。自然的理性の光だけを認める純粋哲学者の手中においては，歴史哲学は非常に些末なことに還元されるか，必然的に欺瞞に陥る危険を冒すかのいずれかだというのが，われわれの考えである。なぜなら，歴史哲学は不可避的に預言によって与えられたものを前提とするからである。しかし純粋哲学者は，一体どこでそれを見出すというのだろうか。

われわれの考えでは，この質問に肯定的に答えることができるのは，われわれが人間の哲学——そこにおいて哲学者は，哲学と自然的秩序の知識を，信仰と神学から受け取った

手紙』第 11 章第 32 節）。「しかし，聖書はすべてのものを罪の支配下に閉じ込めたのです «Sed conclusit Scriptura omnia sub peccato... »」（『ガラテヤの信徒への手紙』第 3 章第 22 節）。

より高い知識の光によって解明する——の考え方を認める場合だけである[12]。それゆえ，当然ながら多くの点で推測に基づくという性質を保つことによってのみ，歴史哲学は哲学あるいは知恵の名に値するものとして形成されうる。

キリスト教の歴史の諸時代

　われわれが取り組む問題に関して，キリスト教の歴史哲学は何らかの指示を与える力があると思われる。

　第一の指示は，たった今私が示したように，世界規模の歴史的大変革は，内的悲劇——それは福音のメッセージとギリシア・ローマ世界の出会い以来，西洋文明の中で展開され，その悲劇的意味は16世紀に明らかになり始めた——の必然的な終結でなければならないということである。われわれが第1章で，ヒューマニズムの悲劇について述べたことは，この言明の十分な例証となっているであろう。

　とくに，資本主義経済によって積み重ねられた一連の不幸，産業による世界征服によってもたらされた人間的生の逸脱，他方で反キリスト教的諸力の幾世紀にわたる発展と，前に示したキリスト教世界の社会的欠陥。これらすべてが示しているのは，われわれがそれ自身においては可能であると考えている新しいキリスト教社会の到来が，少なくとも安定的で普遍的なものとしては，先述の大変革の前には，ほとんど起こり得ないものとして捉えられねばならないということであろう。なぜなら歴史のエネルギーの行為と葛藤は，時間の中でその実を結ばなければならないからである。また，科学的なものであれ，国家管理的なものであれ，いかにすれば人

---

12)　Cf. *Science et Sagesse*, [plus haut], p. 180-214.

間が物質に恭しく服従することが，人間のイニシアティブだけで神なき世界を救おうという必然的に破滅的な最高の骨折りに終わらずに済むかということは，知られていないのである。

　キリスト教の歴史哲学がもたらす第二の指示は，一つの世界の終わりが，──たとえその規模が非常に普遍的なものであったとしても──世界そのものの終わりでもないし，歴史の終わりでもないということである。それどころか，人間の歴史を神の知恵による統治と結びつける者にとっては，われわれが語る終結は，新しい歴史時代の幕開けと見なされなければならない。

　他方，（これはキリスト信者にだけ重要なのであるが）キリスト教諸国民の文化の状態は，キリスト教の持つ社会的可能性と比べて，また福音の法が国家の現世的秩序に対して求めるものについての完全な自覚と比べて，非常に遅れているのではないだろうか。社会的・現世的なものの中で福音を効果的に実現すること，あるいはそこに福音の光を効果的に射し込ませること（réfraction）について，われわれはまだ先史時代にいるのである。

　また（これは哲学者自身にとって重要であるが）人間性の知的・文化的発展の自然的可能性についても同じような確認が必要ではないだろうか。存在するすべてのもの，とくに人間に関わり，それゆえわれわれにとって最も関心の高いものについて，われわれの思弁的・実践的認識と平均的行動が，まだ極めて原始的だということを示すことは，困難ではない。ここで私が言っているのは，唯物論的で空しい認識のことではなく，真に霊的な認識であって，またそれに対応する行動である。

第6章　新しいキリスト教社会の歴史的可能性

　人間は最終的な没落，歴史の終局に近づいているのだろう
か。そうだとすれば，それは早まった終局であり，中途で終
わってしまう小説のようなものであろう。

　われわれがその始まりに立っている時代は「新しい中世」
と呼ぶこともできる。しかしこの言葉は，錯覚を起こさせる
かもしれない。むしろ第三の時代と呼ぶ方が，ふさわしいで
あろう。つまり，およそ8世紀続いたキリスト教古代を第
一の時代と見て，中世を形成と教育の時代，キリスト教ヨー
ロッパの（善においても，悪においても）歴史的成熟の時代
と特徴づける。そうすると近代は何よりも，強烈なエネル
ギーの放射を伴う，長く先行した時代の爆発的な解体の時代
であることが明らかになる。われわれの文明を意味する第三
の時代について，かろうじて言えるのは，第三の時代が始
まったばかりで，われわれはその時代の前兆と，その時代
を告げる遠く離れた準備段階を目撃しているに過ぎないと
いうことである。このような三つの時代への区分は，『雅歌
Cantique』[13] の第二の注解において，トマス（あるいは，マン
ドネの説に反して，もしこの注解が偽書であるとするなら，ト
マスの名を用いて書いた者）が，教会の歴史に関して認めて
いるものである。13世紀の教会は，すでに彼にとって「新
しい教会」であり，彼はイスラエルの再統合の中に，教会と
キリスト教社会における第三の時代の特色を見ていた。

　われわれが置かれている場所から見れば，第三の時代は，
まず中世後のヒューマニズムの普遍的な清算を目撃するであ
ろうと考えることができる。そして，誰もそれが何世紀続く
のかを知らないのである。われわれは決して千年王国論者の

---

　13)　*In Cant. cantic.*, (1264-69), c. VI et s.

ある種の夢想のような形で，それが黄金の時代だと想像しているのではない。人間はそのままの形であり続けるだろう。しかし，人間は一つの新しい現世的政体，新しい歴史の空の下に置かれるであろう。この現世的政体も最終的には，新しい始まりに向かって下降していくことを運命づけられている。なぜなら，時間の中にあるものはすべて，徐々に衰えていくからである。とは言え，全きヒューマニズム，すなわちこれまでの章で問題とした，神の愛による以外のいかなる神権政治も容認しない受肉のヒューマニズムが開花するのは，ただこの現世的政体においてのみであろう。

第一の時期

　われわれが現在探求している問題に対して，以上のような考察からどのような帰結を導き出すことができるであろうか。その問題とは，現世的秩序のキリスト教的革新を実現する条件の問題，あるいは新しいキリスト教社会の歴史的可能性の問題である。

　この点に関して，二つの時期を区別することが必要だと考えられる。

　現在の時代を清算する以前の時点で，理に適っていると思われるのは，非キリスト教文明の中における新しいキリスト教社会の束の間の実現，あるいは部分的な素描を期待することである。世界中で新しいキリスト教的な生を普遍的かつ継続的に開始することを，現実的に困難で，ほとんど不可能なものにしているその他の条件――それは何よりも，全く異なった霊感を受けた集団的エネルギーの強力な発展に関わる――については語らないでおこう。ここでは，キリスト教世界の側の第一の条件について語ろう（もちろん，私はここ

で教会について語っているのではない。教会は，それがどのようなものであれ，決して個々の世俗的政体に拘束もされず，臣従もしなかった。私が語ろうとするのは，ある程度世俗的なキリスト教社会についてである）。その条件とは，今日のキリスト教世界が全体として，精神的にはブルジョワ的なヒューマニズムに基づく文明，また経済的には金銭的豊かさに基づく文明の体制と断絶しながら，同時に，この体制が論理的破綻として向かう，全体主義的あるいは共産主義的誤謬の影響を受けずに身を守るということである。キリスト教世界が何ほどかこの世界のものであって，現代文明において優勢な階級的利益の法則に，今日服しているという，まさにその事実によって，このような条件の普遍的実現は，はるか彼方のことであるように思われる。なぜなら，キリスト信者における階級的あるいは民族的偏見と盲目よりも，キリスト教の発展を妨げ，キリスト教精神に反するものはない，ということが真実であるなら，このような偏見と盲目よりキリスト教世界に広まっているものはない，というのも真実だからである。福音の精神が社会的・現世的なものに生命を与えるのに対して，社会的・現世的なものは，このように福音の精神を窒息させているのである。

　もう一つの条件は，新しいキリスト教社会を現世において開始するには，このような目的に適う手段が必要とされるということを，相当な数のキリスト信者が理解するということである。

手段の問題

　われわれはこの手段の問題をすでに何度か扱った[14]。ここでは，ある種の誤解を取り除くためにだけ，この問題に戻

ろう。この問題は，実際には三つの異なる問題を含んでお
り，以下，それに対して簡単に答えることに努めよう。三つ
の問題とは，手段そのものの道徳性の問題，文脈の道徳性の
問題，手段の序列の問題である。手段の純化について述べた
とき，われわれが考えていたのは，とくにこの最後の問題で
あった。それ自体悪くはないが，程度が劣っている手段を，
われわれがそれ自体不純な，いわば本質的に悪い手段として
非難したと信じている人がいる。このような手段を独占的，
支配的に用いることが，より高次の目的という観点から，わ
れわれの活動に不純さを与える。この二つは非常に異なった
事柄である。

　手段の道徳性に関して，力（force），そして一般的に，わ
れわれが戦争という肉体的手段[15]と呼んだものが，本質的に
悪いものでないのは明らかである。なぜなら，それは正義で
ありうるからである。神学者やモラリストは，どのような状
況下でそれが正しくなるのかをわれわれに示し，そのことに
よって慈愛の業をなし，われわれがこの世界で生きることを
可能にする。彼らは先頭には立たない。暴力に新たなる扉を
開くのは，彼らのなすことではない。しかし，一旦この扉が
開かれると，彼らはなされることの正しさを説明し，われわ
れに，歴史の暗い隘路を進む光を与える。力，それは暴力で
もあり，恐怖を与えるものでもあり，あらゆる破壊手段の行
使でもある。このような手段も，一定の規定された条件の中
では，正当でありうる[16]。そして，一方では科学と技術の進

---

14)　Cf. *Religion et culture*; *Du régime temporel et de la liberté* .

15)　*Du régime temporel et de la liberté*, [1ʳᵉ éd.] p. 196-208 [ŒC V, p. 465-474]

16)　この場合，暴力という言葉を「しばしば行われるように，力の不

歩によって，他方では政治的闘争において大衆の役割が重要性を増すことよって，人間によって発明された戦争という肉体的手段は，だんだん残酷になってきたと言わないが——古代世界は残酷なやり方をよく知っていた——，だんだん規模が大きく，天文学的なものとなっている。ここで，最も明らかな例は，狭義での戦争，軍事的戦争（la guerre militaire）[17)]

正な利用として理解するのではなく，実定法における道具としての性格が欠けているすべての力として」理解することが必要である。「正当な戦争，正当なストライキ，正当な蜂起は，この意味で暴力行為である」。Yves R. Simon, *La Campagne d'Éthiopie et la Pensée politique française*, Lille, 1936, p. 123.

　17)　戦争の問題に関して，私はこの注で公的な性格を持ったカトリックの概説書から，一頁を転載しよう。この書は，この問題について言われるべきことを，非常に賢明な形でまとめているように私には思える。「戦争は正当でありうるか」。——戦争はそれ自体，大きな悪である。実際，それは組織化された暴力であって，その不可避的な結果は，それゆえ人間の命を破壊し，諸国民の上に最悪の破滅を積み重ねることである。

　「さらに，戦争は実際に，正しさを示すことにも，正しさのために復讐することにも適していない。というのも，戦争は必ずしも無実の者に勝利を，不正な者に敗北を与えないからである。戦争それ自体によって，勝利はむしろ，最も抜け目のない者，最も強い者，そして時々は運のよい者に行く」。

　「決闘のように，戦争は「愚かで非理性的な行為」である。なぜなら，戦争は人が戦争に要求するもの，すなわち正しさの宣言も，正しさのための復讐も与えることができないからである」。

　「科学的な発明や現代的な戦闘の様相がその破壊力をほとんど無限に上昇させて以来，戦争はより一層大きな悪となった」。

　「それゆえ，今まで以上に，戦争は唯一の場合，すなわち正当な防衛の場合にのみ正当でありうるとわれわれは言わねばならない」。

　「正当な防衛の場合に当てはまるためには，次のことが必要である。

　　a）国が不当に攻撃されていること，

　　b）その不当な攻撃が，それに見合った善を標的としていること，すなわち，それを失うことが一国にとって真の物理的，道徳的荒廃に値する善を標的としていること，

　　c）ほかに自衛の手段がないこと」。

　「実際，国は個人と同様に，命への権利，すなわち国を構成し，国を統合

という現代的手段である。まだほかにも例はある[18]。キリスト信者にとっての最悪の苦悩は，恐ろしい手段を用いる正義がありうるということを知ることである。

　われわれが文脈の道徳性と呼ぶものは手段そのものに関わるのではなく，手段が人間の歴史の中で抱えこむ偶然的な関係に関わる。歴史は不純なものであり，夜の闇に包まれている。それは善と悪の混ざり合った歴史であり，善の歴史であるよりもはるかに多く悪の歴史である。それは神秘に満ちた解放に向かう不幸な人間性の歴史であり，悪と悪い手段を通じて実現される善に向かう歩みの歴史である。

　キリスト信者は歴史の中にいる。キリスト信者は自らが属する超歴史的世界を証しするのであるから，歴史の中で善い手段だけを使うことを望む。そうすると，悪い手段が優勢な

するものへの権利を持っている。そしてこの権利が不当に攻撃され，侵害されたとき，あるいはこの権利がその実現を妨げられたとき，国民は自己を守ることができるというより，守らねばならない」。

　「しかし，あらゆる戦争の害悪は恐るべきものであり，またとくに今日，争いはいともたやすく拡大しうるので，他の国民はできるだけ戦争を避けるために，愛と賢慮の義務を持ち，可能であれば，正直な手段によって，争いを平和的に解決する義務を持つ」（Petit manuel des questions contemporaines, I, Paris, Office des Œuvres, 1935, p. 57）。

　他方，不正な法律への抵抗や暴動に関して，同概説書は別のところで次のように教える。「暴動は政府に対する，集団的闘争である。このような闘争は，政府の活動そのものを完全に麻痺させるか，あるいは麻痺させる傾向がある。政府の専制が，各市民が重大な危険に陥っていると考えるほどのものである場合，政府に敵対することが理論的に正当化されるとしても，一般的に言って本来的な意味での暴動は，すべて不当であると言わねばならない。なぜなら無政府状態と，それが通常生み出す問題は，人が正そうとする悪よりも悪いのが，一般的だからである」。

　18）　われわれがここでとくに考えているのは，正当であれそうでないものであれ，革命に発する政府が，自己防衛のために敵に対して用いる手段である。（前の注参照）

文脈の中に，善い手段が巻き込まれ，善い手段自身が思いが
けず，このような文脈を引きずり込む危険性がある。なぜな
ら，一人の人間がこの世界で活動をする以上，自分が何をし
たいのかをよく知っているが，自分が何をなしたかも，何に
自分が役立ったかも知らないからである。

　この人間は，もし神を恐れるなら，それ自身善い手段だけ
を用いるべきである。さらにこの人間は文脈が最小限の悪を
持つことですむように，文脈をも考慮に入れるべきである。
その後は，その人間を平和の中にあらしめよ。残りのことは
神が配慮される。

　歴史的文脈の中に入ることによって自らが汚れることを恐
れるのは，ファリサイ的な恐れである。人は指を汚すことな
しに，人間の肉体に触れることはできない。指を汚すこと
は，心を汚すことではない。カトリック教会は決して，われ
われの不純な部分に触れることによって，純粋さを失うこと
を恐れたりしなかった。純粋さが心の中にあるのではな
く，頭にまで上ってくると，セクト主義者と異端者を作るこ
とになる。現実的なもの，すなわち人間的なものと人間関係
の具体的な世界——そこでは悪が存在し循環する——に手を
出すことはそれ自体，罪に陥ることだと考える者がいるよう
だ。あたかも，罪が内側からでなく，外側から来るかのよう
に[19]。それゆえ彼らは，それ自身悪くない手段——しかし人
がその手段に対して不純な文脈を作り出したもの——を用い

---

19)「口に入るものは人を汚さず，口から出てくるものが人を汚すの
である。〔中略〕しかし，口から出てくるものは，心から出てくるので，こ
れこそ人を汚す。悪意，殺意，姦淫，みだらな行い，盗み，偽証，悪口な
どは，ここらから出てくるからである。これが人を汚す」『マタイによる
福音書』第15章第11節，第18-20節。

ることを，良心に対して禁じるように要求する（現代の出版
業界が不純であるから，作家に出版を禁止する。議会が不純で
あるから，市民に選挙を禁じる）。彼らは，（よくあるように）
不純な手段が偶然混ざっている場合，人間の共同の仕事に協
力することを拒否するよう，良心に対して要求する[20]。かく
して，彼らは十字軍が聖地に向けて出発することを禁じる。
なぜなら，略奪と残虐性が十字軍の中に含まれていたからで
ある。そこにはファリサイ的純粋性がある。これは手段の純
化の学説とは異なる。

　この学説が第一義的に関わるのは，とくに手段の序列の問
題である。それは手段の秩序は目的の秩序に対応するという
公理に基づく。この学説は，人間に値する目的が，人間に値
する手段によって追求されることを要求する。この学説が強
調するのは，ある種の手段の使用を拒否することではなく，
一般的に善い手段だけでなく，真にその目的にふさわしい手
段，真にその目的の刻印と姿を自らの中に示す手段を生み出
す積極的意志である。前章で問題としたように，それは世俗
的なものの聖性と聖化を具体化する手段である。このよう
な手段は世俗的な目的のために，まさに世俗的地平で戦って
いる人間によって用いられうるし，用いられねばならない。
「この逆説に驚くのは，政治と社会が内的・本質的に道徳に
依存し，現世的なものが霊的なものに依存していることを理
解していない者と，神的なものが人間そのものと現世的・世
俗的なものの深部にもたらされない限り，人間的なものが今

---

20)　この共同の仕事に対して（盗賊の集団に起こるように），悪い手
段が自ずと必要とされるか，あるいは主要な仕方で実際に用いられる場合，
この拒否は重要となる。また，盗賊の集団ではなく，たとえば財界人や政
治家の集団が問題となっている場合，その識別はしばしば困難である。

目蒙っている悪を癒すことができないとうことを，いまだに理解していない者だけである」[21]。

　このような考察は，聖性のことをほとんど気にかけていない大多数の者には，適用できないのではないだろうか。そう，これらの考察が関わるのは，社会的，政治的にこの多数者を導くことを引き受ける少数者である。この少数者とは来たるべき政治的な友愛組織（fraternité）であって，それは新しいキリスト教社会の発足に際して，われわれが前章[22]で述べたリーダーシップの召命を持つことになるであろう。このような友愛組織は，どのようにしてその手段を純化するのであろうか。

　人間的手段の使用についてはすでに問題としたが[23]，そこでわれわれは文明のある時期に，まさに神的なものを守るために，その手段に優先権が与えられたこと，またこの経験がなされたのは善いことであったということを指摘した。しかし，それは失敗に終わった。別の時期が到来しつつある。人間的手段と人間的エネルギーを放棄するよう要求することは，馬鹿げたことであろう。われわれの考えでは，必要なのは，人間的手段・エネルギーを排除することでも，それから目を背けることでもなく，その上に，より高い秩序の手段を，いわば静的なやり方で重ねることでもない。それは造られざる愛が人間の中に下降してくる大いなる動き──これが受肉の帰結そのものであるが──に対して，人間的手段・エネルギーを開くことである。

　われわれが忍耐および苦しむ勇気という手段と，攻撃ある

---

21)　*Du régime temporel et de la liberté,* p. 176-177 [ŒC V, p. 450-451.]
22)　本書，第 5 章，199 頁を見よ。
23)　本書，第 4 章，183-184 頁を見よ。

いは攻める勇気という手段を区別し，後者よりも前者を優先させたとき——われわれはそれ以来，そのことをはっきり言ってきたのだが——ガンディーのように力（身体的力，強制力）に訴えかけることをいっさい禁止するよう主張したのではない。われわれにとって問題なのは，手段の一つのカテゴリーを排除することではなく，手段の中に秩序を樹立することであった。「力は社会の産婆である」。この見方はカール・マルクスにとっては，力の獲得の問題を除いては，全く問題のないものであった。しかしそれは，次のような理由でキリスト信者にとっては一層大きな問題となる。すなわち，力は正当なときですら，すべての人間的手段の中で，最も多くの苦しみと罪を背負った歴史的状況を伴うものであり，同様に正当なときですら，われわれがすでに述べたように，正義すら暗闇になる恐ろしい必然性と恐ろしい手段の可能性を含むからである。

　さて，われわれの考えでは，キリスト信者は，それが絶対的に必要なとき，このような正当な力の行使を拒否してはならない。しかしこのような手段は，それがわれわれの肉体的かつ傷ついた本性に適合するとしたら，われわれを神的な生き方へと導く霊（pneuma）の本性には反しているのである。それゆえ，キリスト信者は力に訴えることが必要になったときに，おののくである。もしキリスト信者として，真に人間的な世界の変革，新しいキリスト教社会の創設を目的としているなら，力に訴える主導権を持つ人間は，ゆるぎない意志によって，野獣の世界からやってくる手段を正義によって制御し，説得の手段として，あるいは便利な手段として力を使うことを，絶対的に拒否する義務がある。またそれだけでなく人間は，力そのものに暴力（violance）を加えて向きを変

291

えさせ，力を精神に従わせることで，暴力の埋め合わせをしなければならない。言い換えれば，力が現実に人間の中で現実態としての愛の道具となるように，また人間が指揮する行為の中で，戦争という肉体的手段が，真に必要なときにのみ，最後の手段として正しく用いられるように，力を愛に従わせなければならない。

　そしてまた──価値のまさにキリスト教的な逆転が生じるのはここであるが──力以前に，すなわち血肉としての人間に知られた唯一の手段である攻撃と強制の手段以前に，他のすべての手段が確認され，用いられねばならない。その中に，われわれが教導（édification）の手段と呼んだものと，戦争の霊的手段と呼んだものがある。戦争の霊的手段とは忍耐と自由意志による受苦という手段であって，何よりも愛と真理の手段である。こうすることによってのみ，戦争の肉体的手段の秩序において，キリスト信者がその手段を正義によって規制するよう義務づけられているという事実，また戦争の肉体的手段がキリスト信者の精神の本性を傷つけるという事実から生じる弱点が正され，勝利へと転換・・・されうるのである。われわれがこれまでに示そうとしたように，世界があらゆる暴力の解き放たれる状態に陥れば，キリスト信者は現世的次元で活動することを望みながら，まさにこの次元で，自らの活動手段の頂点に狂おしい愛を置くことができずに，即座に非力なものとなり，自らの座を放棄しなければならなくなるであろう。

　これらすべては，まさに政治的活動の概念における，ある種の「コペルニクス的転回」を前提とする。すなわち見せかけのキリスト教的な機構をこの世界で獲得するために，この世のやり方に基づいた秩序の中で活動することに甘んじるの

ではなく，世界に本質的にキリスト教的な生命(いのち)をもたらすために，自分自身から始めること，すなわちキリスト教的やり方に基づいて，自ら政治について考え，生き，活動することから始めなければならない。おそらくこのような転回は起ころうとしているのであろう。しかし先導的な活動を行える数少ない組織に限っても，それが効果的に達成されるには，時間が必要である。

第二の時期

それゆえ，われわれが希望するキリスト教社会は，おそらくゆっくりと形成され，準備されなければならないように思える。しかしながら，もしわれわれが述べた最初の時期に，キリスト教社会が部分的，初期的かつ潜在的な形で，非キリスト教的な形態とインスピレーションを持つ文明の中でしか実現できないとしても，この初期的で潜在的な実現は，なお大いなる価値を持つものであろう。またそれは，新しいキリスト教社会の創設に取り組む人間が同時に，普遍的な協力によって，自らが参与する世界をより人間的で正しいものにするよう身を捧げていることを証しする。

さらに，この初期的・潜在的なものは，それ以上のものを実現することが可能であり，おそらく，近い将来に決定的な役割を果たして，少し前に問題にした歴史的清算が，破滅を逃れた成長の危機として実現することを可能にし，人間にあまりにも過酷な経験をさせることなく，彼らを新しい世界に導くことができるかもしれない。

いずれにせよ，先ほど問題にした歴史的清算の後，第二の時期に，われわれは新しいキリスト教社会の歴史的理想の十全な（pléniére）実現——私は完全（parfaite）とは言ってい

293

ない——を希望することには根拠があると思える。しかしそれは，予見することも想像することも容易でない道を通って，また必要であれば「革命」——この言葉には，先述のように，通常の意味を超える特別な意味を置かねばならない——によってである。

　要するに——これは重要なことであるが——このようにして社会的，現世的なものを革新しようとするキリスト教的努力は，自らを規定する尺度と標識を見いだすのである。そして比較的近い時期に，いくらか不安定な形で実現されるにせよ，あるいは遠い将来に十全な形で実現されるにせよ，その努力の目指すものと適用される場所は，まさに現世的歴史と時間の中にある。それは直接永遠の生命（いのち）を目指す，本来的に霊で宗教的な努力とは異なる。またこのキリスト教的努力が向けられた歴史的理想が，そのダイナミックな価値を行使し，活動を方向づけることが重要となるのは，まさに今この時からである。

新しいキリスト教社会の観念のもう一つの側面

　われわれは新しいキリスト教社会の創設に関する二つの異なる時期について述べた。

　ここまでわれわれは「新しいキリスト教社会」という表現を非常に広い文化的意味で用いてきた。しかしこの表現は，これとは別の，狭い意味で理解することができる。もしわれわれが前章で行った区別，中間目的——手段でありながらそれ自身目的でもある——と純粋な手段あるいは純粋な道具との区別を思い起こすなら，新しいキリスト教社会の理念において，二つの異なる側面あるいは次元（instance）を区別することが適切であること分かるであろう。それは，この理念

がその秩序において目的としての序列を持つ世俗的，現世的秩序（言い換えると，われわれが本質的にキリスト教的で世俗的な国家，キリスト教的で世俗的な文明，またはこれまでわれわれが使ってきた意味で新しいキリスト教社会と呼んできたもの）に関わるか，あるいはこれと反対に，単に霊的なものの道具である現世的秩序に関わるかという観点による区別である。

　このもう一つの次元あるいは側面を考慮して言えば，新しいキリスト教社会の理念は，現世的，文化的領域のすべてに関わりながら，自らをある仕方で霊的なものにするのである。したがってこの理念が示すのは，キリスト信者がある意味で拡散しており，同質の文明の中で一つにまとめられたり，集団になったりしていないキリスト教社会であり，諸国家の中に散在するキリスト教的生活の拠点（foyer）のネットワークとして，地球全体に広がったキリスト教社会である。このキリスト教社会の現世的手段は，何よりも貧しい手段であり，望みのままに小さくなることができ，それによってキリスト教社会は，あらゆる障害を通過することができる。少なくとも近代を解消する前には，たとえキリスト教的・世俗的努力が，部分的，一時的な形ですら，世界において新たなキリスト教的生を開始することに失敗し，世界の目に見える構造を革新することができないとしても，少なくともキリスト教文明の拡散という観点からは失敗することはないであろう。

　われわれが述べた最高の再統合が行われる以前には，世界は現実には，恐怖と愛の敵対する時代しか知らないのかもしれない。現世的秩序におけるキリスト信者の努力のすべては，人間人格に基づくよりも，むしろ「ベヒーモス」や「リ

295

バイアサン」に基づいて形成された文明の体制における悪を
減らすことに限られるかもしれない。キリスト教的共同体は
異教徒に迫害された後，異端者を迫害する状況にあったが，
また新たに迫害をされる状況に陥るかもしれない。キリスト
教的共同体は，歴史の変遷のただ中で，愛でないものが滅び
るということを証言しなければならないであろう。

　他方，もしわれわれが考えているように，（この世に固有
の不完全で欠乏した状態における）キリスト教的・現世的文
明の十全たる開花が，人間中心的ヒューマニズムの清算の後
に続く歴史的時期に約束されているとしたら，それはまさ
に，今述べたような意味で行われる世に知れない努力の結果
であろう。現代のキリスト信者には，聖なるエネルギーと大
いなる忍耐によって，この努力を続けることが要求されるの
である。最終的に最も忍耐した者が勝利を得るというのが，
自明な命題，つまり単に名辞を吟味することで知られる命題
ではないだろうか。

第7章
より近い将来

_____

Ⅰ　政治的活動について

直近の目標を持つ政治的活動について

　長期的な展望がどのようなものであれ，キリスト教の現世的な任務を意識し，現世的領域で働こうと心がけている人間が，現代においてどのような態度を取るべきかについて，いくつかの問題が提起される。お望みとあらば，それはおおよそ，古代の哲学者の言う優れた市民（cives plaeclari）を，良識ある政治的人材（élément politique）として取り戻すためであると言っておこう。

　われわれの主題にとって極めて重要なのは，まず，われわれが直近の目標を持つ政治的活動と呼ぶことのできるものと，遠い目標を持つ政治的活動とを区別することである。直近の目標を持つ政治的活動という表現で私が言いたいのは，それが非常に遠い将来のために役立つとしても，活動として規定されており，照準となる近い将来の〔目標〕実現との関係で，自らの躍動（élan）を評価する，そのような政治的活動である。

　もし現在の文明の体制が，内的な悪徳と裏切りによって，矛盾と癒しがたい悪の中に閉じ込められているということが本当なら，直近の目標を目指す政治，すなわち間近な未来に関わり，早期の実現を直接的な目的とする政治には，次の三つの治療方法の選択肢がある。第一は，市民的平和を保つために，最小の悪に我慢し，対症療法に頼る保存の手段である。第二は過激な処置であり，来たるべき革命によってプロレタリアの共産主義的独裁を開始し，悪の世界を即座に救うことを主張する。第三はやはり過激な処置であり，民族国家の全体主義的変革につながる，来たるべき革命あるいは防衛的な反応に，その希望を置くことである。

　ある時期，ある国家において，第一の方法が，第二または第三の方法の弱められたものを甘受するかもしれない（この第二と第三の方法は，第二が将来のプロレタリア共同体を現在の政治的国家に対して優先させるのに対して，第三が現在の政治的国家を将来のプロレタリア共同体に優先させるということを除いて，その他の点ではよく似ている）。しかし，われわれが述べるような政治的資質を備えたリーダーが，簡単にいずれかを支持するとは思えない。第一の方法は経験主義と日和見主義の悲惨さを味わうことになるのではないだろうか。また，その日暮らしの政治のように，現在の文明体制を受け入れることを想定しているのではないだろうか。第二の方法は，明らかに無神論的な哲学や神秘主義と結びつき，人格，家庭および国家的共同体をこのような神秘主義の危険にさらすことになるのではないか。第三の方法（この方法が第二の方法と同様に，キリスト教的政治活動の効果的な広がりを事実上妨げるということは，言うまでもない）は，他の悪を増大させながら，現体制のある種の悪を修正するよう要求するの

ではないだろうか。それはまた，第二の立場のように全体主義的ではないだろうか。そして生命（いのち）に満ちてキリスト教的で，現世的な秩序の創設のための第一の条件の一つを台無しにするのではないだろうか。私が言う条件とは，前章で扱った，社会的成熟へと向かう労働者大衆がキリスト教社会に帰還する可能性のことである。

　私が示した重大な困難に直面して，われわれの優れた市民は，現世的ではあるが諸政党の対立を超えた活動に，閉じこもろうとする誘惑にかられるかもしれない（なぜなら，この活動は世俗的でありかつ霊的な出来事にのみ関わり，本来的な政治的生活には間接的に関わるだけだからである）。私が言いたいのは，その他の点はともあれ，宗教的利益と宗教的自由を現世において防衛するという，厳密に限られた領域に閉じこもろうとするということである。このような活動が不可欠なのは確かである。それは必要であるが，十分ではない。このような活動はキリスト信者に，そこに閉じこもらないことを強く要求する。キリスト信者は，人間的活動のいかなる領域においても，不在であってはならない。キリスト信者は，あらゆるところで必要とされている。キリスト信者はキリスト信者である限り，宗教的（間接的に政治的でもある）活動の領域においても働くことが必要である。また霊的共同体の一員である限り，本来的かつ直接的に現世的・政治的活動の次元においても働くことが必要である。

長期的な政治的活動について

　しかしキリスト信者は，一体どのようにしてそれをなすのであろうか。私は，われわれの優れた市民が招かれているのは，遠くにある目標あるいは長期的な目標に向けた政治的活

動であると言っておく。そこで必要とされるのは，保存的処置でも，過激な処置でもなく，おそらく英雄的な処置であろう。

　注意してほしいのだが，われわれがキリスト教的・現世的な歴史的理想の実現について語るとき，これらの言葉は十分によく理解されなければならない。具体的，歴史的理想は決して，目的として，あるいは完成した事柄として（「さあ終わった。休憩しよう」と言えるような形で）は実現されず，運動として，形成されつつある事柄，あるいは常に形成されるべき事柄として，実現されるであろう（生物が，一旦生まれると，自己形成を続けるように）。どの時点で，この理想の「実現」，その「創設（instauration）」が生じるのだろうか。それは，この理想が歴史的実存の境界線を超えるとき，歴史的実存の中に生まれるとき，共通の良心によって承認され始めるとき，社会生活の働きの中で，推進力となる役割を持ち始めるときである。まず初めに理想が準備され，次いで自己形成を続ける。われわれはすでにユートピアと具体的歴史的理想[1]との違いに注意を喚起した。ユートピアは，まさに目的および終点として実現されるべきモデルであり，それは実現不可能である。具体的，歴史的理想は，力の運動と方向として実現されるべき動的なイメージであり，実現可能なのは，まさにこの理想である。ここから分かるのは，この理想の実現が遠い先のものでありながら，現在から照準点として役立ち，おそらく非常に長い準備期間において，各瞬間に将来の目標と現在の状況に同時に適合した活動を指揮しうるということである。これが，われわれが長期的な政治的活動

---

1)　本書，第 4 章，152 頁を見よ。

I　政治的活動について

と呼ぶものである。

　長期的政治的活動だけが，先ほど指摘した二律背反を逃れ
させることができるものである。政治的国家，現存する国家
共同体は，各時代にそれらが置かれている文明の体制とは別
物である。これは本質的な区別である。われわれの良識ある
政治的人材は，現在の文明の体制を廃止するために国家ある
いは共同体を犠牲にすることはできないし，国家あるいは共
同体のために，人間存在にとってよりふさわしい文明の体制
の創設を犠牲にすることはできない。彼らの前に提示されて
いる問題で，近接的な目標を持った政治にとって解決不可能
な問題は，現存する政治的国家を，現存の体制の変遷と解体
を通して，文明の新しい体制——それは福音の要求を効果的
に社会的・現世的なものに反映しているがゆえに，現存の体
制とは本質的に異なる——まで導くということである。その
手段となるのは，そのために必要となる構造の大きな変化と
再編成であり，また真の現世的な国際的共同体の樹立に必要
となる主権の縮小である。

　それゆえ，われわれが想定したいのは，ドイツの中央党[2]
のように宗教的なレッテルをもった一つの政党が形成される
のではなく，真に政治的な名称と専門を持ち（ここでいう名
称と専門は，現世的共通善それ自身についての，ある一定の具
体的見方を含んでいる），また真にキリスト教的な精神を持
つ，一つまたは複数の政治的集団を形成すること——これが
極めて望ましいと思われる——である。私が複数の集団と言
うのは，この地上においては，同じ宗教的信仰に統一された
人々は非常に異なっており，お互いに対立することがあるか

---

2)　CF. *Du régime temporel et de la liberté*, 3ᵉ partie [ŒC V, p. 441 et seq.]

らである。

　もし，ここでわれわれが行った考察が正しいなら，この集団の中で，善い政治哲学と善い現代史哲学を基礎とする集団が，長期的な政治的活動に専念することになるだろう。この長期的な政治的活動は，今の瞬間のとりこになるのではなく，持続を頼りにし，現世的秩序を全きヒューマニズムに基づいて革新するために必要な，成熟を考慮に入れるであろう。

　この長期的な政治的活動は，いまこの時から実行されることになるだろう。それは社会全体の現在における必要性を関心の外には置かないであろう。人間の現在の必要性，われわれの目の前にいて，待つことのできない人々の必要性を援助することは，われわれの責務だからである。しかしこの責務は，すべてを現在の必要性に捧げねばならないということを意味してはいない。たとえば全面的な戦争において，指揮官は兵士のその時の苦しみよりも，最終的な勝利を考える。それでは，どのようにして一つの悪を別の悪によって置き換えることなしに，また非常に大きな負担を将来に負わせることなしに，現在の必要性を満たすことができるのであろうか。──それは共通善に仕えながら，次第に深まる変化を調え，準備することによってである。たとえこれらの方策が忍耐を要求し，現在の〔文明の〕体制を解消するまでの一時しのぎにしか思えないとしても，それは一時しのぎ以上のものであり，経験主義と日和見主義を超えるものである。なぜならこれらの方策は，文明の新しい体制を積極的に準備するからである。このように，われわれが述べる政治的活動はこの点で段階的に前進していくであろう。この政治的活動は目的に近づく「プラン」とその固有のプログラム──それらは自身が

位置づけられている目的によって特定化されている——を提案し，自らが状況を指揮することができる限りにおいて，それを実行に移す。

　しかし，この目的は長期的な目的となるであろう。森林熟練管理者は，正確に計算された森の将来の状態のために働くが，その状態を彼らの目も，また彼らの子供の目も見ることはないであろう。同様に，問題の政治的活動がその躍動（élan）を評価するのは，遠い目的との関係によってである。政治的活動を直接的に規定する目的自体が存するのは，まさに実現されるものの中であるが，それが実現されるのは遠く離れた時においてである。そして政治的活動が他のすべてを秩序づけるのは，この目的の働きである。

政治的活動とキリスト信者

　あらゆる誤解を避けるために，キリスト信者によって（正当に）実行された政治的活動という観念と，キリスト教的インスピレーションを受けたいずれかの〔哲学の〕学派に属する政治的活動という観念の間に，非常に明白な区別があることに留意しなければならない。われわれの考察が関わるのは，前者の観念ではない。

　宗教的秩序においてキリスト信者である人間によって，政治的場面において効果的に実行された政治的活動を考えるとき，われわれは事実の問題に直面する。そのすべては二つの確認された客観的事実（constatation）に還元される。第一の事実は，樹立された政体——それが新旧いずれかであるとか，その特徴的な傾向が何であるかということには関係ない——に関するものである。すなわち，たとえその政体がキリスト教的現世的理想に全く一致しないとか，程度の差こそあ

れ，この理想に大きく矛盾するとしても，共通善に対して責任を負う権威には良心的に尊敬と忠実な奉仕をささげるべしというパウロ的原理が，その状況に応じて多くのキリスト信者を，公的な責任を受け入れ，この政体に対して国家の善という観点から活発で献身的な人格的協力を行うように導くであろう——実践的推論の小前提となる多様な状況が，いかに有利または不利に働こうとも——。そしてこれは（その反対と同様に）正常なことである。政体の正当性の問題が彼らに生じる場合があるのは，明らかである。しかしたいていの場合，とくに現代のような時代において，この問題に決着をつけるのは，悪をより少なくするという経験的考察である。そしてたとえその政体に問題があり，その上専制的なものであるとしても，常にそこには状況に応じて，自分たちの良心に通用する理由によって，問題を都合よく決着させるそれなりに多くの人間がいることであろう。

　第二の事実は，この世界で活動している諸政治党派と多様な政治的組織に関わる。一方で，真理と義務——キリスト教的な良心が自分に課せられたと感じている——との間に，非常に複雑な統合が所与として存在しているとしよう。他方で，政治的問題の極端に多様な側面，とりわけ党派が，他の党派が肯定する高い価値を多かれ少なかれ正当に評価しておらず，それによってもたらされた分裂が所与として存在しているとしよう。精神の系統，職業的状況，社会的カテゴリーなどによって，どのような側面を優先するかが人によって異なり，その結果，キリスト信者たちは極めて多様な，ときには大いに矛盾した政治的組織に属することになる。その前提となっているのは，しかじかの組織を支持することが悪への協力だと，彼らの良心は判断していないということである。

I　政治的活動について

　それに続いて，もしキリスト教的良心の形成に規律や規則を与えることを問題とするなら，言い換えれば，キリスト信者に対して道徳的に認められた政治的活動の権利について考えるなら，この規律と規則を与え，それを状況に応じて特殊化するのは，キリストの教会の責任である。私が言わんとしているのは教える教会であって，聖職者であれ一般信徒であれ，誰も個人の判断で，これらの規律・規則を重いものにする権限はないのである。

　しかし，今想起したすべてのことは，われわれがここで扱う問題の範囲外にある。それらの問題は，キリスト信者によって効果的に実行され，キリスト信者に道徳的に認められた政治的活動と関連して示すことはできない。言い換えれば，宗教の政治との関係という本質的に宗教に関わる問題との関連で示すことはできないのである。われわれがここで扱う問題が関わるのは，はるかに狭い問いであって，それは本質的に政治そのもの，政治哲学の領域に位置づけられる。すなわちこれらの問題が関わるのは，政治的活動——キリスト教的なインスピレーションを受けた，キリスト教の現世的理想を目指す政治的活動——についての問いである。言い換えれば，現代の状況において，何がキリスト教の文化・社会哲学者の目にとって正しい政治的活動でありうるかという問題である。ここで提示される答えが，唯一のものだと主張するつもりはない。なぜなら，他の多くの場合と同様にこの点に関しても，哲学の学派によって多様性がありうるからである。この答えはわれわれが正しいと思う一つの文化的構想に関わる。それはわれわれが全きヒューマニズムと呼んできたものに対応している。

　問題の政治的活動は，何度も説明したように，すべてのキ

リスト信者を必要とするものでもないし，キリスト信者だけを必要とするものでもない。それが必要とするのは，世界，社会および現代史についてある一つの哲学を持つキリスト信者たちと，この哲学の適切性をほぼ完全な形で理解する非キリスト信者たちである。

　これらの人間が活動の地平において，自律的な政治的組織を形成するのは正常なことである。もちろんそれは，彼らが現政体と協力すること，あるいは他の政治的組織と協定を結ぶこと，これらの組織と協働することを，いくつかの例外的な場合を除いて，原則的に拒否する，ということではない。しかし重要なのは，彼らが同時に，キリスト教的活力を持った政治の萌芽を，それを害する危険性を持ったものから守るということである。「この萌芽がまだもろく，隠されたもので，疑いをはさむ余地があればあるほど，その純粋さを守るために，より多くの非妥協性と厳しさが必要となる」[3]。それゆえ，彼らは常にその独立と活動の自由を維持しなければならないだろう。なぜなら，彼らがまさに自らの協力，自らの同盟と協定を思い描くのは，──彼らの政治的活動全体と，より深い現世的参加と同様に──われわれがその特徴を示そうとした長期的な政治の働きの中だからである。

将来を中心に置く政治の固有の要請

　あらゆる真の革命の前提となるのは，人がある日，現在から離れて，ある意味で現在に絶望し始めるということである。自らの活動を特殊化する目的を現状の原理と相容れない状態に置くこと。本質的な断絶からのみ生まれる将来を自ら

---

3)　*Lettre sur l'indépendance*, [plus haut], p. 280.

の中に持ち，まずその将来に心を配り，その将来との関係で現在に配慮すること。あらゆる適切な手段，練り上げられた学説，人々に対する働きかけ，社会的・文化的事業および政治的活動によって将来を準備すること。これらは，言葉の最も広く，最も正当な意味における革命的態度の第一の基礎である。

　市民的義務のリストに，ある種の市民的戦争の義務を加えて，相対立する即時的な現世的救済の幻想（多くの点で類似点があるにせよ）の中から，各人に選択を迫る者たちから見れば，今述べたような態度を取る者たちは，袂を分かっているように見えるであろう。しかし，この者たちがこのように見えることを望んでいるのではない。またそれは，単にこのように見えるに過ぎない。なぜなら，確かにそこにはある種の区分があるが，それは現在の世界の状況がその照準点と決定的な目標を提供できない限りにおいてである。そこには分裂はない。そこには外壁や分離はない。そこにあるのは，将来を現在の犠牲にすることを拒む態度（これよりも真に人間的なことはない）だけである。そこにあるのは目標への転向であり，新しい中心──それは現在の秩序ではなく，長い準備と成熟の期間を要する新しいキリスト教社会である──への専心である。

　実際に，その原理，その精神，その様態において本質的にキリスト教的な政治が存在しうると信じること，またこの世において，生命（いのち）に満ちてキリスト教的な政治的活動を実行するのだと主張することほど，無茶なことはなく，また革命的なことはない（なぜなら，このことは革命に対してすら，革命的であるからだ）。しかし，このことを自覚している人間は，現世的共通善に仕える最上の方法は，その主要な要素で

307

ある真理，正義，愛という価値に忠実を保つことだということを知っている。その人は，植物的エネルギーの集中の時期の後に，発芽の時期が訪れ，命が輝かしく開花する時期がやってくるのを知っている。プルードンやマルクスの弟子が拒否されることも辞せず，自分の中で革命の将来を見守り，大事に保護していたのと同じ情熱をもって，その人は自らの霊魂と行為の中で，新しい文明の萌芽と理想を守り育てる。そしてわれわれはすべて，それぞれの分に応じて，時間の中で時間のために，すなわちこの貧しい地上の歴史のために，新しい文明を準備するよう呼ばれているのである。

II　今日の問題

「A氏〔ある特定の個人〕は何をすべきか」

　ある批評家たちは[4]，われわれがA氏〔ある特定の個人〕のための行為規則を述べない，すなわち「個々のカトリック信者に」，今ここで何をすべきかを言わないと非難した。われわれの答えは，カトリック信者の行為それ自身は，カト

---

4)　とくに雑誌，『キリスト教社会（*Christendom*）』におけるチャールズ・スミス（Charles Smyth）。この論争は，『コロセウム（*The Colosseum*）』と『ブラックフライアーズ（*Blackfriars*）』で，興味深い反響を呼び起した。「A氏は何をするべきか」とスミスは尋ねる。そしてこれについて，私が拙著『現世的政体と自由　*Du régime temporel et de la liberté*』の中で，「聖なる孤立」を説いていることを批判する。私はこの問題について十分に明白にしたと考えていた。しかし，ある読者にとっては，「よく知られたフランスの明晰さ」——少なくとも哲学的問題に関するとき——は，実際，不可解な難解さを隠す「煙幕」になっていると考える必要がある。上品で聖なる無関心は，われわれから見れば，キリスト教的態度と正反対である。キリスト信者が義務づけられているのは「関わる自由 liberté engagée」への要求であるが，単に「協力する mucking in」と口にするだけでは十分ではない。世界がそこでわれわれに期待していることを述べる必要がある。

リック教会にとっての問題だということ，加えて，指令を与えることは，哲学者の仕事ではないということである。またAが何をすべきかを尋ねるならば，Bも同じことを尋ねるであろうとすると，この二人が同じような活動をしなければならないということを，誰がわれわれに保証できるというのだろうか。各人がその実存の文脈の中で，それぞれの特別な賜物，固有の状況と意義を持っている。また分業の法則が，その他の場合と同じように，社会的・現世的活動においても避けられないのである。

　さらにわれわれの考察の対象となるのは，この瞬間，およびこの瞬間に「何をするべきか」ということではなく，われわれがいる時代とわれわれが入っていこうとする時代なのである[5]。しかも，とくにわれわれが生きている時代では，一

---

　5)　政治的活動の秩序において，この本が書かれた時点（1934-36 年）でとくに必要と思えるのは，「第三党」の設立であると，われわれは別のところで指摘した。

　この第三党に関しては，「それを他の党派と領域を争う党派として見なす必要はなく，善意の人間の大きな連合としてみる必要がある」。この連合は，因習的な偏見とイデオロギーを取り除き，社会的，国際的正義の肯定的な活動に専心し，専門的グループと連携して活動し，ある党派または別の党派の政治的選好が何であれ，共通善に役立つとともに，国家によって着手される実験の成功に対して有用な協力を進んで行い，「各瞬間に実現可能な改革手段を援護して生み出し，政治生活の運動の変動や盛衰が何であれ，真に正義と平和に仕えるものに向かう」（*Lettre sur l'indépendance*, [plus haut], p. 273）。明らかに，このような種類の連合があったとすれば，それは何よりも市民戦争の脅威によって掻き立てられ，また市民戦争に反対することによって，「保存的処置」──その問題は前章で扱った──に属するであろう。またその意味で，このような連合は，何よりも最も差し迫った悪に対しては，緊急処置によって備えること，そして市民的平和を守ることを目標とするであろう。

　さらにわれわれの文化体制の変革の働き，あるいは深い革命の働きが，それ自身うまく行くためには，世界が息をつくことができるぐらいの十分な期間の中で，新しい集団が形成され，若者が自らその機会を試せること

309

人の著者が自分の本の校正を終えてから，その本が出版され
るまでの間に，現在という瞬間が見違えるほど変化する可能
性がある。実際，人間に対して何をなすべきかを命ずるの

が必要である。生まれるべき世界の誕生は，古い世界の死を意味する。し
かし，古い世界があまりにも早く，その相続人に欠陥だけを伝えるような
感染症で死なないことが必要である。

　第三党のことを語りながら，私はそうでありえたと私に思えるものにつ
いて語っている。なぜなら，このような連合がイニシアティブを取ること
なしに時間が進めば進むほど，このような連合はその機会を失うからであ
る（第二次大戦の大きな危機の後，完全にその機会は失われてしまった）。
実際のところ，ここで主要な責任があると思えるのは，国民のある層の政
治教育の欠如である。第三党の力となるはずだった多くの者が反対に，今
日大衆を分かつ陣営のどちらかに身を投じるか，あるいは政治的一貫性が
なく，国家の統一の真の条件を理解しておらず，上述の種類の連合に見せ
かけでしか似ていない組織に身を投じている。

　それでもなお，ほかにも非常に多くの外的な危機——市民戦争の危機，
共産主義の危機あるいは独裁の危機の可能性——によって脅威にさらされ
ているフランスを救うことができるとしたら，第三党が行うことができた
はずの政治で，すべての理性的人間に必要な政治以外に試すものがないこ
とに，公平な観察者は，いずれにせよ気づかざるを得ないであろう。それ
は，国民の自由，自発性および良識という本性的なものに調和した政治で
あって，ジャーナリズムと党派の扇動にもかかわらず，国民の中庸（mesure）
の精神が——政治が自らを制御できなくなり，論理に酔って暴力的な行為
に陥る瞬間まで——結果的に特徴として残っているのである。どのように
すれば，——少なくとも，党派的情熱が基礎的な反射だけが働くけいれん
を引き起こさないうちに——良識と国民的感情の自発的な動き，真に公共
善を理解した人間の献身と個人的活動が，このような政治に関して，第三
党の働きを補完することができるであろうか。事実だけがこの問いに答え
ることができるだろう。

　第三党は私の考えでは 10 年前に必要な状況の解決策であった。そしてそ
れが存在しなかったことが，高いものについた。真に政治的な名称と限定
を持ち，本質的にキリスト教的な霊感を持つ政治的な集団——それは私が
『独立に関する手紙（*Lettre sur l'indépendance*）』で問題とし，ここで再び
扱っているものである——は，より有機的で，より深い必要性に応えるも
のであり，別の構成員と別のリーダーを想定する。しかしこれについてわ
れわれが考えなければならないのは，直近の過去でも，現在でもなく，多
かれ少なかれ将来のことである。(1936-1946)

は，多くの場合，時間の必然性による圧力である。この圧力
はしばしば極めて不適切な指示を，いずれにせよ予想外の仕
方で出すのである。

　この章の第Ⅱ節におけるわれわれの意図は，現在の歴史的
時期をその一般的特性において考察しつつ，別の箇所で活動
に関して，現世的，政治的次元におけるキリスト教の主導性
に期待する十分な理由があると述べたことについて，一層厳
密に論じることとである。換言すれば，第Ⅰ節でその可能性
を描いた新しい政治的組織の姿をより詳しく規定することで
ある。

カトリック・アクションと政治的活動

　まず，われわれが留まっているのは，厳密に現世的な地平
であるということを想起しよう。そして，われわれ自身がキ
リスト信者であるがゆえに，当然にキリスト信者に対して語
りかけるとしても，われわれが語りかけているのはキリスト
信者だけではないし，キリスト信者そのものとしてのキリス
ト信者でもないということを想起しよう。われわれが語りか
けるのは，文化・社会哲学の秩序において，全きヒューマニ
ズムという名のもとに，われわれがここで一つにまとめる構
想を，理性に基礎づけられていると見なすキリスト信者お
よび非キリスト信者である。それゆえ，われわれが提示する
考察は，教皇ピウス 11 世が主唱して以来，様々な国のカト
リック信者が「カトリック・アクション」の呼称で理解して
いるものとは，全く異なる次元に関するものである。カト
リック・アクションは，本質的に宗教的・使徒的秩序に属す
るのである[6]。

　カトリック・アクションが政治的活動へと向かい，社会的

問題の解決を準備しなければならないということが言われているとしたら，それは，とくに社会的事項について，教会の教義によって真にかつ十全に教育され，真正のキリスト教的な霊感を生活の中に注ぐことができるように，それぞれの現世的共同体の中で，カトリック信者を形成することがカトリック・アクションに含まれるからである。しかし，教会の共通の教義だけで現世の歴史の争いを解決し，人間が今ここ・・・で必要としている，具体的に決定された現世的解決策を与えることができると考えることは，霊的なものと現世的なものの混同であろう。この教義の空の下に，一つの社会・政治哲学とその実践的な精密化が必要である。活動の領域においても，同じことが言える。

　ここで，古い誤りを新しい形で繰り返さないように気をつける必要がある。中世キリスト教会が政治的なヨーロッパを直接的に形づくっていたとしたら，それは世俗的秩序を混沌の中から引き上げることが，そのとき教会にとって必要だったからである。それは，教会が断ることができない追加的仕事であったが，教会は然るべき懸念を持たずに最初からそれに甘んじていた訳ではない。今日では，現世的組織体（organisme）が存在し，それも非常に多様化している。この現世的組織体をキリスト教的精神に従って改革し，再生させることは，教会にではなく，直接的で身近な形で，その組織体の現世的メンバーとしてのキリスト信者に属することである。換言すれば，聖職者は本来現世的，政治的な活動を指導する立場にはないのである。カトリック・アクションに固有の任務は，その公認の組織が主張し続けているように，本質

---

6)　本書「付論」を見よ〔339 頁以下〕。

的にキリスト教的な霊的状態を創造することであり，それが
政治の次元に干渉するのは，「政治が祭壇に触れる」ときで
ある（古代の間接的権力論 potestas indirecta[7]のある種の現代
的適用によって）。厳密に現世的，社会的および政治的活動
の秩序においては，イニシアティブが底辺から，私が言わん
とするのは，自らを危険にさらしながら活動する一般人から
出てくることが正常だということである。

新しい政治的組織の必要性

　新しい社会的・政治的概念に対応して，適切な活動の組織
が存在することは当然のことであり，不可欠だと思える。新
しいキリスト教社会の創設に伴う，厳密に現世的，社会的，
政治的な問題に対するキリスト信者の良心の目覚めは，われ
われの考えでは，現世的，政治的に明確に方向づけられ，本
質的にキリスト教的なインスピレーションを持った新しい政
治的組織の誕生をもたらすであろう。

　われわれの考えでは，この新しい政治的組織は，完全に新
しい種類の現世的な友愛組織（fraternité）であると考えるの
が適切である。それはかつての騎士修道会や救護修道会のよ
うな修道会とは異なり，純粋に世俗的で，人格の尊重と福音
的愛の霊的力をその原理としている。またそれは，今日の共
産党のような，同じく世俗的ではあるが無神論的な組織とは
対立している。この新しい政治的組織は，息の長い改革の仕
事に専心するであろう。この仕事は多くの犠牲の精神を必要

　7）　Cf. Mgr Paul Richaud, *Notions sommaires sur l'action catholique*,
Paris, Spes, 1936. p. 47.
　また，ゲリー神父（George Guerry）が出版・解説したカトリック・アク
ションに関する教皇文書の選集（Paris, Desclée, De Brouwer, 1936）を参照。

とするともに，本書で何度も示したように，手段を革新する
という難しい取り組みを要求する。この政治的組織は，当初
は明らかに少数派組織であって，酵母のような働きをし，少
数の者のイニシアティブに依存している。ある意味で，われ
われはこのような組織がすぐに誕生することを望んでいる。
なぜなら，後になると外的な状況によって，その誕生がはる
かに困難なものになるかもしれないからである。しかし，必
要となる内的な準備を考えると，その誕生が期待できるの
は，そのための霊的，理論的条件が十分に確立され，新しい
世代の中に，このような仕事に真に召された人たちが登場す
るときである。しかしその素描は，現在からでも行うことが
できる。新しい萌芽の兆しを注意深く追う者であれば，それ
をすでに目にすることができる。「極めて不確かな状況にお
いて，ぎこちない開始ではあるが，すでに現在，最初の歩み
が始まっている」[8]。その働きそのものが姿を現すには，まだ
時間がかかるであろう。

　われわれが今問題にしている新しい政治的組織は，正直な
ところ，深い霊的革命を前提とする。それは，心の中に生ま
れる宗教的力の復活の表現として，誕生するであろう。この
新しい政治的組織は，思想の領域，活動の領域，宣伝と組織
の領域において，幅広く多様な準備の働きを必要とする。そ
れはまた，新しい構想が労働者と農民の世界に浸透すること
を前提とする。なぜなら，この政治的組織が登場することに
なるのは，「知識人」と協働するプロレタリアの選良の中に
おいてだからである。A氏〔ある特定の個人〕が何をなすべ
きかを知りたいと思うなら，A氏はこれらすべての中から，

8）　*Lettre sur l'indépendance*, [plus haut], p. 280.

自分の才能を傾注できるものを見出すであろう。

新しい政治的組織の歴史的状況

　新しい政治的組織が存在していると想像してみよう。

　運動（mouvement）と活動（action）の秩序において，それらはすべての政治的存在と同様に，状況によって必要だと思われるあらゆる同盟，条約，一時的協定を締結することができるであろう。フランス王朝はかつて，オスマン帝国や異教の王と同盟を結んだ。ローマ教皇庁は，キリスト教的な行動基準を実践しているとは到底言えない国家との政教条約に署名することを決して恐れなかった。そこで重要なのは，時機を生かすということである。このような機会は倫理的規則の下にあるが，この倫理的規則が意味するのは，われわれがその理念や行為を是認する人たちとだけ，交渉しなければならないということではない。それが意味するのは，人が交渉する目的は，内面的によい具体的な結果でなければならず，歴史の具体的将来において，そこで働く諸力の具体的な関係を考慮に入れた上で，より大きい善を危険にさらしてはならいということである[9]。

　しかし，より一般的で，同時により根本的なもう一つの問題が，ここで検討された新しい政治的組織に関して提示されうる。それは，歴史の具体的構造の中で，ファシズム的または人種主義的全体主義との対決において，あるいは共産主義との対決において，これらの政治的組織が持つ有利な状況の問題であるが，それは本書に含まれる分析が明らかにした理論的立場を前提としている。

---

9)　本書 253-254 頁を見よ。

　共産主義的勢力，および適切な一般的名称がないためわれわれが「ファシズム的」と呼ぶ勢力に対する，新しい政治的組織の具体的状況（それゆえ，その実践的態度）は，われわれの考えではまず，以下のような基調または実際の条件によって，第一に決定される（なお，イタリアのファシズムは，根本的には共通だが，非常に多様化されて歴史の中で出現したある種のエネルギーの最初の様態を示している）。様々な種類のファシズムはすべて，その固有の傾向性と国家統制主義によって，新しい政治的組織が，固有の目的とする歴史的理想に対立する。またそれは，新しい政治的組織が認める実存的な基礎および根源的必要性そのものにも対立する。この「実存的な基礎」という言葉で私が理解しているのは，歴史を実質的な変化——そこにおいて「第四身分」は所有権，実質的自由および経済的・政治的管理運営への参加を獲得する——へと運んでいく動きである（この獲得が好条件のもとで行われるか，悪い条件のもとで行われるか，それは依然として人間の意志に大きくかかっている）。またこの「根源的必要性」という言葉で私が理解しているのは，キリスト教的精神の文明へと「大衆を再統合する」歴史的な必要性である。

　他方で，共産主義それ自身は，もちろんこの実存的基礎を認識しているが，人間と社会に関するその誤った哲学によって，この観念を歪め，その結果進化に与えるべき方向を誤っている。したがって，われわれの政治の新しい組織が，キリスト教的精神の文明の中に大衆を再統合する根源的必要性を唱えるのに対して，共産主義は無神論的精神の文明の中に大衆を再統合する必要性を主張する。またわれわれの新しい政治的組織が，人格に集団を超える生活を許すために，経済を大規模に集団化することが必要だと認めるのに対して，共産

316

主義は経済を完全に集団化することを企て，その結果人間存在の生全体も集団化されてしまう。

　このようにして，一つの場合に歪められているのは，この運動全体の目的と存在理由そのものであり，またもう一つの場合に拒否されているのは歴史的基礎（と目的）である。われわれが論じている新しい政治的組織の，二つの相反する政治・社会的全体主義に対する根本的対立は，それゆえ一方では，同じ理論的理由（それは，とくに人間人格の尊厳と自由，および人格に固有の価値と関わる）に基づく。しかし他方では，具体的状況という，これとは異なるが，同様に差し迫った理由に由来する。そこからして，二つの勢力〔ファシズムと共産主義〕のいずれかとの協力は，限定的なだけでなく中立的である目的，あるいは「質料的」な意味だけを持つ目的との観点からのみ考察されうることになる。「形相的」なもの，言い換えれば，活動を規定し，それに生命を与える要素が問題とされると，新しい政治的組織は，何よりも独立性と根源的な非還元性を強く主張しなければならなくなる。とくに強力に発達した共産主義の力動に直面して，もし新しい政治的組織がその独立と運動の自由を常に維持できないとしたら，一瞬の間，同時代の仲間たち〔共産主義者〕に神秘的なヒューマニズムのロマンチックな雰囲気と新鮮さをもたらした後に，その仲間たちに再吸収され，飲み込まれる危険をおかすことになるだろう。これはロシアで，精神革命の名の下に当初はレーニンの下に集まった非マルクス主義者たちに，起こったことである。なぜなら，良い革命的実践においては，昨日の友は，すぐに最も憎むべき今日の敵となるからである。

　しかしファシズムと共産主義の間に捉えられて，われわれ

が語っている新しい政治的組織の運命は，どうなるのであろうか。少数派の政治的組織というものは，〔多数派の〕どちらかの勝利によって，不可避的に押しつぶされてしまうのではないだろうか。

　事態はそれほど単純ではない。この少数派の政治的組織にもチャンスがある——このような事柄に関して，チャンス以上の何を望みうるだろうか——。それはこの政治的組織が存在するとして，どこかの国で十分に強力になる可能性である。私が言っているのは，（私が比較している他の党派よりも）少数派でなくなるということではなく，活動の主導権を取るということである[10]。（そして，おそらく共産主義それ自体に働きかけ，それが救いを求めて，神なき手をキリスト信者に差し出す気にさせるだけでなく，その他の誤りの根源である無神論から自らを解放するように仕向けるということである）。ここで考慮に入れることが必要なのは，絶望している世界が，

---

　10)　さらに，この組織形態の活動は，レーニン主義的方法の特異な柔軟さを避ける最善の手段であるように思える。この方法は，キリスト信者を二つの選択肢の中に置く。一つは，それ自体善い特定の近接的な，現世的目標のために共産主義と協力し，しかし同時に共産主義によって導かれたり，管理されたりすることであり，もう一つは，協力を拒むことによって，おそらく人間の善のために活動する絶好の機会を逃し，悪意で働いているように見られることである。
　援助の仕事の領域において，限定的な協力——たとえば教会の権威が，ある場合に失業者の支援のために教区司祭と共産主義の自治体の間に認めるような協力——に，ここで示したような支障がないのは，言うまでもない。しかし一般的に言って，キリスト教徒にとっての問題は，実は共産主義者によって提案された協力を受け入れるとか，拒否するというより，むしろいかなる場合にも自らの自由を守り，社会秩序において自らの正義と友愛の義務を自ら達成し，自ら新しい秩序の誕生のために働くことである。そして，まさにこれは，自ずと多くの偏見をうち倒し，ある種の心理的状況を著しく変化させることになるであろう。

318

真に新しい何ものかを，現存する諸勢力よりも善くかつ人間
的な何ものかを熱望しているということである。この何もの
かにおいて，生の奥深い要求と，幾世代もの苦しみによって
今日の人間にまで伝えられている大きな非合理的エネルギー
が，最終的に真理の形相を見出すだろう。悪と誤謬は存在に
根を持たないがゆえに，自ずと移ろいやすい。そして心のす
べての望みを物質の威光に置いて残酷に裏切られた人々が，
真理を求めて叫ぶ時が，おそらく近づいている。

　とくにわれわれの祖国に関しては，フランスという国の歴
史的使命をも考慮に入れることが，重要である。そこでは誰
も自由の名以外では，行動することができない。ブルジョワ
自由主義や個人的・集団的独裁の政党が呼び起こした幻想的
な自由以上に，真の自由はフランスの偉大なる本能を動かす
ことができる。私が真の自由と言っているのは，人間人格が
向かう超政治的な自由であると同時に，社会的・政治的自由
──その集団の組織化を，人格はこの〔超政治的な自由とい
う〕目的のために根底から必要とする──である。

　しかし最終的に，独裁的なものであれ，共産主義的なもの
であれ，一つの全体主義的政体が出現すれば，結果として，
あらゆる独立した政治的組織を合法的に消滅させてしまうこ
とになる。この危険は明白である。しかしそれは，われわれ
が語っている組織がそのことによって，効果的な実存から消
滅させられるということではないし，どのような専制的な政
体であれ，その網目を通過できないということではない。

ファシズム的な全体主義と共産主義的な全体主義
　そして今，何も行われず，キリスト教的インスピレーショ
ンを持った政治が生まれないか，生まれたとしてもか弱く，

無力であるか，あるいは道を誤っていると仮定すると，全体
主義体制の効用にまだ無知である人々が，ある程度暴力的で
ありながら，弱められ，別のものと混合した形で，この種の
政体——ファシズム的あるいは共産主義的——の支配下にお
かれることは，ほとんど避けられないように思われる。

　人間的ではなくて，機械的な反射的自動性によって，共産
主義はファシスト的あるいは人種主義的な種類の防衛的反応
を呼び起こして育て，次いで，これらのファシスト的・人種
主義的防衛的反応が共産主義の防衛的反応を生み出して育て
る。その結果，これらの二つの大衆的勢力は，同時に相対
立する方向に成長する。両者は憎しみを徳とし[11]，戦争——
国家間の戦争と階級間の戦争——を誓う。両者は，現世的共
同体のために，神の国を愛するようなメシア的愛を要求す
る[12]。両者は人間を何らかの非人間的なヒューマニズム，す
なわちプロレタリア独裁の無神論的ヒューマニズム，あるい
はカエサルの偶像崇拝的ヒューマニズム，あるいは血と人種

　11）「その勝利に先立つのは〔中略〕資本に対する階級の普遍的な
憎しみである。それゆえ，敵をすら含めたすべての者に向けられるキリ
スト教的愛は，共産主義の最悪の敵となっているのである」（Boukharine,
Pravda [30 mars, 1934]）。「あなたを刺激しなければならない一つの徳，あ
なたの若さの炎とならなければならない一つの徳がある。この徳は憎しみ
という名を持っている」（パドヴァの学生に対するボドゥレロ（Bodrero）
教授の言葉）。「その通り，諸君。敵を憎み，友を強く愛すること。憎まな
いこと，あるいはさらに悪いことに，敵を愛することは，継続的で重大な
征服に向かういかなる原理も，それを受け入れることのできない一種の臆
病さである」。青年ファシスト（Faisceaux Juvéntiles）のリーダー，スコル
ツァ（Scorza）のオッセルヴァトーレ・ロマーノの記事——そこでは「ファ
シストの徳である憎しみは，キリスト教的徳ではない」と述べられていた
——に対する応答。*Gioventù Fascista*, avril 1931.

　12）　Cf. Charles Journet, «L'Église et les Communautés totalitaires», *Nova
et Vetera*, octobre-décembre 1935.

の動物的ヒューマニズムに服従させる[13]。

　しかし共産主義は，まさに実存の中に生み出された一つの
プロセスを，活発にすると同時にゆがめる誤った体系である
ように思える。そのプロセスとは歴史的な「生成と堕落」の
プロセスであって，それによって一つの新しい文明（この文
明に道徳的外貌を与えるか，あるいはそれと異なる外貌を与え
るかは，人間の自由に大きくかかっている）が，ブルジョワ
文明の壊れた枠の外に建てられることになるであろう。

　これに対して，当初から様々な種類の「ファシズム」が形
成されてきたのは，この実存的なプロセスと共産主義の両者
に対する防衛反応としてである。それゆえこれらのファシズ
ムは，その固有の原理によって，資本主義の枠の中で歴史的
発展を維持しようとする傾向がある。その際，ファシズムは
革命的な激しさで，資本主義文明の混乱から起こった防衛反
応を示すとともに，大規模に国家社会主義に訴えかける。ま
たファシズムは，その道徳的・情緒的ダイナミズムを過去の
理想的な形態（イタリアのファシズムにとっての皇帝たちの
ローマ帝国，ドイツの国家社会主義にとっての原始的ゲルマン
性の神秘的世界，カトリック的な独裁制にとっての神聖帝国）[14]

　13）　今日の人間にとって，この人種の観念は，人類学におけるいか
なる生理解剖学的現実にも，いかなる「血」の統一性にも対応しておらず，
単に心理学的統一性，すなわち歴史的，社会的状況に起因する典型的な
「精神性」に対応しているだけである。この観念については，P. Lester と J.
Millot の最近著，*Les Races humaines* (Paris: Armand Colin, 1936) を見よ。

　14）　この最後の種類の独裁制は歴史の後退であるので，ほんのついで
に言及したに過ぎない。実際，歴史的条件はその可能性をポルトガルのそ
れのように，例外的な場合に限定する。他方で，ファシスト全体主義に固
有の精神とダイナミズムは，とくにそこでは大体において大きく弱められ
ている。そのことがこの種の独裁制に，より高い価値を与えるが，その程
度に応じて，拡張するエネルギーをそこから奪う。サラザールの独裁制は，

の歴史的回顧の上にのみ，育むことができる。

　これらのファシズムは，非常に異なった特質を持っており，その違い——それは往々にして，利益だけでなく精神における形相的対立に関わる——を認識しないことは，大きな誤りであるということを，われわれはすでに指摘した。イタリアのファシズムとドイツの国家社会主義はいずれも，「権威的民主主義」と，一人の支配者による独裁のための政治的・市民的自由の抑圧を含んでいるが，イタリアのファシズムは，国家社会主義よりも政治的に高度な文明の様態の下にある。これに反して，国家社会主義の大地から生じた力は，根源的生と感性に一層富んだ本能を揺り動かす。また，ファシズムの全体主義は，ある種の軽減に服することを余儀なくされている[15]。しかしながら，ファシズムの種類はその種的多様性にもかかわらず，とくにわれわれが今述べた類的な根本的特色を共通に有している。

　ファシズム的あるいは人種主義的全体主義が台頭し，それに伴い強力な非合理的力を用いるが，それらの力は全体主義に大きな歴史的エネルギーを保証し（国家共同体への本性的傾向性や愛国心のような真の人間的価値を引き出す），他方で，全体主義が呼び起こす数多くの社会的・政治的真理——私がここで考えているのは，自由主義的個人主義および19世紀の虚構的民主主義に対する批判，創造的な緊張に与えられた重要性，権威の直接的で「大衆的」な感覚，あるいは人民の

おそらく現存する独裁制の中で最も知的なものであるが，ムッソリーニやヒトラーの全体主義的精神に対して，注意深く自らを守っている。しかし，それはまた，理性の構成の特質が最も際立ったものである。軍隊と軍の上官が，現在までこの独裁制の唯一の実質的な支持者であった。

　15）　本書，327-328 頁を見よ。本文は，1936 年に書かれた。現在ではこれらの動詞は過去形でなければならない。

共同体のほとんど生気論的な観念である——は，全体主義において確かに偉大とも言えるような成功を収めているが，その成功は特殊な目的に関わるに過ぎない。すなわち国家の改革，独立と主権の回復，帝国主義的野望，民族のエネルギーの復興，あるいは人民の熱望の心理的解放がそれである。人間の文明の変容に関わる，より普遍的でより深い歴史的現象という観点からは，これらの真理は，資本主義の解体と変質の質料的プロセスに伴うものとして実現されるが，より上位の実体的形相に位置づけられる内的創造的原理が不在であるので，このプロセスを支配することができない。たとえこのような真理が人間文明を養っているように見えるとしても，そのようなことは，今日このような真理を頼りにするが，その他の点では非人間化された文明の諸形態においては，われわれが先ほど行った〔過去の理想形態の〕振り返りにおけるよりも，はるかに少ないのである。堕落した資本主義文明に，共産主義よりも優れた新しい世界が続くためには，最も広い意味における人格主義の原理と全きヒューマニズムの原理，および霊的，社会的復活のエネルギーがまさに要求される。このようなエネルギーは，国家の力だけでは達成されず，人格の自由に生命（いのち）を与え，その生命（いのち）の中心を，国家を無限に超えるものへと向ける愛によって達成されるのである。

　以上の考察から言えることは，ファシズム的あるいは人種主義的，全体主義的政体は，歴史の運動の中で，自らに真に人間的で解放的な方向づけを与える根本的なものを，つかみ取ることができないということである——それは人格と自由の原理を否定しては不可能である[16]——。その結果，彼らは

16）　われわれは純粋で単純な意味の自由，いわば，それ自体超社会的

一方では，その内的な進化をより共産主義の形態に近い方向に向けるように導かれるであろう（イタリア・ファシズムのある種の極左的傾向が，それを証しているように思える）。他方で，彼らは張りつめた防衛心を最大限の暴力と最大限の効率にまでもたらすために，人種的・民族的帝国主義と国威宣揚政治（politique de prestige）——それは残存しているヨーロッパ共通の文明を根底まで揺り動かす——を発展させ，最も繊細であると同時に最も力強い文明の内的構造を，次第に根深いところで解体する方向へと導かれるであろう（これは，はっきりと悲劇的な形で，ドイツで現れている）。これらの内的構造は，霊と自由の世界に関わり，キリスト教によって伝えられた道徳的価値と結びついているがゆえに，共産主義が定着するのを最も根本的なところで防いでいるのである[17]。

な人間人格の自由について語っている。われわれはファシズム，そして共産主義も，また国家社会主義さえ自由を標榜していることをよく理解している。実際にこの多様な政体の中に，あるひとつの自由がある。この自由は，ブルジョワ自由主義の自由よりも一層現実的であるが，それはある限られた意味での（secundum quid）自由，すなわち社会生活に内在して，現世的共同体あるいは国家を構成する集団の奥底から現れる自主性の自由である。われわれが語っている復活のエネルギーを呼び起こすのは，ある限られた意味での自由ではない。

17)「イタリアとドイツの政治家および政治評論家は，民主主義をボルシェヴィズムへの第一段階と指摘する。確かに，誤解され，乱用されて来たヨーロッパのような民主主義には，この非難が当てはまると認めなければならない。しかし現在のヨーロッパの民主主義は，「ボルシェヴィズムに対する防壁」ではない。反対に，それはボルシェヴィズムに至る最後の段階である。〔中略〕ソビエトの原理をヨーロッパに適用しようとする考えは，馬鹿げている。しかし，誤った民族主義的原理の適用によりもたらされたヨーロッパ人民の苦しみの増大は，この馬鹿げた考えが事実になるほど，共産主義革命の危険を高めることになるであろう。このことは，ある国では数年以内に，別の国では数十年以内に起こる出来事によって証明されるであろう」。Ludwig Freund, *The Threat to European Civilisation*, Sheed and Ward, 1935.

Ⅱ　今日の問題

　この二重のプロセスによって，ファシズム的あるいは人種
主義的政体は，資本主義的文明のただ中で，自由主義的個人
主義のような分解と疲弊によってではなく，過剰な緊張と硬
化によって，古い西洋文化を持つ国々を，ある種の共産主義
的あるいは疑似共産主義的経験にとって必要な段階まで導く
よう運命づけられているように思われる。このような経験
は，ファシズム的，人種主義的全体主義そのものから出てく
るか，あるいはそれに対立するものから生み出されるのであ
る[18]。——ファシズム的・人種主義的政体が，これらの国々
を相互破壊に導くに終わり，ヨーロッパを他の大陸の征服の
企てに引き渡してしまうのでない限りそうなるであろう。ま
たファシズム的，人種主義的政体はソビエト共産主義と同じ
ように，世界に新しい形態の文明をもたらすのだと主張す
る。その可能性を否定するのは，軽率かもしれない。われわ
れは，実存と人間存在の自然的エネルギーの不可避的な圧力
の下で起こりうる，予見できない進化について早まった判断
をしようとは思わない。われわれにとっての問題は，すべて
の地上的なものにおけるのと同様に，善と悪の混ざり合った
これらの新しい文明が，いずこにおいても人間的文明と呼ぶ
に値するかどうかを知ることである。人間的であるとは，す
なわちこれらの文明が，まさに人間の心（coeur）そのもの
に到達するということである——人間の心を用いて，そこに
蓄積されたヒロイズムと高揚感を掻き立てるためだけではな
く，心の中で安定した徳の形成をもたらすために，また良心

---

　18)　逆に，共産主義的全体主義は，それが国民国家としての形を取る
につれて，ファシズムからある種の特性を取り入れるように導かれると思
われる。他方で，共産主義的全体主義は，文化的に自らと国家社会主義と
を敵対させるすべてのものを，最大限に強調しようと努める。

と社会の中に極めて重要で，進歩的で，装飾的なだけでない
構造を創造し，高慢と戦争とは異なるものに自ら近づいてい
くために——。歴史哲学者にとって，持続を十分に考慮に入
れれば，ファシズム的あるいは人種主義的全体主義は，様々
な形態において，共産主義あるいは同じ次元の歴史的不幸を
現実に呼びよせる歴史的必然のように思える。なぜなら，こ
れらの全体主義は，想像力に強く訴える直接的な成功で共産
主義に対立しながらも，共産主義よりも自らを高く上げて，
歴史の運動によって要求される真に人間的な形相を発見する
ことが不可能だからである。この発見は，進化の物質的力の
決定論を打ち破る，霊と自由の努力によってのみ可能にな
る。

全体主義原理の霊的基礎

　霊的領域においても同様の考察が有効である。ここでま
ず，宣言された無神論が，神の支配（秩序づけ）に対する唯
一の抵抗の形態，「不敬（impiété）」——この言葉の古い意
味での——でもないし，神の実践的否定の唯一の形態でもな
いということを述べておかなければならない。神は存在しな
いと言いながら，偶像を自分の神とする無神論もある。また
神はまさに存在すると実際に宣言しながら，神そのものから
偶像を作りだす無神論もある。というのも，この無神論は言
葉ではないにせよ，行動で神の本性と属性および神の栄光を
否定するからである。すなわちこの無神論は神に嘆願する
が，他のすべての国家に敵対して，一つの国家あるいは国民
の栄光と結びついた守護神，あるいは人種の守護神としての
神に懇願するのである。

　われわれはここで，先にその重大性を指摘した誤りに陥ら

326

ないように，また抽象的原理と，それが形を取る歴史的現実を混同しないように警戒しよう。あらゆる種類の政治的な適応だけでなく，真の誠実さと人間的善意，真の神に対する誠実な信仰と宗教のための盲目的な自己犠牲，これらが具体的なものの中で，「全体主義的」原理と混在しうるということをわれわれは知っている。またわれわれは全体主義的原理が様々な様態——この様態が多かれ少なかれその悪意を弱めたり，増加させたりする——で実現しうるということを知っている。しかしながら，全体主義的原理は固有の要求を持っており，哲学者はそれを考察しなければならない。またコンスタンティヌス帝以来，世俗の権力は多かれ少なかれ，常にキリスト教そのものを自らの固有の目的のために利用し，ねじ曲げようとしてきたのは，疑いのないところである。しかし騙されないようにしよう。これらの無秩序と逸脱がどれほど深刻なものであったとしても，今日明確に現れている貪欲な絶対的存在——それは現世的共同体あるいは国家のために，人間全体を要求する——との間には，超えがたい溝が存在する。

　非常に注目すべきは，「全体主義国家」という言葉が最初に登場した場所，すなわちイタリアにおいてさえ，全体主義的原理はカトリック教会の抵抗によって，結局半分破綻しているという事実である。全体主義的原理は，歴史的状況からカトリック教会との妥協を余儀なくされたのである。その結果，人間の全体を国家のために要求するというこの原理の要求は，やむなく現世的秩序の活動に制限されることになる。それはまるで，人が自分を二つに分けることができ，現世的生の秩序における霊魂のために国家を持ち，霊的生活の秩序においては別の霊魂を持つというようなものである[19]。この

327

ように無理やり，（言葉の表す事態そのものと同様に，矛盾した言葉を使うことができるとしたら）半全体主義に縮小されるか，あるいは純粋で単純な全体主義に留まるか[20]，どちらにせよ，政治的全体主義が望むのは，国家が絶対的に至高の実在となり，人間の現世の生の絶対的に至高の規制者，それゆえ，その生に含まれる良心の行為の規制者となることである。「すべては国家の中にあり，国家に逆らうもの，国家の外にあるものは何もない」[21]。また政治的全体主義は自らの

---

19)　人はここで再び，現代的な形態のもとにアヴェロエス主義を見出す。これについては，本書の第 1 章で問題とした。26-27 頁を見よ。

20)　これはドイツの国家社会主義の場合である。しかしここで問題となるのは，国家の全体主義よりも，人民の共同体（政治的というよりも生物学的な統一）の全体主義である。

21)　B・ムッソリーニの言葉。「われわれは民族の内奥で働くすべての力を統制する国家の一員である。われわれは政治的力を統制し，道徳的力を統制し，経済的力を統制する。われわれは，ファシスト的で協同的な完全な国家の中にいる」(*Scritti e Discorsi*, 1926)。「私は新たに，また同じエネルギーをもって，ミラノのスカラ座における演説で述べたことを肯定する。すなわち，すべては国家の中にあり，何ものも国家に反するものはなく，何ものも国家の外にはない」(ibid,1927)。本書，160 頁で引用したテキストも見よ。さらにムッソリーニは言う。「最高かつ最強の人格の形態であるファシズム国家は，力であるが，それは霊的な力である。それはあらゆる形態の人間の道徳的・知的生を前提とする。その結果，ファシズム国家は，自由主義が望んだように，自らを単なる秩序の保護機能に限定することができない。それはいわゆる個人の自由の領域を限定する単なる機構ではない。それは内的な形態と規範であり，人間全体の規律である。ファシズム国家は知性と同様に意志にも浸透する。ファシズム国家の原理である，社会に集められた人間人格を導くインスピレーションは，存在の深みに降りて行き，思索的な人と同様に活動的な人の心の中に，また科学者と同様に芸術家の心の中に住まう。それは霊魂の中の霊魂である」(*Dottrina*)。「自由主義は国家を個人に奉仕させる。ファシズムは個人の真の実在として，国家の価値を再確認する」(*Dottrina*)。「普遍的な道徳的意志として考えられた国家は，権利の創造者である」(*Dottrina*)。教皇庁の反撃によって事実上，押し返されたが，この中心観念のダイナミズムはファシズムの中に留まっている。国家社会主義のテキストの中に同様の全体主義的主張，場合

みで,「霊魂の核心」を形成すること,すなわち地上的生に
おける行為——それは政治的全体主義にとって唯一重要なも
のである——のための霊魂のエネルギーを形成することを望
む。その結果,必然的,論理的要請によって政治的全体主
義は,霊的なものが,少なくとも現世的なものと出会って,
「市民的生活」における行為,あるいは文明の秩序に関わる
ところで国家[22]あるいは国民の魂に良心の中で同化し,それ
らに仕えることを要求するであろう。全体主義原理そのもの
を,固有の法則をもつ歴史的エネルギーとして考えると,こ
の原理がキリスト教的秩序に対する根本的な嫌悪を含むこと
は,明らかである[23]。この嫌悪は,全体主義が宗教の反対に
よって効果的に妨げられている場合にのみ,無効なものとさ
れる。全体主義がその共産主義的形態において,宗教を絶滅
させようとしないところでは,全体主義は良心を支配するこ
とによって,実際的に宗教を併合しようとする。全体主義
は,良心が現世の秩序の事柄に関して自由なキリスト教的判
断を表明したり,この秩序において自由なキリスト教的行為
に着手したりすることを不可能にする。全体主義は良心か
ら,公的生活において道徳的価値を守る手段を取り去る。ま
た全体主義は,公的生活に関する限り,善と悪,正と不正に
関する内的価値観を神によってではなく,国家によって測ら
れるものに変えようとすらする。

によっては一層激烈な主張を見い出すことは容易であろう。

　　22）　ジェンティーレ（G. Gentile）は,彼の哲学的体系に固有の言語
で,すべてを明確に説明した。彼が公認の扇動者として評判が悪かったと
いう事実は,ここで示された,ジェンティーレの現実主義（*actualisme*）か
ら独立した原理が,国家のファシズム的観念の中に中心的なものとして残
ることを妨げない。

　　23）　Cf. Charles Journet, *loc cit.*

　全体主義――それゆえわれわれがここで指摘している反キリスト教主義――は，先に述べたように，実際にイタリアで1931年の教皇の介入によって，大きな失敗を経験した。この介入のエネルギーの前に，全体主義と反キリスト教主義は譲歩しなければならなかった。それらは，もちろん自らの中ではそれ自身として留まるので，具体的に考えれば，現在イタリアで存在している国家の形態は，歴史哲学者には，カトリックによって抑止されている全体主義の形態に見えることになる。われわれはここで，この二つの対立する形態〔カトリックと全体主義〕の結合の一つを，その利点と危険とを併せて目の当たりにしている。この結合を観察することは，歴史学者や哲学者にとって非常に示唆に富む。カトリック教会は，自らが神と時間を自分の側に持つという理由で，これを受け入れているのである。ナチス・ドイツで，公的生活の中で教会の活動と制度，および信仰の使徒職に認められる領域が次第に狭められていき，あらゆる面からの迫害によって侵略されているのに対し，イタリアではこの領域は非常に大きなものとして残っている。もっとも，国家の倫理は，その異教的徳によって，この領域に圧力をかけ，厳密に宗教に義務づけられたものだけを宗教に対して譲歩する[24]。

　以上の分析から帰結するのは，宗教的権力とくにカトリック教会が，神を守ると自称する全体主義の形態を阻止できないところでは，この全体主義の真の「不敬」が，意図せず，開かれた反キリスト教主義と開かれた無神論の攻撃的な回帰を準備する，一つの破壊的力として発展するだろうというこ

――――――――――
　24)　バリッラ団は日曜日を宗教と家族に譲歩するよう強いられた（1936年）。

とである。

解決としての殉教について

　キリスト教的な現世的イニシアティブが欠けているために，われわれがこれまでの考察で示したような可能性に従って事態が展開するとしたら，少し前に提出された問い「Ａ氏は何をすべきか」は，ひどく単純なものになる可能性がある。ファシズム的全体主義の体制下であれ，共産主義的体制下であれ，善を助長するために，Ａ氏〔ある特定の個人〕は無駄と知りながら，善というよりも悪である文明の形態に参加し，協働することに同意するであろう。そして，もしＡ氏が実存そのものにおいて，何よりも現世的実存において，キリスト信者であることを主張するなら，Ａ氏は活動するよりも，受難することをすぐに学ぶであろう。

　明らかなのは，キリスト教的な現世的イニシアティブの登場と，世界が必要とする新しい組織の登場が遅れている限り，それぞれの人間は個人としてそれらを準備し，自分の個人的活動によって，ある程度はその代わりを務めるように努めることができるし，そうしなければならないということである[25]。いずれにせよ，それがなされるべき課題であるのは，

　　25）「われわれは，現世的共通善に関して，人格の生命(いのち)に属するエネルギーの効果と，そのエネルギーに対応する義務の効果を，人々が通常あまりにも多く無視していると考えている。憎しみと不公正のあらゆる誘惑に抵抗するためには，多くの警戒心と批判的注意が必要である。同じく，型にはまった嘘が至る所で圧迫を加える時代，また既成の秩序を守るジャーナリズムが，革命的ジャーナリズムと扇動を競う時代，さらに，この領域においては中傷が軽罪になるかのように，人が嘘から典型的な政治的な武器を作っている時代に，自由な精神を守るためには，多くの警戒心と批判的注意が必要である。自らの霊魂の中に人々から軽蔑された真理の避難所を提供し，現世的な悲劇の出来事と作者を見極めながら，福音書がわれわ

言うまでもない。

　しかし，個人的な次元においてではなく政治固有の秩序において，キリスト教的な現世的活動がこの世界に欠けている限り，全体として考えられたキリスト教的活動の統一体（orgamisme）には，何かが欠けていることになるだろう。世界は，このようにして必要になった〔キリスト教的な現世的活動の〕免除（dispense）を喜んで与えるであろう。世界に参加する人間にとって，それも自分に責任のない無策によって「政治的」争い──それは，世界にとって最も性に合った活動である──から切り離された人間にとって，世界によって与えられる殉教──目に見えるものであれ，見えないものであれ──は，彼らをこの争いからも免除するのである。確かなのは，時間に対して死んだ者については，時間はその権利を失うということである。

　もしかすると犠牲になる長い習慣から，キリスト信者は無意識にこの解決を頼りにしていないだろうか。殉教は解決であるが，大げさな解決である（そして，自らの怠慢と無気力によって，他者の殉教を準備するものにとって，それは怠惰な解決である）。さらに，トマス・モアのような聖人なら，自らの裁判を尊敬される仕方で終結させる他の手段が尽きる前に，神のために斬首される光栄に敢然と向かうことを傲慢な

───────────────
れに要求する真理を実践するためには，多くの警戒心が必要である」。
　「そしてこの内的な警戒心は，言葉と行為によって外的なものに表現される。それに従い，それぞれの用心深い霊魂は，自らの周りに真理と平和の効果的な輝きを創り出す。この輝きの中心が世界中に数多くあるなら，人々の政治生活そのものにおいて多くのことが変化し，多くの悪が不可能になり，解決できないように見える多くの困難が，予期せぬ出口を見出すことが確実であるとわれわれは考える」（Manifeste *Pour le bien commun*, VII〔ŒC V, p. 1037-1039〕）。

ことと思っただろう。殉教は自然本性にふさわしい解決を抑圧するのではなく，それを要請し，かつ豊かなものにするのである。いつの日か，このような自然本性にふさわしい解決が見出されることが，大いに必要となるであろう。

「何もなされないだろう」という仮説を考察しながら，私は意図的に事態を最悪に捉えた。実際は，私はキリスト教的イニシアティブによって，何かがなされており，なされるであろうと確信している。世界によって必要とされているキリスト教的，現世的諸勢力は現在，準備段階，長期的な準備段階にある。いつの日か，それがこの世界に現れてこないというのは，不可能である。

キリスト信者は悲劇の中に閉じ込められているのか？

もし世界が，キリスト信者を，その血を流すことによって清めるのだとしたら，キリスト信者の血は同時に，世界を清めるであろう[26]。おそらく，来たるべき新しいキリスト教社会が生まれるのは，この二重の純化の中からであろう。

それまでの間に，様々な対立する全体主義がこの世界で力を増す中で，どうして悲劇的な破局の感覚が，キリスト信者の中に芽生えないことがあろうか。

---

26)「たとえキリスト信者の世俗的努力が，世界の目に見える構造を革新することに失敗したとしても，われわれが別のエッセイに書いたもう一つの現世的課題が依然としてキリスト教に課せられる。それは内側から，こっそりと，ある種の樹液を世界の中へと注ぎ込むという課題である。もちろん人は，このキリスト教的樹液が少し血の味がするということも想定しておかなければならない」(*Du régime temporel et de la liberté*, p. 134 [ŒC V, p. 422.])。キリスト教の敵の血がここで言われていると想像していた人々が，このテキストについて行った中傷について，注意を促しておくことが必要であろうか。

　ここでは，共産主義以外の全体主義の形態——それらはわれわれが見てきたように，何よりも反動的形態であり，加えて根本的な間違いを含んでいる——については語るまい。キリスト信者が共産主義の中に見るのは，極端な暴力にまで達して，キリスト信者の知性と心情を残酷に傷つける誤謬である。その誤謬とは次のようなものである。神なしで世界を構築する意志と，やはり神抜きで，生活の中から個人的・家族的・社会的倫理を生み出そうとする意志。観想的価値の根本的否定と憎悪の生産力の肯定。知恵を科学の偶像崇拝の犠牲に供し，排斥すること。人間全体を社会化しようとする要求。霊魂とその運命についての表面上の忘却。人生において聖なるものの余地を認めないこと。教会のような超時間的社会の人類に対する教育的権威が，現世的共同体に共存できる可能性を認めないこと。信者に対して協力の要請がなされるにもかかわらず，キリスト信者がそこに見るのは，宗教に対する憎しみと，執拗に繰り返されるか，あるいは単に方法を変えただけの反宗教的プロパガンダである。キリスト信者はさらに，神の似姿に作られた多数の人間が，「唯物論的」正統教義と無神論的順応主義の鋳型に溶かし込まれる鉛のように，自らを差し出し，神に対してのみ許される従順をもって，喜んで他者に従う姿を見る。

　しかしまた，このような信条を表明する人間の場合，極端な間違いは，生ぬるさよりもむしろ寛容さを証ししており，多くの者は，ただただ彼らが憎んでいるものの本質についての根深い無知と極度の誤解のゆえに，これらの誤りを表明するのであるということを，キリスト信者は知っている。キリスト信者は，多くの若い共産主義者の中に，正義——その本当の名前は知られていない——に対する飢えと渇きがあるの

を見て，このような熱心な霊魂を愛している。キリスト信者
は，この世界をおびやかす破壊の恐怖の中に，数世代にわた
るキリスト信者たちの怠慢，すなわち自分自身の怠慢の現れ
を認める。そして，共産主義が人間の労働力を解放する歴史
的運動――それ自体不可欠であると同時に正常である――
と，「自然の怒れる霊魂」とも言うべき正義の要求を解放し，
待たされることによって損なわれて来たキリスト教起源の真
理を解放する歴史的運動に寄生してきたということを知って
いる。また，共産主義者がわれわれの耳に伝えるのは，たと
えそれが神に反抗する叫びであるとしても，貧しい者と持た
ざる者の声だということを，キリスト信者は知っている。キ
リスト信者は，貧しい者が力によって正義を要求したとき以
外に，決して正義を勝ち得ていないことを知っている。私が
貧しい者と言うのは聖人のことではなく，キリスト信者お
よび非キリスト信者の，社会的な意味での大衆についてであ
る。しかしこれらのどれもが，共産主義の誤謬の重みと危険
を少しでも小さくすることはない。これらすべてが示してい
るのは，共産主義は歴史において神の剣が大きく振るわれた
超自然的しるしを帯びているが，そのしるしを乗り越えるた
めには，まず自らに打ち勝つことが必要だということであ
る。

　キリスト信者は，ここで出口のない悲劇の中に閉じ込めら
れてはいない。霊的秩序においては，解決を与えるのは地獄
の力よりも強い愛であるということを，聖人たちはキリスト
信者に教えてくれた。世俗的秩序においても解決はあるとわ
れわれは思う。唯一，この解決が見出されるのは，前進する
ことによって，創造的自由のリスクを引き受けることによっ
て，またあらゆる秩序において，言葉よりも実在を，外的・

表面的なものより内的・実質的なものを優先する価値の逆転
に同意することによって，さらに言葉の十全たる意味におい
て，本質的かつ実存的にキリスト教的な政治を始めることに
よって，そしてここで今，どれほど遠いものであっても未来
を目指して，新しいキリスト教社会の準備に取り掛かること
によってである。われわれの考えでは，全きヒューマニズム
という観念が，この新しいキリスト教社会の顕著な特質を表
しているのである。

　世界の歩み
　それとも今日のキリスト信者は，キリスト教を生きること
ができるのは紙の上だけで，そのエネルギーは弱まっている
ので，もはやこの世界のために何もできないと考えているの
だろうか。またわれわれにできることは，他の者と比べて少
しましに思える悪魔からその保護を得るために，悪魔の気に
いるように努めることだけで，霊魂の再生の力からは何も期
待することがないと考えているのだろうか。キリスト信者
は，どのような時代に自分が入ってきたかを理解するまい
と，決心したのだろうか。また，孤独の中に見捨てられた人
間存在を苛む，人間的なものを超える苦しみに対して，憐れ
みを拒もうと決心したのだろうか。それなら疫病と飢餓に栄
えあれだ。君たちは，われわれよりも純粋だということなの
だろう。
　実のところ，社会の内部の抗争を克服するためには，これ
らの抗争がそれ自身，精神（esprit）の中で理解され，精神
に満たされねばならないという歴史の状況に直面しながら，
キリスト教宗派の一部の世界が今日，巧みにというよりむし
ろまずく反応しているのは，驚くべきことではない。また，

彼らの振る舞いの中に，霊的部分が極めて小さく（私が言いたいのは，直観と自由の部分である），社会的部分が極めて大きい（私が言いたいのは，堂々たる良心によって霊性の着色をされた集団あるいは階級の反映や模倣である）のは，驚くべきことではない。ここで働いているのは，人間世界の統計的法則である。しかしまた，キリスト教的文明が他の文明のように滅び，それも質料の宿命に身を委ねることによって滅びるということに，驚く必要はない[27]。新しい誕生が，やってくるだろう。歴史の発展にとって最も必要な困難な発見が，誤謬と災厄の力を借りずに行われることが稀だと言うのも，統計的法則である。

　すべてを救うはずであった浄化は，したがってすべてが滅び，再びよみがえり始めた後に生み出される。世界の歩みはこのように進められるのである。聖人たちをじわじわと火で燃やすことによって，聖人たちが自らを聖化することを助けた同じ者たちが，聖人たちの功徳を利用して，一旦彼らが列聖されると，十字架に架けられた者たちの栄光で自らの弁舌の陳腐な話題に肉づけをし，自らの事業の繁栄の糧とするのである。ヒロイズムの中で目覚めた世界は，疲れ果てて身を横たえる。それは，これに代わって，新しいヒロイズムと新しい苦しみが到来し，それらが別の世界を目覚めさせるためである。人間の歴史はこのようにして成長していく。なぜなら，そこには繰り返しではなく，拡大と進歩の過程があるからである。人間の歴史は拡大する領域として成長し，同時に二種類の完成に近づいていく。すなわち，そこにおいて人間

27）　アーノルド・トインビーはその著『歴史の概観 Outline of History』の中で，原始社会を除いて，27 の異なる文明を歴史時代の中で数え上げる。そのうち 5 つが今日生き残っている。

は神なしの神である，下からの絶対における完成と，そこに
おいて人間は神における神である，上からの絶対における完
成である。

付　論
活動の構造

────────────

Ⅰ　〔キリスト信者の活動の区別〕

活動の構造

『セット（*Sept*)』の最新号でエティエンヌ・ジルソンは，キリスト信者の諸々の活動が三つの異なる次元にどのように広がっているかを，完全に明らかにした。その実践的意義の大きさゆえに，われわれはこの点を強調しておきたい。

活動の第一の次元，言葉の最も典型的な意味での霊的次元において，われわれはキリストの神秘体の一員として活動する。典礼と秘跡の領域においてであれ，徳の働きと観想の領域においてであれ，また使徒職と愛徳の業の領域においてであれ，われわれの活動は決定的な対象として，永遠の生命（いのち），神と神に属するもの，われわれおよび他者において働くキリストの救いの業に照準を当てる。

現世的なものの次元である活動の第二の次元において，われわれは地上の国の一員として，また人類の地上的生活の事項に関わる者として活動する。知的あるいは道徳的領域であれ，科学的・芸術的あるいは社会的・政治的領域であれ，われわれの活動は，それが正しいものであれば，究極目的と

339

しての神に関係づけられながら，決定的目標として，永遠の
生命(いのち)ではない善，一般的な仕方で時間的なもの，文明あるい
は文化の働きに関わる善に照準を当てる。これは世界の次元
である。

これらは明確に区別される

　この活動の二つの次元は，カエサルに属するものと神に属
するものとして，明確に区別される。贖いの秩序，あるいは
霊的秩序，あるいは神に属するものの秩序が，最も親密な内
奥に至るまで，現世的文明の秩序，あるいは時間的なものの
秩序，あるいはカエサルに属するものの秩序に，活力を与え
なければならないのは明らかである。しかしこの二つの秩序
は，はっきり異なったものである。

これらは分離されていない

　これらは区別されるが，分離されてはいない。分離は，私
が現世の事柄に従事するとき，キリスト教から離れること，
つまり神とキリストを脇に置くこと，私自身を二つの半分に
分けることである。一つは，永遠の生命(いのち)のためのキリスト教
的半分，もう一つは，時間的なもののための半分である。後
者は異教的，あるいは弱小化されたキリスト教的，あるいは
不名誉なキリスト教的部分であり，中立的な，言い換えれ
ば無限に脆弱な部分である。またそれは，民族，人種ある
いは国家に対する偶像崇拝的部分であり，ブルジョワ的繁栄
の部分あるいは反ブルジョワ的革命の部分，究極目的に祭
り上げられた科学・芸術の部分である。このような二分化
（dédoublement）はあまりにも頻繁に行われていて，文明の
ある時代の特色を示すのに役立つことさえある。マキャベリ

340

の政治哲学，（文化的影響から見た）プロテスタント革命および デカルトの分離主義は，このような時代の始まりを示している。この二分化が実際に何を表しているのかを見てとるや否や，またその言わんとするところを知性の光のもとに移すや否や，それがまさに致命的な不条理であることが明らかになる。

　聖パウロは，あなたがなすことは，すべてキリストの名によって，キリストの力によってなせと言う。もし恩寵がわれわれを再生させ，一人ひとりを「新しい人間」にするとしたら，それはわれわれが，現世的なものの中で，ゆらぐことのない良心をもって富（Mammon）に仕える「古い人間」とともに歩むためであろうか。この古い人間は，市民社会——それ自身，福音の法との関係から全く切り離された——が与える慰めあるいは失望に強められたり，あるいは苛立たせられたりしているのである。他方でわれわれは宗教的義務の遂行において，平安な良心をもって，教会の約束と宗教の喜びに慰められて，神に仕えるというのであろうか。真実は，われわれの中にある福音の正義とキリストの生命（いのち）が，われわれのすべてを要求し，すべてを独占し，世俗的なものであれ神聖なものであれ，われわれがそうであるものすべて，われわれがなすことすべてに浸透しようとするのである。活動は存在の公現である。もし恩寵がわれわれを支配し，存在の奥深くから，われわれを新たにするというのであれば，それはわれわれの活動のすべてがそれを感じ，それによって照らされるようになるためである。

現世的次元は霊的次元に従属する

　これはどういうことであろうか。私は二つの異なる次元，

二つの異なる対象，二つの異なる共通善，すなわち一方は霊的で他方は現世的なものに関わっている。この二つは異なっているが，一方は自然本性的に他方に従属する。現世的なものは，自ずから霊的なものによって活力を与えられることを望む。文明の共通善は，それ自体からして，神そのものである永遠の生命（いのち）の共通善に関係づけられることを要求する。どちらの次元においても，私は目指す目標に関して，必要な能力と必要な武器を持っているときにのみ，自分の仕事をよく行うことができるであろう。しかし私がキリストの教会とは異なる国の一員として活動するときですら，キリスト教の真理と生命（いのち）は，私の活動の内部に浸透し，すべての知識の素材と私が用いる実現の手段に生命（いのち）を与え，それを導く霊でなければならない。同じことが，私の働きかける対象が，ぶどうの木を植えたり，家を建てたりするなど，キリスト教信仰からそれ自体独立した技術に属している場合にも言える。また同じことが，たとえ要求される技術の部分がどれほど大きくても，対象自身が社会的・政治的領域の事柄のように本質的に倫理的秩序に属し，それゆえキリスト教信仰とキリスト教的知恵が上から与える，より高次の原理に本質的に依存している場合にも，言えるのである。

必要な区別

　もし私が人々に語りかけ，そのただ中で活動するために，人々に向き合うのであれば，それも第一の活動の次元，霊的次元において，そうするのであれば，私は彼らの前にキリスト信者そのものとして（en tant que crétien）現れ，その限りにおいてキリストの教会に関わっているということができる。第二の活動の次元，世俗的な次元においては，私はキリ

スト信者そのものとして活動するのではない。しかし，キリスト信者らしく（en crétien）活動しなければならない。そのとき私は教会にではなく，自分自身にのみ関わっているが，自分自身の全体に関わっているのであって，切断され，活力を失った自分自身に関わっているのではない。すなわち，私はキリスト信者である自分自身に，世にありながら，世に属することなく世で働く自分自身に，私の信仰，私の洗礼，私の堅信により，どれほど取るに足らないものであっても，私のいるところで世界の中にキリスト教の樹液を注入する召命を持つ自分自身に関わっているのである。

活動の射程のより正確な判断のために

ここで忍耐を働かせてしばし立ち止まり，次の二つの成句の意味と射程に注意を向けてみよう。「キリスト信者らしく活動する」。「キリスト信者そのものとして活動する」。そうすることによって，われわれは有益な光を得ることができるであろう。

ある種の分離された政治（いつわりの政治）の弁護者たちの誤謬を見てみよう。彼らは自然，理性，祖国，さらには聖なる教会のことを大いに案じて，この世界でキリスト信者らしく活動しようとするキリスト信者が，そうすることにより，世界を破滅的な超自然主義の暗黒の危機に突き落とし，同時に教会に固有の使命を侵害すると考える。この著作家たちは，「キリスト信者らしく活動する」ことと，教会に関わりながら「キリスト信者そのものとして活動する」ことの違いを理解していない。彼らの論理は結局，キリスト信者が世俗的次元で活動するときに，キリスト信者らしく活動しないように求めるということに行き着くのではないだろうか。だ

が，もしキリスト信者らしく活動しないのなら，キリスト信者はそこで何をするのであろうか。その人は家畜に，すなわちこの世界の力と利益によって利用される人間的素材になってしまうであろう。

　また宗教について賢明でないある種の弁護者たちの，全く反対の誤謬を見てみよう。彼らは，敬虔であることと宗教的利益を守ることがすべてを満たすものであって，現世の国家と世俗的領域に対するわれわれの義務を履行するには，霊的領域——誤って分離と見なされている——で要求されることを行えばよいと考えたがる。これは真実ではない。世俗を離れた修道者たちでさえ，世界のあらゆる悲劇と苦悩に心を開き，キリストの血をそこに適用するために，悲劇と苦悩を自らに受け入れることを求められている。それに従い完全に霊的な方法で，修道者たちはなお現世的なことに配慮し，それに働きかける。そして世界の中にいるその他のわれわれは，キリスト信者らしく，またキリスト信者そのものとして，すなわち霊的次元におけるキリストの生ける肢体として活動することが必要なだけでなく，世俗的次元におけるキリストの生命ある肢体として，キリスト信者らしく活動することが必要なのである。さもなければ，この秩序におけるキリスト教的エネルギーの弱さあるいは責任放棄により，この世界の善のために労苦しない他のエネルギーに，この世界を任せる結果になってしまうだろう。

活動の第三の次元

　しかしこの分析は完結していない。キリスト信者にとって，他の二つの中間である第三の次元がまだ残っている。実際のところ，それは第一の次元と同じ秩序に属し，この秩序

における一つの特定の側面，一つの特定の機能だけを示しているように思える。それはしたがって，「付帯的」区別——それは行われた活動の本質にではなく，本質の適用の状況に関わる——によって第一の次元と異なっているだけである。この中間的次元は，現世的な方向に曲げられ，現世的なものと結びついた霊的次元それ自身である。それは現世的なものとの関連で考えられた霊的次元である。

　まさに，霊的秩序が現世的秩序に優越すると同時に，現世的秩序と不可分に結びついているという事実から，現世的秩序の中には以下のような領域が存在することになる。

①　現世的秩序そのものに関連して：教会が委託されている啓示された真理と関連し，上からキリスト信者の現世的思考と活動を指揮する，真理の領域。それに従い，レオ13世とピウス11世の回勅[1]は，キリスト教の政治的・社会的・経済的知恵の諸原理を生み出した。この知恵は，具体的なものの個別的な決定までは下降しないが，より個別的な学説と活動のための神学的な背景として，現世の偶然的な出来事に関わっている。

②　霊的秩序に関連して：それ自身（たとえば結婚，教育などに関連する「混合的」問題）によって，あるいは事実の状況のゆえに，霊的秩序との関連を含む諸問題の領域。これらの問題は地上の国家に関わりながら，同時に，間接的または直接的に霊魂の善と永遠の生命（いのち）に関わる。キリスト信者は神秘体の一員として，現世的秩序と地上の国家（そもそも上位の善が侵害されたら，国家自

---

1)　本書が出版されて以降，これらの教皇文書に，教皇ピウス12世が生き生きとした光で現代の重要な人間的問題に照明を与えた回勅やメッセージが加わっている。〔1946年〕

身が損害を蒙る）の善との関わりに応じてではなく，第
一に，そして何よりもまず，人間人格の超時間的善とキ
リストの教会の共通善との関わりに応じて，これらの問
題を考察しなければならない。

それゆえ，ここに依然として，キリスト信者が永遠の生命(いのち)
と神的事物の秩序を対象として持つ，活動の次元がある。こ
の永遠の生命(いのち)と秩序が，現世的秩序において霊的なものの固
有の善が守られることを要求し，あるいは上から最高の規則
——現世的秩序の善そのものがそれに従属している——を与
えるのである。これは現世的なものと結びつく限りでの，霊
的なものの次元である。

第三の次元における，キリスト信者の活動

第三の次元においては第一の次元と同様に，キリスト信者
は，まさにキリスト信者そのものとして活動し，人々の前に
姿を見せ，その限りにおいて教会を巻き込む。これが，教会
が第三の次元において，第二の次元で展開される現世的活動
——われわれ自身はこれに（もはやキリスト信者そのものと
してではなく，キリスト信者らしく）参加しなければならな
い——に比して，われわれが独立を守ることをこれほど強く
主張する理由である。

一般信徒がカトリック・アクションによって，教え導く教
会の使徒職に協力するよう呼びかけられているのは，第一の
次元と同様に，第三の次元においてである。この次元におい
て，一般信徒は（言葉の厳密な意味において）カトリック的
な市民的活動を行う。それは一般信徒が宗教的な利益を守
るために，政治的な事柄に関与するときであり，関与の程度
は，それを守るために必要とされる最低限においてである。

I 〔キリスト信者の活動の区別〕

このことは，獲得するべき現世的共通善についての特定の概念に導かれて，政治固有の活動を行うのと決して同じではない。正しく「政治に関わる」ためには，政治的な現実を見分けることができ，地上的国家の共通善を保障する手段の具体的理念を持つことが必要である。現世的なものに関わる宗教的利益を守るためには，いかにしてこの利益を見分けるかを知っていれば，それで足りる。

カトリック・アクションの位置

カトリック・アクションのすべての活動は，第一の次元と第三の次元で行われる。カトリック・アクションが，自らが与える教育と自らが提供する霊的形成によって，一般信徒がキリスト信者らしく行為し，現世的な争いにキリスト信者らしく参加し，自らの使命と考える社会的・政治的活動をキリスト信者らしく引き受けるよう準備するとしたら，カトリック・アクションは，最大の配慮をもって，第二の次元に隠然たる支配を及ぼさないように気をつけるであろう。そうするのは，単に教会がいかなる代価を払っても，現世的な事柄に従属することを望まないという理由からだけではない。第二の次元に固有の活動に関して，すなわち現世的な共通善への奉仕が要請する，偶然に依存する〔共通善の〕最終的な実現にまで下降しなければならない活動に関して，完全に霊的な秩序の活動は，すぐにその力の限界に突き当たるという理由からでもある。

このようなことを詳しく述べるのは，間違いなく無味乾燥なことである。これらは初歩的なことであるが，誤って理解されれば損失を与える。このため，まず初めにそれを強調することが必要であった。次の節では，このようにして確立さ

れた原理の重要な適用例を，とくにカトリック出版の問題に
関わるもので示してみよう。

II 〔事例としてのカトリック出版〕

キリスト信者の活動の三つの次元

前の節で明らかにすることを試みたように，カトリック信
者の活動は三つの次元に広がる。すなわち霊的次元，現世的
次元，そして現世的なものに結びついた霊的（中間的）次元
である。現世的な次元において，カトリック信者は現世的国
家の一員として活動するが，それをカトリック信者らしく行
わなければならない。霊的なものの次元（純粋に霊的な，ま
たは現世的なものに結びついた霊的次元）において，カトリッ
ク信者はキリストの教会の一員として活動し，彼の兄弟の前
でカトリック信者そのものとして現れる限りにおいて，教会
を巻き込む。

この原理から，直ちに二つの帰結が導き出される。

三つの種類の活動が必要である

第一の帰結：このように位置づけられ，規定された三つの
種類の活動はそれぞれ，他の種類の活動と代わることはでき
ない。これら三つの活動はすべて，その固有の次元において
必要とされる。

これらの活動が，ただ一人ひとりの条件にのみ応じて，各
個人に課せられるということを，私はよく理解している。
もっぱら現世的なものの次元，すなわち社会的・政治的な活
動の次元において，ある人にとっては，厳密に政治的な活動
は，良心の中で彼が世俗的な共通善について形成する理念に

従って行う，選挙の日の投票行為に留まる場合もあると考えられる。また多くの者にとっては，単に社会的，市民的あるいは教育的秩序の活動が，現世的分野で彼らに要求されているものを満たすことができると考えられる。

　それでもなお，一つの国のカトリック人口の集団としての全体という見地から，カトリック信者らしく活動している信者たちの完全に現世的で，社会的・市民的であると同時に政治的な活動が，通常必要とされるのである。この観点から見て，真にキリスト教的インスピレーションに由来するが，本来政治的で，一定の現世の共通善の構想によって特定化されている組織の欠如が，今日，至る所で切実に感じられるとも，われわれは考えている。

カトリック・アクションの次元における連合

　第二の帰結：現世的なものに結びついた霊的次元である第三の次元において，すなわち現世的なものに参与する，神の国の固有の価値を守るためのカトリック・アクションと市民的活動の次元において，連合（union）が合言葉にならなければならないのは明らかである。カトリック信者の連合だけが彼らの間に，真のキリスト教社会の始まりとなりうる文化的活動のネットワークを樹立するための，また市民的立法によって宗教的利益が尊重されるようにするための十分な力を与えることができる。その際大事なのが，まさに霊的なものの現世的なものへの投射であり，それはローマ教皇庁と司教団によって，今ここで決定される真の宗教的利益であって，教会の語る使命を簒奪し，教会そのものよりもその利益をよく理解していると思い込んでいる人間や党派の特殊な判断ではないということは，よく理解されうる。看過できないの

は，カトリックの大衆教育がこの分野において進歩しない限
り，また宗教に属するものから，社会的・現世的な事項に属
するもの，社会学的な秩序の利害，先入見および熱情に由来
するものをよりよく識別することを学ばない限り，現世的な
ものと結びついた霊的次元と，市民的活動の次元におけるカ
トリック信者の連合は，それ自体どれほど必要であっても，
難しい問題を伴うことになるということである。

現世的次元における多様性

しかし第二の次元，現世的なものの次元においては，基本
原則は連合ではなく，多様性である。目的が現世における
人間の生であるとき，すなわち目的が地上的な利益，現世の
善，および地上的共通善の特定の理想とそれを実現する方法
と手段に関わるとき，その核心を超自然的秩序に持つ一致が
壊れ，同じ食卓を囲んで聖体拝領をしているキリスト信者
が，国家においては多様であるのは，正常なことである。こ
の次元でカトリック信者の連合を要求することは，事柄の本
性に反し，それゆえ非常に危険である。このような連合は，
そこでは人工的なものにしか過ぎず（ドイツの中央党のよう
な「カトリック政党」であまりにも頻繁にみられるように），
宗教的エネルギーの政治的な質料化によって作り出される
か，あるいはキリスト信者の社会的・政治的エネルギーの弱
体化と一般原理へのある種の逃避によって作り出されるので
ある。

カトリック出版の問題

実践的な生が曖昧なものにする形相（espèce）の区別を，
時期の善し悪しを問わずに強調するのは，常に哲学者の仕事

である。しかしまさにこの点で，哲学者は哲学者として実践
的な生と活動の秩序そのものの中で，自ら役立つものとなる
のである。なぜならこのような区分や区別が忘れられたり，
誤解されたりするままにしておくことは，支障をきたさずに
おられないからである。われわれが今指摘したことは，国家
におけるキリスト信者の実存の条件が，一層複雑かつ多様に
なるにつれて，一層必要になり，一層厳格に尊重されること
を要求する。とくに顕著な事例がカトリック出版の問題に
よってわれわれに提示されている。

　現存するカトリック出版が多くの不満を誘発していると
いうこと，またカトリック出版が不可欠な存在になればなるほ
ど，その仕事を果たすに際して一層多くの困難に出会うよう
になるということは，フランスだけに限られた事実ではな
い。奇妙な逆説ではあるが，われわれは一方で，教会の最高
の権威が出版事業の重要性を力説することを確認するが，他
方で，――少なくとも文化・世俗的活動の秩序において――
この世界の最善の意志と必要な専門的能力のすべてをもって
しても，この分野で実現できそうなことが非常に効率に乏し
いものであることも知っている。

　一体なぜそうなのか。その理由は何よりも，われわれの活
動の真理を支配する基本的な法が無視され，（純粋に世俗的
な）第二の次元に固有の活動の種類と（現世的なものと結び
ついた霊的な）第三の次元に固有の活動の種類が，実践にお
いてほとんどの場合混同されてきたところにある。

　カトリックの定期刊行物がカトリック特有であって，カト
リック信者そのものに宛てられているというまさにその事実
から，それは霊的な次元に位置している。またそれが定期刊
行物であって，現実との接触が不可欠であるというまさにそ

の事実から，──現在まであまりにも無視されて来た，ある
種の厳格な手段を用いるのでなければ──世俗的次元に引き
ずり込まれ，現世的な出来事そのものについての判断を下す
という危険を必然的に冒すことになる。

　そこから二つの大きな問題が生じる。それは，しばしば同
時に生起し，そのどちらかをわれわれは選択する。

① 　人はカトリックと教会を政治的・社会的紛争に巻き込
　　み，宗教とその何らかの社会学的な投影とを混同させ，
　　宗教を党派や階級のあれこれの利益と結びつけ，たとえ
　　ば，一定の期間，フランスのカトリックをドレフュス事
　　件についての特定の立場に固定するようなことをする。

② 　この第一の問題をある程度避けるために，人はいわゆ
　　る現世的領域に参加することをある程度は控え，霊的領
　　域に留まろうとするが，現世的なもの自体についての意
　　見を表明する権利を明白に断念するわけではない。そし
　　て現世的事柄は，効果的にその目的に導かれるために，
　　その固有の領域で，特別な選択肢と能力とこの能力が必
　　要とする手段によって取り扱われねばならないので，人
　　は不可避的に現世的な事柄に関して無力な者となる。そ
　　して人は同時に読者に対して，現世的な事柄について判
　　断し，それに関する読者自身の活動を導くために必要な
　　すべてを提供していると信じさせるので，とくに危機の
　　時に，読者の中に重大で正当な失望を引き起こすことに
　　なる。

カトリック信者による現世的問題の異なる語り方

　そこで，よく遭遇する次のような決まり文句に含まれる多
義性を明らかにしよう。「われわれはカトリックの観点から，

すべての現世的，政治的あるいは経済的問題，国家的あるいは国際的問題，芸術的あるいは科学的問題を判断しようと思う」。このような表現は，空しいものとならないように，必然的に二つの異なった仕方で解しなければならない。なぜならこれらの問題に関するカトリックの判断は存在するが，それは，これらの問題が依拠する非常に高い原則，あるいはこの原則に含まれる非常に高い価値に関わっており，フランダン氏の小麦政策，あるいはラヴァル氏の外交政策を支持するか，それに反対するかについて私に指示することができないからである。他方，これらの問題に関する特定のカトリック信者，つまり私自身の判断が存在する。これらの問題において，私が政治活動に従事するのであれば，自らの判断で，フランダン氏とラヴァル氏の政策についての態度を表明するべきである。そして私は，この世の事柄に従事する人間としての認識と感情を自らのカトリック的良心の光によって照らしながら，カトリック信者らしくそれ行うべきである。しかしこれらの問題において，私がカトリックの名において語っていると言い張ったり，あるいはカトリック信者たちを自らの道に引き入れようとすることは，容認されない。

　よく理解しておきたいのだが，このような区別がなされねばならないのは，教会が現世的な事柄において従属させられることも，妥協させられることも望まないという理由からだけではない。それはまた，事物の本性に結びついた区別がここで働いているという理由からであり，これが，教会のこの意志を正しく説明する。そして最終的に，活動——霊的次元における霊的活動と現世的次元における現世的活動——の公正さと完全さが，この区別についての無理解によって損なわれるという理由からである。

本質的に異なる二つの種類の定期刊行物

それでは，われわれは匙を投げて，カトリック出版という観念そのものを放棄することが必要なのだろうか。あるいは真正のカトリック的な唯一の出版物は，宗教的な週刊誌や教区報，それもその公式の部分におけるものだけだと考えることが必要なのだろうか。

われわれはそうは思わない。しかしこの問題をはっきり認めて，二つの本質的に異なる種類の定期刊行物を区別することによってこの問題を解消させることが緊要である。すなわち，その一つは種（本質）的にカトリック的・宗教的であり，その結果として宗派としてカトリック的な定期刊行物であり，もう一つは種（本質）的に政治的あるいは「文化的」であり，もちろんカトリック的であることを期待するべきだが，それは単にインスピレーションにおいてカトリック的であるのであって，宗派においてカトリック的であるのではない。

種的に〔本質的に〕カトリック的な定期刊行物

第一の種類の定期刊行物は，カトリック・アクションの領域に留まる。それをどのように思い描けばよいだろうか。われわれの考えでは，それは明白かつ明示的に異なる二つの部分を持っていなければならない。一つはいわゆるカトリック・アクションの部分であり，教会の共通の教義だけが説明されるが，その思弁的価値においてだけでなく，おそらく主として，人間生活の方向と現世における霊的なものの投射に関わる実践的価値においても説明される。もう一つは情報と呼ばれる部分である。ここでは，いやここにおいてのみ，本来文化的・現世的秩序の問題が扱われる。しかしどのように

して扱われるのか。上述の不都合な点を避ける方向で，それゆえこの秩序における自然的立場の多様性を，覆い隠すのではなく，できるだけ十分に示すようなやり方で扱われる。それゆえこの情報の部分においては，新聞記事の要約紹介（revue de la presse），アンケート，通信欄，寄稿欄等によって，現代の人間，とくにカトリック信者が現世に固有の領域，政治的・社会的，国家的・国際的活動の領域，また美的・文学的，絵画的あるいは音楽的活動の領域，あるいは現時点での科学的活動の領域において採用する立場の全体的広がりに，読者が直面させられることが必要である。

　この情報の部分の厳密な客観性に注意を払うために，またこの部分から多少とも偏向したすべてのインスピレーションを除去するために，そしてこの部分をカトリック・アクションの部分から完全に区別して維持できるように，ほとんど英雄的と言ってもいいような種類の警戒——私はこのことを隠そうとは思わない——が必要である。しかしキリスト信者である雑誌記者には，もちろんそのことが可能である。

　こんな形で構成された雑誌は読者を得ることができない，などと誰も言えないだろう。私が確信しているのはこれとは逆で，今日の多くの人間は，一方で彼らが必要と感じているカトリックの教義的知識を提供し，教皇の回勅や教皇の教令を説明して，注釈を加え，キリスト教の政治的・社会的知恵の大いなる統合を知らしめてくれる定期刊行物を見出すことができれば，幸せだということである。また他方で，その時代の現世的問題のすべての側面に関する正確で客観的な情報を提供し，それによって，彼らが党派的扇動に起因する嘘で毒された環境を避けることができるようにしてくれる定期刊行物を見出せれば，幸せだということである。

　種（本質）的に「現世的」でインスピレーションにお
　いてカトリック的な定期刊行物

　第二の種類の定期刊行物は，現世的領域そのものに属す
る。このことは，これらの定期刊行物がこの〔現世的〕秩序
の問題に関して具体的で決定された立場を取り，政治・社会
哲学だけでなく，適切に明確化された政治的・社会的な具体
的方針——宗教的利益や教会の善との関連だけでなく，国家
と文明の現世的・地上的善との関連においても——を採用し
ていることを前提とする。

　このことによって，たとえ彼らが極めて明白かつ大胆に，
そのインスピレーションをキリスト教の知恵から汲み上げて
いるとしても——それは望ましいことであるが——，彼らが
教会として活動しているのではないことは明らかである。ま
た彼らが，自らの基礎をなす特定の人間や集団のイニシア
ティブ以外の何ものにも依存しないのは明らかである。

　そして疑い得ないのは，彼らのインスピレーションが真
に，かつ十全的にキリスト教的である程度に応じて，彼らは
福音を証しし，効果的な仕方でキリスト教が世界と生活に浸
透することに仕えるということである。しかし彼らが目指す
本来の直接的な目的は布教ではなく，むしろ達成されるべき
現世的仕事であり，仕えられるべき現世の真理であり，保障
すべき地上的善である。

　そして上述の観察から理解されるのは，このようにして擁
護された現世的立場が，通常は多様であり，その上矛盾して
いるということである。カトリック信者が現世的次元で，異
なる集団，それも互いに対立することもある集団を形成する
のは，正常なことである。ここで要求されるのは，彼らがそ
の多様性と対立において，真理と誠実と正義と愛の規則——

彼らはその行為をこれらの規則に適合させる必要がある——
を，信仰を分かち合う者に対してだけでなく，すべての人間
に対して守るということである。

二つの形式のどちらかを選ぶ必要がある

この第二の種類の定期刊行物，形式的には現世的次元に属
し，宗派によってではなくインスピレーションによってキリ
スト教的であるこの出版物は，緊急に切実な必要性に応える
ものであるように思われる。

第一の種類の定期刊行物——これには形相的かつ種的に宗
教的な出版物，一般的あるいは専門的なカトリック・アク
ションの出版物が対応する——が，必要性において劣るとい
うわけではない。

この両者は，すでにフランスとその他の国において，多数
の新聞雑誌という形で現れている。私がここで提示しようと
したのは，この両者の違いという問題である。私の考えで
は，この差異が次第に明瞭かつ明白に示されるようになるこ
とが極めて重要である。定期刊行物を創設し，それを編集し
ようとするキリスト信者は，どちらの形式を取るかを選択す
ることから始めなければならないと私は確信している。また
この二つを統合したり混ぜ合わせたりすることは，極めて有
害であると私は考える。なぜなら，本質は尊重されることを
望むからである。

（『セット（*sept*）』1935 年 4 月 12 日，26 日）

訳者あとがき

　『全きヒューマニズム』は，フランスのトマス主義哲学者ジャック・マリタン（Jacques Maritain, 1882-1973）の*Humanisme Intégral* の日本語訳である。今回初めて日本語に訳された本書は，マリタンの実践哲学の主著と位置づけられ，政治・社会・経済の大きな危機を背景に，世界が第二次世界大戦に巻き込まれていく前夜の 1936 年にフランスで出版された。本書でマリタンは，全きヒューマニズムの立場に立って，その理念を明らかにした後，実現可能な社会の具体的な歴史的理想を提示し，ヨーロッパにおける左右両翼の全体主義の台頭に翻弄されていた当時のフランスの若者たちに，新しい社会の建設への指針とインスピレーションを与えた。

　本書の中で，全きヒューマニズムの理念は，人間中心的ヒューマニズムの弁証法の終局に現れた「無神論的ヒューマニズム」であるソビエト共産主義との対比で，明らかにされる。マリタンによれば，ソビエト共産主義はその無神論を，自らが克服したはずの 19 世紀のブルジョワ自由主義から受け継いだのである。これに対して，マリタンは「神中心的ヒューマニズム」である全きヒューマニズムの立場に立って，ブルジョワ自由主義の欠陥を批判し，それを克服する新しい「キリスト教社会」の建設を唱える。

　本書は，社会のあり方を真剣に考えるフランスの多くの若

者を鼓舞したが，それに留まらず，その影響は南アメリカにも及んだ。1947年4月，ウルグアイのモンテビデオに31人のカトリック知識人・活動家が集まって，ラテン・アメリカキリスト教民主主義運動の創設のための会議が開かれた。この会議の参加者には，ブラジルの作家，アモロソ・リマのほか，後にチリの大統領になる36歳のエドゥワルド・フレイ，ヴェネゼーラ大統領になる31歳のラファエル・カルデラらが含まれており，6日間の熱のこもった討論の後，モンテビデオ宣言が採択された。カルデラはヴェネゼーラ大統領を務めていた1972年，マリタン90歳の誕生日を機に特集を組んだ『ニュー・スコラスティシズム』誌に寄稿し，その中でモンテビデオ運動を振り返り，この運動が『全きヒューマニズム』を中心に展開されたマリタンの諸原則を，その指導理念として採用したことを明かしている。

　マリタンの『全きヒューマニズム』は，カトリック教会の社会問題についての考え方にも大きな影響を与えた。1965年12月，現代社会におけるカトリック教会のあり方を方向づけた，歴史上21回目の公会議，第二バチカン公会議の閉会式で，ローマ教皇パウロ6世から人類家族に宛てた公会議のメッセージを，知識人代表として受け取ったのは，マリタンその人であった。その2年後の1967年，パウロ6世は，カトリック教会の社会問題に対する考え方を示した20世紀で最も重要な文書と言われる，社会回勅『諸民族の進歩（*Populorum Progressio*）』を公布した。その第一部「人間の十全的な発展のために」の結論部分で，パウロ6世は「これが，推進することが必要な完全なヒューマニズムである」と述べ，その文章に付けられた注で，参照するべき文献の例として，『全きヒューマニズム』を挙げたのであった。

　『全きヒューマニズム』はカトリック思想の影響力の強い
欧米で大きな反響を得たが，日本では必ずしも注目された訳
ではなかった。ここでは，マリタンの『全きヒューマニズ
ム』が日本にどのように紹介されて来たかを，簡単に振り
返っておこう。

　著作としての『全きヒューマニズム』は，これまで日本語
に翻訳されることはなかったが，本書出版の 2 年後の 1938
年には，フランスでマリタンの下に学んだ吉満義彦が，本
書紹介の一文を書いている（「ジャック・マリタン──特にそ
の文化哲学のために」『伝統主義・絶対主義』河出書房）。そ
こでは humanisme intégral の概念に，「充足的ヒューマニズ
ム」という訳語が当てられて，その理念的側面が紹介されて
いる。しかし具体的な歴史的理想の部分は叙述の余裕がない
という理由で，ここでは紹介されず，またそれ以降も具体的
歴史的理想を吉満が紹介することはなかった。充足的ヒュー
マニズムの日本での適用実現にとって，歴史的背景の異なる
マリタンの具体的理想に関する政治哲学的考察を紹介するこ
とは，必ずしも必要でないというのが，吉満の考えであった
と推測される。それ以降，田中耕太郎が humanisme intégral
の概念に基づいて法の価値を論じたのをはじめ，何人かのカ
トリックの知識人がその理念あるいは著作を取り上げて来た
が，これまで具体的歴史的理想の部分が詳細に紹介されるこ
とはなかった。

　これに加えて，日本の現在のカトリック信者の割合は全人
口の 0.4 パーセントにも満たない。その置かれている歴史的
状況も第二次大戦前のフランスとは全く異なる。このような
ことを考慮した場合，現代日本で，本書の全訳を敢えて世に
問うことにどのような意味があるのだろうか。

　第一に指摘されねばならないのは，全きヒューマニズム
が，哲学者マリタンの人間の本質についての深い理解に基づ
いているという点である。マリタンが本書を出版したのは，
ヨーロッパにおいて共産主義，ファシズム，ナチズムが勢力
を広げ，お互いの対立を深め，社会に深刻な危機を招来して
いた1930年代の半ばであった。マリタンはこの危機に際し
て，キリスト教を離れ，今まさに全体主義に取り込まれよう
とする若者たちを新しいキリスト教社会の創設へと動かすよ
うに，語りかけなければならなかった。そのためには，若者
たちの魂を動かすような，彼自身の人間についての深い理
解に基づく真摯な言葉が必要であった。こうして彼は神を人
間存在の中心に据える「神中心主義」の立場に立ち，全き
ヒューマニズムの理念を明らかにした後，人間の人格の自
由，多元主義，友愛的共同体の創設など新しいキリスト教社
会の歴史的特色を明らかにしていく。マリタンの思想が上に
述べたように，南アメリカの若い知識人・活動家たちの心を
現実に動かし，キリスト教民主主義運動を開始する契機と
なったとすれば，それはマリタンの社会改革に対する情熱だ
けでなく，その深い人間理解とそれに基づく社会の理想にそ
の源泉があったと考えるべきであろう。
　マリタンの全きヒューマニズムが，彼の人間に関する深い
理解から来るものであるとすれば，それは，マリタンと信仰
を共有しない大多数の日本人に対しても，人間理解を深め，
社会のあり方を考える新しいインスピレーションを与え，よ
りよい社会を構築するための真の実りある対話の機会をもた
らすのではないだろうか。加えて，マリタンが具体的な歴史
的理想の中で構想する新しいキリスト教社会は，同じ信仰を
持つものによって構成される社会ではなく，世界観を異にす

る者が共存する多元主義の原理に基づく社会であり，この社
会のあり方が，互いに信仰を共有しない者同士の対話を，本
来的に呼びかけているとも言えるであろう。

　『全きヒューマニズム』が現代の日本に大きな示唆を与え
うると考えられるもう一つの理由は，マリタンが時代の危機
と捉えたものと，現代のわれわれが生きている時代の危機
に，通底するものがあるということである。マリタンの本書
は，やがて世界大戦へと繋がる，1930年代のフランスの政
治・社会・経済的危機の時代に書かれた。他方，現代に生き
るわれわれは，その性質は異なるが，新型コロナウィルスが
引き起こした世界的パンデミックと，それを契機に顕在化し
た経済・社会的混乱の時代を生きている。この二つの危機に
共通するのは，マリタンが「全きヒューマニズム」の対極に
置く人間・社会観である人間中心的ヒューマニズムが生み出
した危機，すなわち共通善を忘れた，行き過ぎた資本主義が
生み出した危機だということである。今回の新型コロナウィ
ルスによるパンデミックが一層鮮明にした，地球環境問題や
貧困問題などを通して，われわれは危機の根底にグローバル
化して，止まることを知らない資本主義の問題があることに
気づきつつあるのではないだろうか。

　マリタンが示す実現可能な具体的な歴史的理想は，本書が
書かれた1930年代のフランス社会を背景にしている。した
がって，その具体的歴史的理想は，時代背景の異なる現代の
日本社会に直接適用できるものではなく，われわれには自ら
が置かれた歴史的・社会的状況の中で，実現可能な歴史的理
想を構想していくことが求められる。しかしマリタンが，人
間中心的ヒューマニズムの行き詰まりに直面して提案する
「共同の仕事」を中心に置く友愛的共同体の構想には，われ

われが直面する問題を解決する社会のあり方を考える上で，手がかりとなるものが含まれていると思われる。

　グローバル資本主義の暴走に直面して，資本主義の批判者であったマルクスの思想を見直す試みが，現在の日本で行われている。マリタンも『全きヒューマニズム』の中で鋭い資本主義批判を行い，「資本主義の清算」を論じる。またマルクス思想の見直しの中でキーワードとなっている「コモン」は，マリタンの提案する新しい社会のキーワードでもある。しかしマリタンがマルクスと決定的に異なるのは，マリタンが「人間中心的ヒューマニズム」ではなく，「神中心的ヒューマニズム」に立脚して新しいキリスト教社会を構想するところである。マルクスの資本主義批判を受け入れる人が，それではどのような原理に基づいてポスト資本主義の新しい社会を構想するかを考える上でも，マリタンの思想を一つの選択肢として読むことには，大きな意味があるであろう。

　本翻訳が刊行されるに至るまでには，多くの方々のご指導とご協力を頂いた。まず法哲学者の水波朗先生からは，マリタンの思想家としての重要性と魅力を，その書斎をお訪ねする度に，教えていただいた。また水波先生の令夫人で，マリタンの妻，ライサ・マリタンと親交があり，ライサの『大いなる友情』の訳者でもあった水波純子先生は，遅々として翻訳の進まない私を常に叱咤激励してくださり，翻訳の完成へと力強く導いて下さった。

　哲学者の稲垣良典先生は，ご多忙にも関わらず，私の翻訳の全体に目を通して数多くの赤字を入れてくださった。稲垣先生の赤字を読むことが，私にとっては貴重な学びの機会であった。翻訳を終えたところで，稲垣先生は知泉書館の小山光夫社長に取り次いで下さった。そして小山社長と編集部の

松田真理子さんの力強いご支援とご助力によって，本書は出版まで導かれた。

　最後に，英語の同時通訳者として数々の歴史を画する出来事をいち早く日本語で伝えるとともに，フランス語の通訳も手掛けた中嶋寛氏に感謝の言葉を伝えたい。中嶋氏の適切なアドバイスにより，マリタンの独特のフランス語表現の文意をより正確に汲み取り，この翻訳に活かすことができた。

　このように，多くの方々のご指導とご協力を頂いたからこそ，本翻訳の刊行に至ることができた。ここに深甚の謝意を表したい。

　　2022 年 11 月 25 日

　　　　　　　　　　　　　　　　　荒木　慎一郎

人 名 索 引

人 名 索 引

ハ　行

人 名 索 引

370

事 項 索 引

荒木　慎一郎（あらき・しんいちろう）

1952 年 12 月生まれ。京都市出身。東京外国語大学外国語学部卒業。1984 年広島大学教育学研究科博士課程単位取得退学。博士前期課程在学中にドイツ・テュービンゲン大学に留学。九州造形短期大学講師，九州産業大学助教授を経て，1998 年より長崎純心大学人文学部教授。教育学修士，法学修士。

〔翻訳書〕ジャック・マリタン『岐路に立つ教育』九州大学出版会，2005 年。Tomei Ozaki, *Father Kolbe in Nagasaki*, Academy of the Immaculate, 2021. Takashi Nagai (Hrsg.) *Unter dem Atompilz-Das Schicksal der Kinder von Nagasaki*, Media Maria, 2022.

〔全きヒューマニズム〕　　　　　ISBN978-4-86285-382-0

2023 年 3 月 20 日　第 1 刷印刷
2023 年 3 月 25 日　第 1 刷発行

訳　者　荒　木　慎一郎
発行者　小　山　光　夫
印刷者　藤　原　愛　子

発行所　〒 113-0033 東京都文京区本郷 1-13-2
電話 03（3814）6161 振替 00120-6-117170
http://www.chisen.co.jp
株式会社知泉書館

Printed in Japan　　　　　　　　印刷・製本／藤原印刷